MIT WARREN BIRD

PETER SCAZZERO

DAS PAULUS PRINZIP

WARUM SCHWÄCHE EIN GEWINN SEIN KANN

francke

Über den Autor:
Peter Scazzero (M.A. in Theologie) erhielt viel Anerkennung für den Aufbau einer großen Gemeinde, in der über 55 Nationen vertreten sind. Sie befindet sich im ethnisch vielfältigsten Stadtviertel von New York. Peter und seine Frau Geri gründeten 1987 New Life Fellowship.

Bibliografische Information Der Deutschen Bibliothek
Die Deutsche Bibliothek verzeichnet diese Publikation in der Deutschen Nationalbibliografie; detaillierte bibliografische Daten sind im Internet über http://dnb.ddb.de abrufbar.

Überarbeitete Neuauflage
ISBN 978-3-86827-537-7

Originally published in the USA under the title: The Emotionally Healthy Church. Updated and expanded edition.

Deutsch von Doris C. Leisering – Übersetzungsarbeiten und Lektorat und Jokim Schnöbbe
Umschlagbild: © iStockphoto.com / korinoxe
Umschlaggestaltung: Verlag der Francke-Buchhandlung GmbH / Sven Gerhardt
Satz: Verlag der Francke-Buchhandlung GmbH
Printed in Czech Republic

www.francke-buch.de

Inhalt

Diese Berichte zu lesen war wie ein langes Gespräch mit einem vertrauten Freund. Pete und Geri Scazzero finden das, wovon wir alle träumen – im Kern unseres hektischen und zerrissenen Lebens doch heil zu sein –, und lassen uns daran teilhaben, damit wir, wenn wir anderen dienen, nicht innerlich daran sterben.

Carl George
Direktor von Consulting for Growth, Diamond Bar, Kalifornien

Fesselnd! Eine absolute Pflichtlektüre nicht nur für Pastoren und Gemeindeleiter, sondern für jeden, der im Glauben, im persönlichen Leben und in der Ehe wachsen will. Dieses Buch ist freimütig, ehrlich. Es öffnet dem Leser die Augen und fordert heraus. Scazzeros leicht verständliches Buch führt uns vor Augen, wie unbewältigte emotionale Zerbrochenheit den eigenen Dienst und andere Menschen zerstören kann.

Dr. Craig Ellison
Direktor von Alliance Graduate School of Counseling
Autor von From Stress to Well Being

Dieses Buch entlarvt eine in vielen Gemeinden herrschende „Super-Geistlichkeit", die mit der Tiefe unserer geistlichen und emotionalen Zerbrochenheit nicht ehrlich umgehen kann. Pete Scazzero zeigt uns, wie das Evangelium uns dazu befreit, unsere Zerbrochenheit zuzugeben, und erklärt uns dann viele praktische Möglichkeiten, um voranzugehen. Ich empfehle dieses Buch Pastoren und Gemeindeleitern.

Tim Keller, Hauptpastor
Redeemer Presbyterian Church, New York City

„Das ganze Evangelium für den ganzen Menschen" – großartige Theologie, aber in der Praxis in vielen Gemeinden kaum mehr als ein Slogan. Pete Scazzeros scharfsinniges und dringend benötigtes Buch über die emotionale Gesundheit der Gemeinde bringt diese Kernwahrheit auf eine neue Stufe. Sie werden sich darin selbst wiederfinden, ebenso wie viele jener Menschen, die Ihnen in dieser wunderbaren und geheimnisvollen Sache, die „der Leib Christi" heißt, zufällig begegnet oder mit denen Sie dort zusammengestoßen sind.

Ben Patterson
Autor von Waiting – Finding Hope When God Seems Silent

Diese Geschichte und ihre Anwendungspunkte, die sich in meinem Leben wiederfanden, haben mich bewegt. Ich schätze die große Offenheit sehr, die Pete Scazzero an den Tag legt. Scazzero öffnet mutig sein Herz und erzählt von praktischen Lektionen des Lebens, durch die jeder Leiter wachsen wird.

Steve Sjogren
Pastor in Vineyard Community Church, Cincinnati, Ohio

Vorwort

Ich traf Pete Scazzero zum ersten Mal in einem kleinen Haus in den Bergen von North Carolina. Wir waren dort, um gemeinsam mehr über das Thema Mentoring und geistliche Begleitung zu lernen. Wir – das war eine kleine Gruppe von Pastoren, Evangelisten und ehrenamtlichen Mitarbeitern aus den USA, Kanada, Frankreich und Deutschland.

Einer davon war Pete Scazzero. Als ich dem stillen, ausgeglichenen Mann die Hand schüttelte, wusste ich fast nichts über ihn. Nur dass er eine Gemeinde in Queens, einem Stadtteil von New York, leitete. In den Austauschrunden erzählte er nicht viel von sich. Aber das wenige, was ich mitbekam, machte mich neugierig. Und nach und nach lernte ich mehr über den Mann, über seine Familie, über seine Gemeinde und über seine Vision.

Der Mann: Peter Scazzero, Nachfahre katholischer italienischer Einwanderer. Ein Typ, der auch Pizzabäcker an der Straßenecke sein könnte. Ein Philosoph und Lebenskünstler. Ein Christ. Ein Mann mit einem Herzen für Menschen. Ein Ehemann und Familienvater. Ein echter Typ, ehrlich, authentisch, ohne Allüren. Ein Mann, der Jesus nachfolgt und versucht, Gott von ganzem Herzen zu lieben.

Seine Familie: Eine typische Pastorenfamilie mit vier Töchtern! Eine Frau, die gelernt hat, immer zurückzustecken um der Gemeinde und der Arbeit willen. Und die ihn irgendwann mit der Wirklichkeit konfrontierte, dass es so nicht weitergehen konnte. Um ihretwillen. Um der Kinder willen. Um seinetwillen. Aus diesem Zusammenstoß erwuchs ein neuer Anfang. Und doch war noch nicht alles im Lot. Der Weg, um zu echter geistlicher und seelischer Gesundheit zu gelangen, war weit. Ohne seine Familie hätte Pete es sicher nicht geschafft. Und auch nicht seine Gemeinde.

Seine Gemeinde: Mitten in Queens, dem Stadtteil von New York, der direkt an Brooklyn angrenzt. Menschen aus aller Herren Länder leben hier dicht gedrängt, Haus an Haus, Wohnung an Wohnung. Einwanderer aus Afrika, Asien, Lateinamerika und Europa sind hier genauso anzutreffen wie echte Amerikaner, die mindestens schon eine Generation in der Neuen Welt leben. Der Schmelztiegel Amerika, hier in Queens ist er überall mit Händen zu greifen. Mitten drin die Gemeinde, die Pete Scazzero leitet: Die New Life Fellowship. Wie können Menschen aus so vielen verschiedenen Hintergründen miteinander in Versöhnung leben? Wie kann Kirche gelingen? Dieser Frage widmet sich dieses Buch.

Und da sind wir auch schon bei der Vision: Wirklich Kirche zu sein, wie Gott sie gemeint hat. Offen für alle, die an die Tür anklopfen. Und dennoch in echter Gemeinschaft und Verbindlichkeit. Gemeinde, die gesund ist und die Gesundheit ihrer Mitglieder fördert. Dass das möglich ist, daran glaubt Pete Scazzero. Wie das möglich wird, das zeigt er in diesem Buch. Dass er nach Jahrzehnten als Pastor immer noch geprägt ist von dieser Vision und Leidenschaft, das macht Hoffnung.

Warum Schwäche ein Gewinn sein kann – das legt Pete Scazzero eindrücklich dar. Denn nicht nur in der New Life Fellowship gibt es diese Erfahrung, dass Gemeinde nicht immer von Stärke, Wachstum und Gelingen geprägt ist. Und dennoch: Wenn wir ein Ja zu unseren Schwächen und Begrenzungen, ja, sogar zu unserem Scheitern finden, kann Gott gerade daraus einen Neuanfang schenken. Wie das geschehen kann, davon handelt das „Paulus-Prinzip." Wir können gespannt sein. Nicht nur beim Lesen, sondern auch vor allem dann, wenn wir das Gelesene umsetzen, in unserem Leben und im Leben unserer Gemeinden.

Denn was wir brauchen, sind letztlich nicht bessere Methoden oder größere Gemeindehäuser, sondern mehr Echtheit und mehr Tiefe in unserem eigenen geistlichen Leben und unseren Beziehungen. Wer sich danach sehnt, ist bei diesem Buch an der richtigen Stelle.

Dr. Roland Werner
Christus-Treff Marburg

Einleitung

Spät an einem kalten Winterabend klingelte unser Telefon. Ein junger Pastor, den ich seit einigen Jahren kannte und bewunderte, rief unerwartet an. Seine Stimme war angespannt, als er mir sein Herz über die momentane Krise seiner Ehe und in seinem Dienst ausschüttete. Ich hörte ihm zu, sagte ihm einige ermutigende Worte, gab ihm ein paar Ratschläge und betete mit ihm.

Bevor er auflegte, sagte ich zu ihm: „Ich glaube nicht, dass dies das Ende Ihres Dienstes ist. Trotz all des Kummers, den Sie gerade durchleben, kann es sein, dass dies das Beste ist, was Ihnen unter diesen Umständen passieren kann." Manchmal, wenn wir am Ende sind, beginnt unsere eigentliche Arbeit erst richtig.

Jener junge Pastor war Peter Scazzero und die Krise war eine „verborgene Gnade". Denn für Peter gingen daraus ein stärkeres Bewusstsein für seine Berufung und seine Identität, eine tiefere Liebe in seiner Ehe, eine gesündere und lebendigere Gemeinde, ein umfassenderes Verständnis von Jüngerschaft und dieses ausgezeichnete, hilfreiche Buch hervor.

Ich hoffe, dass viele christliche Pastoren und Leiter dieses Buch lesen und sich zu Herzen nehmen. Ich glaube, Peter Scazzero trifft genau ins Schwarze, wenn er schreibt, „die geistliche Lebendigkeit einer Gemeinde hängt in erster Linie von der seelischen und geistlichen Gesundheit ihrer Leiter ab".

Wir wissen, dass lebendige Gemeinden gesunde Leiter brauchen. Neu ist Peter Scazzeros nachdrückliche Aussage, dass das auch die *seelische* Gesundheit einschließen muss. Schon seit langer Zeit werden Leiter dazu gedrängt, ihre geistliche Lebendigkeit, körperliche Fitness und ihr intellektuelles Wachstum zu pflegen. Doch das emotionale Wohlergehen wurde weniger betont.

Gefühle wurden in den evangelikalen Lehren, mit denen ich aufwuchs, zu einem großen Teil außer Acht gelassen. Wir wurden über „Gegebenheiten, Glaube und Gefühle" unterrichtet – in dieser Reihenfolge. Der Glaube sollte sich auf die Tatsachen der christlichen Botschaft gründen (in der Tat ein wichtiger Schwerpunkt), aber wir sollten uns nicht auf unsere Gefühle verlassen, weil sie unzuverlässig, zweitrangig und nicht vertrauenswürdig seien. Ganz sicher liegt darin ein Stück Wahrheit. Gefühle gehen rauf und runter – meine jedenfalls! Doch auch wenn unsere Gefühle wechselhaft sind, sind sie nicht unwichtig!

Die Bibel schaut nicht über den „emotionalen Quotienten" unserer menschlichen Natur hinweg. Ihre Hauptfiguren – Josefs Brüder mit ihrer Geschwisterrivalität, Mose mit seinem Zorn, Paulus mit seinem tränenreichen Warten auf einen Besuch von Timotheus, seinem Sohn im Glauben – waren echte Menschen mit echten Gefühlen. Unser Herr selbst hatte ein intensives Gefühlsleben als ein Mensch, der vor Kummer weinen, mächtig wütend sein und dennoch Freude in all ihrer Fülle erleben konnte.

Zum Teil zögern wir deshalb so sehr, uns ehrlich und offen mit unseren Gefühlen auseinanderzusetzen, weil wir ein unzulängliches Bild von Jesus als Mensch haben. Wir bejahen, dass unser Herr Jesus Gott im Fleisch war, während wir tief in uns annehmen, dass die menschliche Seite von Jesus eigentlich nicht echt war, sondern eher eine Art Maskerade.

Die Bibel hilft uns auch dabei, uns selbst zu verstehen. Und genau das hat Peter Scazzero gelernt – sowohl aus dem Leid heraus, das er und seine Frau Geri durchlebt haben, als auch durch sein erneutes Studium der Heiligen Schrift – und daran lässt er uns teilhaben.

Als ich dieses Buch las, konnte ich mich mit weiten Teilen des Materials identifizieren. Ich habe ähnliche Situationen und Zeiten der seelischen Prüfungen erlebt – ebenso die meisten jungen Pastoren und christlichen Leiter, die ich geistlich betreue. Peter Scazzeros Geschichte davon, wie man durch den Geist Christi durch Schmerz hindurch persönlich gesunden und mit der ganzen Gemeinde wachsen kann, hält für uns alle Hoffnung bereit!

Leighton Ford, Vorsitzender
Leighton Ford Ministries
Charlotte, North Carolina

Vorwort zur erweiterten Neuauflage

Nachdem ich das Paulus-Prinzip in der Gemeinde, in der ich als Pastor bin, mehrere Jahre praktiziert hatte, fasste ich meine Erfahrungen in der ersten Ausgabe dieses Buches zusammen. Mein Ziel war, besonders Pastoren, Älteste, Diakone und Leiter von Gemeinden anzusprechen. Ich ahnte nicht, dass sich die Botschaft des Buches über Gemeindeleiter hinaus hin zu zahllosen anderen Menschen verbreiten würde, die damit zu kämpfen haben, seelische Gesundheit und biblische Spiritualität unter einen Hut zu bringen. Eine noch größere Überraschung war, dass dieses Thema nicht nur in Gemeinden in Nordamerika, sondern auf der ganzen Welt so zentral ist.

In den sieben Jahren seit der Veröffentlichung der ersten Ausgabe hat sich mein Verständnis der sechs Prinzipien, die eine seelisch gesunde Gemeinde ausmachen, noch vertieft, verschärft und erweitert. Ich bin in theologischer Hinsicht gewachsen und habe neue Möglichkeiten entdeckt, das Material einzusetzen, sowohl auf persönlicher als auch auf Leitungsebene. Daher habe ich jedes Kapitel überarbeitet, erweitert und auf den neuesten Stand gebracht.

Außerdem haben mich diese Erfahrungen dazu gebracht, ein siebtes Prinzip hinzuzufügen, das unentbehrlich ist: und zwar, mit Integrität zu führen. Das Tempo meines Lebens drosselte ich erheblich, als ich anfing, seelische Gesundheit mit meiner Nachfolge Jesu zu verflechten. Es erfordert Zeit – viel Zeit –, zu fühlen, zu trauern, zuzuhören, sich zu besinnen, auf das zu achten, was um uns herum und in uns vorgeht. Das hat meine Prioritäten im Privatleben und in der Gemeinde radikal verschoben. Seelische Gesundheit weckte in meiner Frau Geri und mir auch den Hunger nach einer tieferen Gemeinschaft mit Gott. Das wiederum führte uns dazu, uns mit kontemplativen geistlichen Praktiken vertraut zu machen, was von 2003 bis 2004 in einer viermonatigen Sabbatzeit gipfelte. Wir wollten den Reichtum der kontemplativen Tradition anzapfen und auf eine missionarisch ausgerichtete Gemeinde wie die unsrige anwenden. Dieses Eintauchen in geistliche Übungen wie Stille und Alleinsein hat uns und schließlich auch unsere Gemeinde von Grund auf verwandelt. Die Einsichten, die wir aus diesen Erfahrungen gewonnen haben, habe ich in dieses Buch immer wieder eingestreut.

Obwohl mir die kontemplative Tradition ungemein half, mit Integrität zu führen, musste ich auch in meiner Funktion als Leiter auf seelische Gesundheit achten. Das entpuppte sich als herausfordernde, komplexe Aufgabe. Wie das vonstattenging, beschreibe ich in dem neuen Kapitel 11: „Das Tempo drosseln und mit Integrität führen".

Zu guter Letzt: Widerstehen Sie der Versuchung, diese Seiten im Schnelldurchgang abzuhaken. Dies ist kein Buch, das man schnell an ein, zwei Tagen durchliest. Ich möchte Sie mit diesem Buch einladen, grundlegend mit den Wahrheiten zu ringen, die ich vermitteln will, während Sie sich überlegen, wie Sie sie auf Ihr Seelenleben und auf Ihre Leitungsrolle anwenden können. Man könnte ein ganzes Leben damit verbringen, die Tiefe jeder dieser Wahrheiten zu erforschen – unsere Beschränkungen, unsere Zerbrochenheit, unsere Trauer und unsere Liebesfähigkeit. Bitten lesen Sie langsam, andächtig und sorgfältig. Fragen Sie sich dabei: „Wie begegnet mir Gott durch das, was ich lese?" Vielleicht können Sie sich auch persönliche Notizen in einem Tagebuch machen und sich die Seitenzahlen aufschreiben, um später wieder auf sie zurückgreifen zu können.

Ganz wichtig ist, dass Sie den zentralen Gedanken erfassen: Seelische Gesundheit und geistliche Reife sind untrennbar miteinander verbunden. Man kann unmöglich geistlich reif sein, solange man emotional und seelisch unreif bleibt. Wenn Sie das begreifen, überqueren Sie auf Ihrer geistlichen Reise eine Schwelle. Wer diese Schwelle einmal überschritten hat, kehrt daraufhin nicht zu einer oberflächlichen Nachfolge Jesu zurück, bei der Aktivität überbetont wird, ohne von innen heraus den Menschen zu verändern. Durch Gottes Gnade werden Sie nie wieder derselbe sein. Und Sie werden eine aufregende Reise antreten, hin zu einem Leben, durch das jeder in Ihrem Umfeld berührt wird – in Ihrer Familie, in Ihrer Gemeinde, bei Ihrer Arbeit und in Ihrer Nachbarschaft.

Teil 1

WAS IN DER JÜNGERSCHAFT FEHLT

Einleitung

Vor einigen Jahren waren meine Frau, unsere vier Töchter und ich eingeladen, eine Woche lang Urlaub in einem christlichen Familienferienlager in Colorado zu machen. Wir erwarteten, dass es der Urlaub unseres Lebens werden würde.

Wir landeten in Denver und machten uns auf die dreistündige Fahrt in die Berge. Während ich fuhr, wurde ich sehr müde. Ich dachte, dass vielleicht die Flugreise und der Koffeinmangel zu meiner Schläfrigkeit beitrugen. Ich bat meine Frau Geri zu fahren, aber sie hatte Angst vor den engen Bergstraßen.

Dann aber hatte ich einen Augenblick lang einen Aussetzer und kam von der Fahrbahn ab. Ich fuhr rechts ran. Da wir jetzt nicht mehr in den Bergen waren, übernahm Geri das Steuer. Wir schrieben meinen kurzen Aussetzer der Erschöpfung zu.

Als wir im Lager ankamen, das etwa 2700 Meter über dem Meeresspiegel lag, checkten wir ein und bereiteten uns auf eine wunderbare Woche in den Rocky Mountains vor. Die Aussicht war atemberaubend, die Berge ein Ehrfurcht gebietendes Spiegelbild von Gottes Herrlichkeit. Der Plan für die Woche beinhaltete altersgerechte Aktivitäten für jedes unserer vier Kinder, die zwischen sechs und fünfzehn Jahren alt waren, und ebenfalls Unternehmungen für uns Erwachsene.

In der ersten Nacht konnte ich nicht schlafen. Vielleicht lag es an dem neuen Kissen. Ich betete, dass es keine Grippe war. Ich nahm an den Tagesunternehmungen teil und kämpfte gegen das Unwohlsein und die Schmerzen an. Die zweite Nacht war eine Wiederholung der ersten, nur dass ich einen Husten bekam, der nicht aufhören wollte. Ja, ich hatte eine Grippe – keine Frage.

Geri, die Mädchen und ich beteten darum, dass Gott mich heilen möge, damit ich diesen einmaligen Urlaub genießen konnte. Gott schien das nicht zu rühren.

Zufällig nahm ein Arzt mit seiner Familie an der Freizeit teil. Ich gesellte mich in der Schlange am Frühstücksbuffet zu ihm und teilte ihm mit, dass ich grippeähnliche Symptome und Husten hatte. Ob er mir etwas verschreiben würde, damit ich nachts wenigstens schlafen konnte? „Kein Problem“, antwortete er. „Ich besorge Ihnen ein starkes Hustenmedikament und ein Antibiotikum.“

Am dritten und vierten Tag ging es mir jedoch noch schlechter. Inzwischen sprach Geri nicht mehr mit mir. Sie nahm an, dass ich mich vor dem Urlaub überarbeitet und meinen Körper überanstrengt hatte. Ihre Vorstellungen davon, wie wir diesen Traumurlaub genossen, waren dahin. Sie war, gelinde gesagt, enttäuscht. Ich hustete die ganze Nacht, also zog sie in das andere Zimmer zu unseren beiden älteren Mädchen. Am fünften Tag tauschten wir nur noch Blicke aus, aber wechselten kaum ein Wort.

Sie war traurig und wütend. Ich fühlte mich schuldig. Es schien, als würde die Geschichte sich wiederholen – im Urlaub und an Feiertagen war ich immer krank.

Seltsam für mich war die Tatsache, dass mein Zustand sich offenbar von Tag zu Tag verschlechterte. Am fünften Tag konnte ich kaum zum Abendessen gehen und hustete roten Schleim. „Das muss an der roten Medizin liegen“, sagte ich mir. Ich konnte nicht essen und hatte die Flasche Medizin beinahe aufgebraucht. Der Husten wurde immer beängstigender. Die Ursache dafür lag ganz klar in meinem Brustkorb.

Unsere sechste und letzte Nacht kam und ich hatte immer noch nicht geschlafen. Langsam bekam ich Angst. Es wurde mir schwer, aus dem Bett aufzustehen. Ich brauchte dreißig Minuten, um mich vom Bett ins Badezimmer zu bewegen.

Ganz offensichtlich brauchte ich einen Arzt. Das sagte ich Geri am nächsten Morgen.

Die Kinder hatten die besten Ferien ihres Lebens. Wir waren weit weg von den Straßen von New York. Also erduldete ich das Mittagessen und versuchte, mich, so gut es ging, von allen zu verabschieden. Dann stiegen wir ins Auto und machten uns auf den Weg zu einem Arzt. Er war aus Texas und hielt sich in den Bergen von Colorado auf, um ein nahe gelegenes Jugendferienlager zu betreuen.

Er untersuchte meine Symptome, hörte mich ab und meinte, ich hätte eine Lungenentzündung. Die Sprechstundenhilfe schloss meinen Finger an eine Maschine an, um den Sauerstoffgehalt in meinem Blut zu messen. Sie konnte sehen, dass ich Schwierigkeiten beim Atmen hatte.

Vielleicht hatte ich einen Herzanfall. Wer wusste das schon?

Jetzt waren alle beunruhigt und wiesen mich an, in ein Krankenhaus zu gehen, um die Lungenentzündung untersuchen zu lassen.

Das nächstgelegene Krankenhaus war beinahe zwei Stunden entfernt. Geri fuhr. Ich fühlte mich immer schwächer und verlor immer wieder das Bewusstsein.

Wir fuhren durch zahllose kleine Städte. Keine Krankenhäuser. Wo waren sie? Ich vermisste New York City!

Der falsche Rat zerstörte fast mein Leben

Endlich kamen wir an unserem Ziel an, wo ein Freund eines Bekannten uns sein Haus zur Verfügung stellte. Wir setzten die Kinder ab. Eine der Nachbarinnen sah, wie ich auf dem Rücksitz unseres Kleinbusses lag. Geri beschrieb ihr die Symptome. Die Frau sagte aufgeregt zu ihr: „Bringen Sie ihn sofort in die Klinik unten am Hügel. Er hat HAPE."

Wir wussten nicht, wovon sie sprach, aber als Geri zum Auto zurückkam, schaute sie mitleidig. Das half.

Die Schwester in der Klinik warf nur einen Blick auf mich und schob mich eilig an den Leuten im Wartezimmer vorbei. Man schloss mich an die gleiche Art Sauerstoffmessmaschine an und stellte fest, dass meine Atemkapazität weniger als 44 Prozent betrug.

Sofort eilte eine weitere Ärztin herbei und gab mir Sauerstoff über ein Sauerstoffgerät. Dann teilte sie mir mit, dass ich binnen weniger Stunden ins Koma gefallen und am nächsten Morgen tot gewesen wäre. Ich erstickte. Die Röntgenaufnahmen zeigten, dass sich meine Lungen mit Wasser gefüllt hatten.

Ich hatte ein Höhenlungenödem (HAPE), eine schwere Form der Höhenkrankheit. Es ist relativ ungewöhnlich, dass Menschen in Höhen zwischen 2400 und 4200 Metern HAPE entwickeln.

Die Ärzte überlegten, ob man mich sofort an einen Ort mit einem niedrigeren Höhenniveau fliegen sollte, aber ich reagierte gut auf den Sauerstoff. Binnen zwanzig Minuten war ich eingeschlafen – zum ersten Mal seit fast einer Woche.

Die folgende Woche verbrachte ich angeschlossen an eine Saucrstoffflasche. Es dauerte beinahe drei Wochen, bis meine Lungen wieder frei waren und ich gehen konnte, ohne kurzatmig zu werden.

Viele Ärzte sind mit HAPE nicht vertraut. Wie sollten sie auch? Colorado hat die größte Höhenlage der Vereinigten Staaten.

Die ersten zwei Ärzte, die ich konsultierte, stellten eine Fehldiagnose. Der Fairness halber muss ich sagen, dass ich beim ersten Mal die Diagnose selbst gestellt und der Arzt einfach zugestimmt hatte. Aber ich wäre beinahe gestorben.

Die anderen Ärzte waren nicht darauf eingerichtet, in den Bergen von Colorado kranke Patienten zu beraten. Ihre falsche Diagnose hätte beinahe mein irdisches Leben beendet. Genauso geben wir Pastoren und Gemeindeleiter geistlich kranken Menschen, von denen es in unseren Gemeinden nur so wimmelt, oft mangelhafte Ratschläge. Unsere Ausbildung reicht nicht aus, um den tiefen Nöten zu begegnen, die unter der Oberfläche im Leben der Menschen schlummern.

Unglücklicherweise blieben viele Menschen krank und einige „starben“ sogar unter meiner Führung.

Während meines Lebens als Christ habe ich durch Predigten und Weiterbildungskurse viel dazugelernt. Nur leider hat mir das alles nur vorübergehend geholfen. Den sündigen Verhaltensmustern und Gewohnheiten bin ich dadurch nicht auf die Spur gekommen und sie ließen sich auch nicht ausmerzen.

Unser falscher Rat sorgt dafür, dass Menschen geistlich unreif bleiben

Ich muss zugeben, dass auch ich, wie jene Ärzte, bei Menschen, die Hilfe suchend zu mir kamen, „Fehldiagnosen“ gestellt habe.

Wenn jemand Beziehungsprobleme oder seelische Probleme hatte, wendete ich jedes geistliche Mittel an, das ich kannte. Unglücklicherweise blieben viele Menschen krank und einige „starben“ sogar unter meiner Führung:

- Ein Ehepaar kommt zu mir. Der Ehemann hat eine fünf Jahre zurückliegende einjährige Affäre mit einer Freundin der Familie zugegeben. Ich bin dankbar dafür, dass der Heilige Geist ihn in seinem Leben überführt hat. Ich bete für sie und empfehle ihnen ein Ehebuch, das ich kenne, in dem es für die Ehefrau ein gutes Kapitel über Vergebung gibt. Ich ermahne beide, Gott mit ganzem Herzen zu suchen. Ich bete und hoffe das Beste.
- Ein talentierter Musiker kommt in unsere Gemeinde, um seine Gaben für Gott einzusetzen. Er hat Ausstrahlung und Erfahrung. Die Gemeinde liebt ihn. Er bittet viele von uns, für seine Frau zu beten, dass Gott ihr Herz „zurechtrücken“ möge. Das tun wir auch. Ich bete und hoffe das Beste. Später erfahren wir, dass das keine kleinen Reibereien sind. Der Konflikt hat sich über Jahre hinweg aufgebaut; sie ist ausgezogen und hat sich achthundert Kilometer entfernt niedergelassen und er ist ohne Zweifel Teil des Problems.
- Armstrong ist ein Freund von mir und Gemeindeleiter. Er arbeitet mit, wo immer Bedarf besteht. Das einzige Problem ist, dass er reizbar, unberechenbar und launisch ist. Wir fassen ihn mit Samthandschuhen an. Ich bete und hoffe das Beste.
- Larry ist vierzig Jahre alt, alleinstehend und wieder einmal arbeitslos. Er hat einen vier Seiten langen Lebenslauf. Einen Arbeitsplatz oder eine Beziehung kann er kaum länger als ein paar Monate lang halten. Wir beten für ihn, ermutigen ihn, seine Identität in Christus zu bejahen, und bitten Gott, neue Türen für ihn zu öffnen. Ich bete und hoffe das Beste.

Heute bete ich nicht mehr einfach nur und hoffe das Beste. Jedes der oben beschriebenen Szenarien erforderte eine Stufe der Jüngerschaft, die über eine oberflächliche, seichte, schnelle Lösung hinausging. Jeder dieser Menschen begab sich später „unters Messer“, indem er unter Gebet einen ernsthaften Blick auf die tiefer gehenden Probleme warf, die ich in diesem Buch behandeln will. Zunächst musste jedoch ich als Leiter eine Revolution durchleben, die mein Verständnis von Jüngerschaft betraf.

Ein unausgewogenes geistliches Leben

Die traurige Wahrheit ist, dass zwischen Gottes Leuten in der Gemeinde und den Menschen außerhalb der Gemeinde, die keine Beziehung zu Jesus Christus haben, zu wenig Unterschied besteht, was die emotionale und Beziehungsreife betrifft. Noch alarmierender ist, dass man oft ein Jammertal zerbrochener und gescheiterter Beziehungen vorfindet, wenn man in unseren großen Versammlungen und Kongressen hinter Lobpreis und Anbetung schaut und in die Häuser und Kleingruppentreffen der Christen geht.

Erinnert irgendeine der folgenden Personen Sie an jemanden in Ihrer Gemeinde?

1. Das Kirchenvorstandsmitglied, das nie „Ich hatte unrecht“ oder „Es tut mir leid“ sagt.
2. Die Kindergottesdienstleiterin, die ständig andere kritisiert.
3. Der kontrollsüchtige Kleingruppenleiter, der keine abweichenden Ansichten dulden kann.
4. Der Mann mittleren Alters, Vater zweier Kleinkinder, der heimlich pornosüchtig ist.
5. Der 35-jährige Ehemann, der eifrig in der Gemeinde mitarbeitet und nicht bemerkt, wie einsam seine Frau zu Hause ist.
6. Der Lobpreisleiter, der jeden Vorschlag als persönlichen Angriff und persönliche Ablehnung interpretiert.
7. Die Kinderstundenleiterin, die mit Gefühlen der Verbitterung und des Grolls dem Pastor gegenüber zu kämpfen hat, aber Angst davor hat, etwas zu sagen.
8. Der oder die vorbildlichen „Freiwilligen“, die sich uner-

müdlich in vier verschiedenen Arbeitszweigen engagieren, aber sich kaum persönliche Zeit dafür nehmen, sich um sich selbst zu kümmern.
9. Zwei treue Beter, die die Gebetstreffen ausnutzen, um vor der mühsamen Wirklichkeit ihrer Ehe zu fliehen.
10. Die Leute in Ihrem Hauskreis, die nie etwas über ihre Kämpfe oder Schwierigkeiten durchblicken lassen.

Diese Menschen präsentieren sich vielleicht als geistlich reif, aber in ihrem geistlichen Leben ist etwas schrecklich unausgewogen. Die traurige Wirklichkeit ist, dass zu viele Menschen in unseren Gemeinden auf einer Stufe der geistlichen Unreife feststecken, mit der die aktuellen Modelle von Jüngerschaft sich nicht befassen.

Zu viele Menschen in unseren Gemeinden stecken auf einer Stufe der geistlichen Unreife fest, mit der die aktuellen Modelle von Jüngerschaft sich nicht befassen.

Viele sind angeblich „geistlich reif", aber sie bleiben emotional gesehen Säuglinge, Kinder oder Teenager. Sie haben nicht die Fähigkeit, Gefühle von Wut, Traurigkeit oder Verletzungen zu verarbeiten. Sie jammern, beschweren sich, distanzieren sich, beschuldigen andere und sind sarkastisch – wie kleine Kinder, wenn sie nicht ihren Willen bekommen. Sie sind Kritik oder anderen Meinungen gegenüber sehr abwehrend, erwarten, dass man sich um sie kümmert, und behandeln Menschen oft als Mittel zur Befriedigung ihrer Bedürfnisse.

Warum ist das so?

Um die Antwort auf diese Frage geht es in diesem Buch. Die Wurzeln des Problems liegen in einem gestörten geistlichen Leben, das von einer gestörten biblischen Theologie herrührt (Kapitel 3 und 4). Viele Christen haben auf bestimmten grundlegenden Gebieten der Jüngerschaft eine fundierte Ausbildung erhalten, wie zum Beispiel für Gebet, Bibelstudium, Lobpreis, Entdeckung ihrer geistlichen Gaben oder wie man einem anderen

Menschen das Evangelium erklärt. Doch Menschen, die Jesus nachfolgen, müssen auch darin ausgebildet und dafür ausgerüstet werden, wie sie unter die Oberfläche des Eisbergs in ihrem Leben schauen können (Kapitel 5), wie sie die Macht der Einflüsse aus ihrer Vergangenheit durchbrechen können (Kapitel 6), wie sie in ihrer Zerbrochenheit und Verletzlichkeit leben können (Kapitel 7), wie sie ihre Grenzen erkennen können (Kapitel 8), wie sie Verlust und Trauer annehmen können (Kapitel 9), um die Menschwerdung Jesu als Vorbild für Nächstenliebe anzunehmen (Kapitel 10) und um auf die Bremse zu treten, damit sie mit Integrität führen (Kapitel 11). Gott und den Nächsten zu lieben, ist sowohl der Höhepunkt als auch die Absicht dieses Buches.

Obwohl heute so viel Wert auf die geistliche Entwicklung gelegt wird, reden Gemeindeleiter nur selten davon, wie geistliche Reife in Bezug auf unsere seelische Gesundheit aussehen soll. Aus diesem Grund sind in unseren Gemeinden emotional und seelisch gesehen so viele Christen unreif. Ich kenne etliche Nicht-Christen, die ausgeglichener, liebevoller und freundlicher sind als so manches Gemeindemitglied (mich selbst eingeschlossen).

Die Verbindung zwischen seelischer Gesundheit und geistlicher Reife ist ein großes, unerforschtes Gebiet der Jüngerschaft. Wir müssen dazu die ganze Heilige Schrift – und insbesondere das Leben von Jesus – dringend noch einmal genau studieren, um die Dynamik dieser Verbindung zu begreifen.

Während ich fest davon überzeugt bin, dass professionell ausgebildete christliche Therapeuten enorm wichtig sind, um fachliche Kompetenz in die Gemeinde zu bringen, bin ich auch zutiefst davon überzeugt, dass Jesus der hauptsächliche Mittler unserer geistlichen und emotionalen Reife sein muss. Es ist traurig, dass wir zu lange die „seelischen" Probleme in die Praxis von Therapeuten überwiesen und in der Gemeinde nur für die „geistlichen" Probleme die Verantwortung übernommen haben. Diese beiden Fragen sind untrennbar miteinander verbunden und entscheidend für biblische Jüngerschaft.

Ich bin fest davon überzeugt, dass der Herr Jesus und seine Gemeinde die Hoffnung der Welt sind. Meine Hingabe gilt der Bibel als dem Wort Gottes, der Autorität, unter der wir als Gottes Gemeinde leben sollen. Seit ich erwachsen bin, habe ich mein ganzes Leben lang die Heilige Schrift ausgelegt. Ich bin immer noch der Heiligen Schrift verpflichtet, dem Gebet, der Gemeinschaft, den Ressourcen und überhaupt dem Evangelium. Aber wenn wir emotionale Reife mit dem Schwerpunkt auf echter Liebe nicht in unsere Jüngerschaft integrieren, stehen wir in der Gefahr, völlig an Gottes Absicht der Liebe vorbeizuleben.

Gemeinden sollen dafür bekannt sein, dass sie andere radikal lieben.

Ich schreibe als Pastor, nicht als Therapeut oder professioneller Seelsorger. Ich bin Pastor einer multiethnischen, internationalen Gemeinde mit Menschen aus über fünfundsechzig verschiedenen Ländern. Daher schreibe ich aus tiefer Liebe für die Gemeinde Jesu. Mir ist auch sehr genau bewusst, dass „das Schwerkraftzentrum der christlichen Welt sich unaufhaltsam südwärts verlagert hat, nach Afrika, Asien und Lateinamerika. Schon heute sind die größten christlichen Gemeinden dieser Erde in Afrika und Lateinamerika zu finden".[1] Mein Gebet ist es, dass dieses Buch zur Entwicklung von geistlichen Vätern und Müttern des Glaubens in diesen und anderen Gemeinden überall auf der Welt beitragen wird.

Als ich die Wahrheit über meine Emotionen annahm, begann damit eine Revolution in meinem Verständnis von Gott, der Bibel, dem Wesen der christlichen Reife und der Rolle der Gemeinde. Ich bin fest davon überzeugt, dass emotionale und geistliche Reife nicht voneinander zu trennen sind.

Gottes Gnade hat mich befähigt, zu überleben und diese Geschichte zu erzählen. Wenn Sie möchten, dass Gott Sie und Ihre Gemeinde umgestaltet, lade ich Sie ein weiterzulesen.

---

1 Philip Jenkins, *Die Zukunft des Christentums: eine Analyse der weltweiten Entwicklung im 21. Jahrhundert*. Gießen: Brunnen Verlag, 2006.

Kapitel 1

WIE DIE LEITER, SO DIE GEMEINDE

Die allgemeine Gesundheit jeder Gemeinde und jedes christlichen Werkes hängt in erster Linie von der emotionalen und geistlichen Gesundheit ihrer Leiter ab. Genau genommen hat der Schlüssel zu erfolgreicher geistlicher Leiterschaft viel mehr mit dem inneren Leben des Leiters zu tun als mit seinem Fachwissen, seinen Gaben oder seiner Erfahrung.

Ich brauchte lange, um zu erkennen, dass *noch ein* Leiterschaftsseminar oder mehr Informationen nicht der Schlüssel zu „erfolgreicher" Gemeindeleitung waren. Genau genommen begann mein Weg als Leiter einer emotional und geistlich gesunden Gemeinde nicht mit einem Seminar oder einem Buch, sondern mit einem sehr schmerzhaften Gespräch zu Hause.

Meine Frau konnte es nicht mehr ertragen

„Pete, ich trete aus der Gemeinde aus", hatte meine Frau Geri leise gemurmelt.

Ich saß regungslos da, zu fassungslos, um zu antworten.

„Ich kann diesen Stress nicht mehr ertragen – die ständigen Krisen", fuhr sie fort.

Geri war mehr als geduldig gewesen. Ich hatte ständig Druck und Spannungen von der Gemeinde mit nach Hause gebracht, Jahr für Jahr. Jetzt war die Frau, der ich versprochen hatte, dass ich sie lieben würde, wie Christus die Gemeinde liebt, völlig erschöpft.

Wir hatten acht Jahre lang unerbittlichen Stress erlebt.

„Ich mache das nicht mehr mit", schloss sie. „Diese Gemeinde ist kein Leben mehr für mich. Sie ist der Tod."

Wenn ein Gemeindemitglied sagt: „Ich trete aus", fühlen sich die meisten Pastoren nicht besonders gut. Wenn es aber die Frau sagt, mit der Sie seit neun Jahren verheiratet sind, wird Ihre Welt auf den Kopf gestellt.

Wir waren im Schlafzimmer. Ich erinnere mich noch gut an jenen Tag.

„Pete, ich liebe dich, aber ich verlasse die Gemeinde", fasste sie alles ruhig zusammen. „Ich respektiere dich als Leiter nicht mehr."

Diese Gemeinde ist kein Leben mehr für mich. Sie ist der Tod.

Ich war sichtlich erschüttert und wusste nicht, was ich tun oder sagen sollte. Ich fühlte mich bloßgestellt, allein und wütend.

Ich wurde laut, um sie einzuschüchtern. „Das kommt gar nicht infrage", bellte ich. „Okay, ich hab also ein paar Fehler gemacht."

Aber sie fuhr ruhig fort: „So einfach ist das nicht. Du hast nicht den Schneid, um Leiter zu sein – Leuten entgegenzutreten, denen man entgegentreten muss. Du führst nicht. Du hast zu viel Angst, dass Leute die Gemeinde wieder verlassen. Du hast zu viel Angst davor, was andere über dich denken."

Ich war entrüstet.

„Ich komme schon noch dahin!", brüllte ich und ging in die Defensive. „Ich arbeite daran." (Die letzten zwei Jahre hatte ich es wirklich versucht, aber irgendwie war ich nicht dazu fähig.)

„Gut für dich, aber ich kann nicht mehr warten", erwiderte sie.

Es entstand eine lange, schweigsame Pause. Dann sprach sie die Worte aus, die die Machtverhältnisse in unserer Ehe dauerhaft verschoben: „Pete, ich steige aus."

Man sagt, dass der mächtigste Mensch der Welt der ist, der nichts zu verlieren hat. Geri hatte nichts mehr zu verlieren. Sie verkümmerte innerlich und ich hatte ihr nicht zugehört oder auf ihre Hilferufe reagiert.

Leise fuhr sie fort: „Ich liebe dich, Pete. Aber die Wahrheit ist, ich wäre getrennt von dir glücklicher als mit dir verheiratet. Dann würdest du wenigstens am Wochenende die Kinder nehmen müssen. Dann würdest du mir vielleicht sogar zuhören!"

„Wie kannst du nur so etwas sagen?", beklagte ich mich. „Du sollst das nicht einmal denken."

Sie war in ihrer Entscheidung ruhig und entschlossen. Ich war wütend. Eine gute christliche Ehefrau, die mit einem Christen (und dazu noch einem Pastor) verheiratet ist, tut so etwas nicht. In diesem Augenblick verstand ich, wie ein Ehemann austicken und die Frau, die er liebt, umbringen kann.

Sie hatte sich durchgesetzt. Sie zwang mich zuzuhören. Am liebsten wäre ich gestorben. Ich würde mich tatsächlich ändern müssen!

Der Anfang dieses Chaos'

Wie waren wir an diesen Punkt gekommen?

Acht Jahre zuvor hatten meine Frau und ich eine Gemeinde gegründet. Unsere Vision war es, eine Gemeinde für die Arbeiterklasse von Queens in New York City zu gründen, aus der Leiter hervorgingen, die weitere Gemeinden in New York City und überall auf der Welt ins Leben rufen.

Vielleicht sollte ich richtiger sagen, dass ich eine Vision hatte und Geri mir folgte. So wurden doch nach biblischem Vorbild in einer Ehe Entscheidungen getroffen.

Jetzt, vier Kinder später, war sie kampfesmüde und wünschte sich ein Leben und eine Ehe. Mittlerweile stimmte ich ihr zu. Das Problem bestand in meinem Verantwortungsgefühl, die Gemeinde aufzubauen, und zwar für andere Menschen. Ich hatte nur wenig Energie dafür übrig, ein Vater für unsere Kinder zu sein oder mich an Geri zu freuen. Ich hatte sogar noch weniger Energie dafür, das „Leben" zu genießen, worin auch immer das bestand! Selbst wenn ich körperlich anwesend war, zum Beispiel bei einem Fußballspiel einer unserer Töchter, waren meine Gedanken gewöhnlich auf etwas konzentriert, das mit der Gemeinde zu tun hatte.

Ich erinnere mich daran, dass ich mich fragte: *Muss ich ein so elendes Leben führen und derart unter Druck stehen, damit andere Menschen Freude an Gott erleben können?* So jedenfalls fühlte es sich an.

Aus Wochen waren Monate geworden. Aus Monaten Jahre.

Aus den Jahren war inzwischen beinahe ein Jahrzehnt geworden und die Krise war jetzt auf ihrem Höhepunkt. Die nüchterne Realität war, dass ich während dieser neun Jahre nur wenig Zeit für die Freuden des Vaterseins und der Ehe erübrigt hatte. Ich war zu beschäftigt mit den nicht enden wollenden Anforderungen, die das Pastorenamt in einer Gemeinde mit sich brachte. (Wie sehr mir doch jetzt bewusst ist, dass ich diese Jahre nie zurückbekommen werde!)

Jesus beruft uns dazu, selbst zu sterben.

Jesus beruft uns dazu, selbst zu sterben. „Wenn jemand mir nachfolgen will ... muss er sich selbst verleugnen, sein Kreuz auf sich nehmen und mir nachfolgen“ (Markus 8,34). Das Problem bestand darin, dass wir für die falschen Dinge gestorben waren. Wir hatten fälschlicherweise angenommen, dass um des Evangeliums willen zu sterben bedeutete, dass wir tot seien für die Sorge um uns selbst, für Gefühle der Traurigkeit, für Wut, Trauer, Zweifel, Kämpfe, für unsere gesunden Träume und Sehnsüchte und für die Leidenschaften, die wir vor unserer Ehe genossen hatten.

Geri war schon immer sehr gern draußen im Freien und sie liebt die Natur. Ihre große Verwandtschaft ist für sie sehr wertvoll. Sie liebt Freizeitaktivitäten und es gefällt ihr, für andere Menschen Gelegenheiten zu schaffen, sich zu amüsieren. Für diese Vergnügungen gab es kaum Zeit.

Workaholics für Gott

Wir waren sehr beschäftigt für Gott. Unser Leben war ausgefüllt mit Dienst, Arbeit und dem Versuch, andere Menschen zu lieben. Manchmal fühlte es sich so an, als dürften wir bestimmte Dinge, die mir Freude bereiteten, nicht tun, nur damit sich andere geliebt fühlten. Aber tatsächlich waren wir für etwas „gestorben“, das Gott gar nicht so intendiert hatte (ich erkläre das an anderer Stelle). Ich erinnere mich daran, wie ich mit meinem Schwager beim Abendbrot saß und er davon sprach, wie viel Spaß es ihm machte, Schiedsrichter und Trainer in der Mädchen-Basketballmannschaft zu sein.

„Muss schön sein“, murmelte ich. „Zu schade, dass ich diese Art Freiheit nicht haben kann.“

Ich hatte Gottes Gnade in Jesus Christus sehr tief greifend erlebt, als ich mit neunzehn Jahren Christ wurde. Seine Liebe erfüllte mich mit der Leidenschaft, ihm zu dienen. Mit der Zeit jedoch wurde aus dieser Leidenschaft eine Last. Die nicht enden wollenden Anforderungen der Gemeindegründung in New York City neben der Tatsache, dass ich die emotionalen Dimensionen des geistlichen Lebens vernachlässigte, machten aus meiner Freude langsam eine „Pflicht“. Mein Leben kam aus dem Gleichgewicht und ich begann langsam, die Lüge zu glauben, dass Christus mich umso mehr lieben würde, je mehr ich für ihn litt. Ich fing an, mich schuldig zu fühlen, wenn ich mir zu viel Freizeit nahm und zum Beispiel am Strand meinen Spaß hatte.

Mein geistliches Fundament wurde schließlich als das offengelegt, was es war: Holz, Heu und Stroh (1. Korinther 3,10-15). Ich war so viele Jahre lang gehinkt, dass mir das Hinken jetzt normal erschien.

Geris mutiger Schritt an jenem kalten Januarabend rettete mich. Gott griff durch Geris Worte „Ich steige aus“ dramatisch ein.

Ich war so viele Jahre lang gehinkt, dass mir das Hinken jetzt normal erschien.

Das war wahrscheinlich der liebevollste, mutigste Dienst, den sie mir je erwiesen hat. Er zwang mich, professionelle Hilfe zu suchen, um meine „Berufungskrise“ zu lösen. Unbewusst hoffte ich, dass der Seelsorger *Geri* den Kopf zurechtrücken würde, damit ich mit meinem Leben und der Gemeinde weitermachen konnte.

Ich hatte ja keine Ahnung, was vor mir lag!

Gott zwang mich, einen langen, schmerzhaften Blick auf die Wahrheit zu werfen – die Wahrheit über mich selbst, über unsere Ehe, unser Leben, die Gemeinde. Jesus sagte: „Ihr werdet die Wahrheit erkennen, und die Wahrheit wird euch frei machen“ (Johannes 8,32). Es war entmutigend, mir schließlich und endlich einzugestehen, dass mein intensiver Einsatz in geistlichen Disziplinen keine geistliche Reife in mein Leben gebracht hatte.

Warum? Ich ignorierte die emotionalen Komponenten der Jüngerschaft in meinem Leben.

Das Leben vor der Krise

Ich wuchs in einem Vorort in New Jersey in einer italoamerikanischen Familie auf, nur knapp zwei Kilometer von den Wolkenkratzern von Manhattan entfernt.

Im Jahr 1974 zog ich aus und ging ans College, kam in einen Bibellesekreis auf dem Campus und wurde in meinem zweiten Studienjahr ein Nachfolger von Jesus Christus. Diese Erfahrung schickte mich auf eine geistliche Reise, die während der nächsten sechs Jahre die katholische charismatische Bewegung, eine zweisprachige spanisch-englische Gemeinde, eine protestantische Durchschnitts-Innenstadtgemeinde, eine afroamerikanische Gemeinde, die Pfingstbewegung und eine evangelikale Gemeinde umfassen sollte.

Nachdem ich ein Jahr lang in einer Highschool Englisch unterrichtet hatte, wurde ich bei der *InterVarsity Christian Fellowship*, einer bekenntnisübergreifenden Arbeit, die christliche Gruppen an Universitäten und Colleges fördert, angestellt. Ich arbeitete drei Jahre lang an der Rutgers-Universität und anderen Colleges in New Jersey. Dann ging ich zum Postgraduierten-Studium an das theologische Seminar von Princeton und ans Gordon-Conwell-Seminar.

Während jener Collegejahre lernte ich eine junge Frau kennen und wir wurden gute Freunde. Diese junge Frau sollte später meine Ehefrau werden. Geri und ich heirateten 1984 und wir gerieten in einen Wirbelwind – uns war nicht einmal klar, dass dieser Wind alles andere als normal war. Nach fünf Monaten Ehe machte ich meinen Abschluss und am nächsten Tag zogen wir nach Costa Rica. Ein Jahr lang lernten wir Spanisch, in Vorbereitung auf unsere Rückkehr nach New York City. Als Geri im achten Monat schwanger war, ging sie zu ihren Eltern zurück. Ich kam zwei Tage vor der Geburt unseres ersten Babys aus Costa Rica wieder zurück.

Einen Monat später zogen wir drei nach Queens, New York

City. Ich arbeitete ein Jahr lang als Hilfspastor in einer rein spanischen Einwanderergemeinde und lehrte an einem spanischsprachigen Seminar. Das gab uns die Gelegenheit, unsere Spanischkenntnisse zu vervollkommnen und Gottes Willen für unsere Zukunft zu erkennen. In jenem Jahr lernten wir die Welt von zwei Millionen illegalen Einwanderern kennen, die große Städte wie New York bevölkern. Wir freundeten uns mit Menschen an, die vor Todesschwadronen in El Salvador, Drogenkartellen in Kolumbien, dem Bürgerkrieg in Nicaragua und unerbittlicher Armut in Mexiko und der Dominikanischen Republik geflohen waren.

Der Beginn eines Traums?

Endlich, im September 1987, gründeten wir die *New Life Fellowship*, eine multiethnische Gemeinde von Immigranten in einem Arbeiterviertel von Queens. Von den zweieinhalb Millionen Einwohnern von Queens sind mehr als die Hälfte im Ausland geboren. Im Corona-Elmhurst-Viertel, das direkt an unser Gemeindezentrum grenzt, leben Menschen aus 123 Nationen.

Unser erster Gottesdienst begann mit 45 Besuchern. In diesen ersten Jahren wirkte Gott gewaltig. Nach etwas mehr als einem Jahr waren wir auf 160 Leute angewachsen. Am Ende des dritten Jahres fing ich mit einer spanischen Gemeinde an. Am Ende des sechsten Jahres waren 400 Menschen in der englischen Gemeinde sowie weitere 250 in unserer ersten spanischen Gemeinde. Sehr viele dieser Menschen waren durch *New Life* Christen geworden.

Meine Zeit bei *InterVarsity Christian Fellowship* hatte mir praktische Kenntnisse für den Dienst vermittelt, zum Beispiel wie man einen Bibelkreis hält, wie man anderen Menschen vom Evangelium erzählt und wie man Fragen beantwortet, die Nichtchristen für gewöhnlich stellen. Meine Ausbildung am Seminar hatte mir das intellektuelle Werkzeug an die Hand gegeben, das ich brauchte – Griechisch, Hebräisch, Kirchengeschichte, systematische Theologie, Hermeneutik und vieles mehr.

Leider war ich jedoch nicht darauf vorbereitet, eine Gemeinde in Queens zu gründen. Ich landete postwendend in einem Crashkurs, in dem ich verstehen lernte, was Paulus meinte, als er schrieb, dass das Evangelium nicht mit „überredenden Worten menschlicher Weisheit" daherkommt, sondern in „Erweisung des Geistes und der Kraft" (1. Korinther 2,4 LÜ).

Während dieser ersten Jahre von *New Life* lehrte uns Gott viel über Gebet und Fasten, Krankenheilung, die Realität von Dämonen, geistliche Kampfführung, die Gaben des Heiligen Geistes und das Hören von Gottes Stimme. Was ich lernte, gab ich der Gemeinde weiter.

Menschen wurden Christen und buchstäblich Hunderte begannen eine persönliche Beziehung zu Jesus. Wir dienten den Armen auf neue, kreative Art und Weise. Wir bildeten Leiter aus, gründeten immer wieder neue Kleingruppen, gaben den Obdachlosen zu essen und riefen neue Gemeinden ins Leben. Aber unter der Oberfläche war nicht „alles gut", besonders auf der Leiterschaftsebene.

Es schien uns, als hätten wir immer zu viel zu tun und zu wenig Zeit dafür. Während es aufregend war, in der Gemeinde zu sein, war es keine Freude, in der Gemeindeleitung zu sein, besonders für meine Frau Geri und mich. Es gab eine große Personal- und Leitungsfluktuation und alles davon schrieben wir letztendlich dem geistlichen Kampf in der Hitze von New York City zu. Vielleicht waren das die natürlichen Wachstumsschmerzen und Nebenwirkungen jedes großen Unternehmens und jeder großen Firma? Aber wir waren keine Firma. Wir waren eine Gemeindefamilie.

Allerdings wussten Geri und ich, dass etwas fehlte. Unser Herz schrumpfte. Die Gemeindeleitung fühlte sich wie eine schwere Last an. Wir gewannen die ganze Welt, indem wir an einem großen Werk für Gott arbeiteten, während wir gleichzeitig unsere Seele verloren (siehe Markus 8,36).

Wir gewannen die ganze Welt, indem wir an einem großen Werk für Gott arbeiteten, während wir gleichzeitig unsere Seele verloren.

Etwas lief grundlegend falsch. Ich träumte heimlich vom Ruhestand, dabei war ich erst Mitte dreißig. Trotz ständiger geistlicher

Selbsttests – keine Unmoral, keine Unversöhnlichkeit, kein Begehren und so weiter – konnte ich nicht genau feststellen, woher mein Mangel an Freude rührte. Das Fundament meines eigenen Charakters und meiner persönlichen Entwicklung konnte der Gemeinde, die wir aufbauten, nicht standhalten. Es war ein wackeliges Fundament, das nur darauf wartete, zusammenzubrechen.

Der langsame Weg in die Krise

Während dieser Zeit fühlte sich Geri mit all der Verantwortung, die sie für unsere vier kleinen Kinder trug, wie eine alleinerziehende Mutter. Sie war das Stadtleben unter Hochdruck leid. Sie war müde von dem Stress, den ich jede Woche von der Gemeinde mit nach Hause brachte.

Sie wollte mehr Ehe. Sie wollte mehr Familie. Sie wollte ein richtiges Leben.

Der Boden unter unseren Füßen schwand, als sich unsere spanische Gemeinde 1993/94 teilte und Beziehungen bröckelten, die ich für felsenfest gehalten hatte. Gott fing an, meine Aufmerksamkeit auf sich zu ziehen, und schob mich immer tiefer in eine Grube. Ich näherte mich dem Boden der Grube und wehrte mich dabei mit Händen und Füßen.

Ich glaubte, einen Vorgeschmack auf die Hölle zu bekommen. Und so war es auch, wie sich herausstellte.

Ich hatte ja keine Ahnung, dass der Boden der Grube noch zwei Jahre entfernt lag.

Das Ereignis, das Gott benutzte, um mich zunächst einmal in die Grube zu stoßen, war der Verrat eines der Hilfspastoren der spanisch-sprachigen Gemeinde. Monatelang hatte ich Gerüchte gehört, dass er unzufrieden sei und *New Life Fellowship* verlassen wollte, um eine neue Gemeinde zu gründen. Dabei wollte er einen großen Teil der Leute mitnehmen.

„Das ist unmöglich", sagte ich mir immer wieder. „Er ist für mich wie ein Bruder." Schließlich kannten wir uns schon seit zehn Jahren.

Als ich ihn nach den Gerüchten fragte, leugnete er sie immer kategorisch: „*Pedro, nunca*" („Niemals, Peter").

Ich werde nie den Tag vergessen, als ich in den spanischen Nachmittagsgottesdienst ging und zweihundert Leute fehlten. Ich war geschockt. Nur fünfzig Besucher waren da. Alle anderen waren mit ihm weggegangen, um eine neue Gemeinde zu gründen.

In den nächsten Wochen überschwemmte so etwas wie eine Flutwelle die restlichen Mitglieder dieser Gemeinde. Sie erhielten Telefonanrufe und wurden ermahnt, das Haus Sauls (mich) zu verlassen und in das Haus Davids zu wechseln (das Neue, das Gott gerade tat). Menschen, die ich zu Christus geführt und zu Nachfolgern Jesu gemacht hatte und deren Pastor ich jahrelang gewesen war, waren weg. Viele von ihnen sollte ich nie wiedersehen.

Als wir mehr als zwei Jahre später unter vier Augen darüber sprachen, sagte dieser Hilfspastor zu mir: „Du hast versprochen, einen Nachfolger Jesu aus mir zu machen, aber deine Worte haben nichts bedeutet. Du hattest es nicht verdient, diese Menschen zu führen."

Als die Gemeindespaltung begann, verteidigte ich mich nicht. Ich versuchte, dem Vorbild von Jesus zu folgen und wie ein Lamm zu sein, das zum Schlachten geführt wird (Jesaja 53,7). „Nimm es einfach hin, Pete; Jesus würde das auch tun", sagte ich mir immer wieder.

In Wirklichkeit fühlte ich mich, als hätte ich mich vergewaltigen lassen.

Ich nahm die ganze Schuld an der Zerstörung auf mich. Obwohl ich mich betrogen fühlte, lag ein großer Teil des Versagens bei mir. Dieser Hilfspastor klagte zu Recht: Ich war überfordert. Ich war Pastor von zwei schnell wachsenden Gemeinden, einer englischen und einer spanischen, und ich hatte viel zu viel damit zu tun, die Arbeit zu „erledigen" und Feuerwehr zu spielen. Mir fehlten die Flexibilität und die Zeit, mein Versprechen einzulösen, ihm Zeit, Freundschaft und Ausbildung zu schenken.

Trotzdem liebte ich ihn wie einen Bruder. Um mit dem Psalmisten zu sprechen, erlebte ich, dass ich bei jemandem, mit dem ich „die Süße der Gemeinschaft" (Psalm 55,15) erlebt hatte, später entdecken musste, dass er „mich verraten und sein Versprechen gebrochen [hat]" (Psalm 55,21). Ich glaubte nicht, dass solch ein Verrat in der Gemeinde möglich sei.

Wichtiger noch, vielleicht war ich auch fasziniert von seinen Gaben und Fähigkeiten. Die spanische Gemeinde bewunderte seinen dynamischen Führungsstil. Machte es wirklich etwas aus, dass er kein „zerknirschtes, reumütiges Herz" hatte (Psalm 51,19)? Machte es wirklich etwas aus, dass es ihm in einigen Bereichen an Charakter fehlte?

Ja.

Das Hauptproblem war, dass mir der Mut und die Reife fehlten, mich ihm entgegenzustellen.

Meine „gottgefällige, lammfromme Reaktion" hatte wenig mit dem Vorbild Jesu zu tun, aber viel mit ungelösten Problemen und emotionalem Ballast, den ich aus meiner Vergangenheit mit mir herumtrug.

Die traurige Wahrheit ist, dass meine „gottgefällige, lammfromme Reaktion" nur wenig damit zu tun hatte, Jesus nachzuahmen, und viel mehr mit ungelösten Problemen und emotionalem Ballast, den ich aus meiner Vergangenheit mit mir herumtrug.

Mein Vorgeschmack auf die Hölle ging tiefer als die Gemeindespaltung. Plötzlich stellte ich fest, dass ich ein Doppelleben führte. Der äußerliche Pete bemühte sich darum, die entmutigten Menschen zu ermutigen, die noch bei *New Life* waren. „Ist es nicht erstaunlich, wie Gott unsere Sünden benutzt, um sein Reich zu bauen? Jetzt haben wir zwei Gemeinden statt nur einer", verkündete ich. „Jetzt können noch mehr Menschen zu einer persönlichen Beziehung mit Jesus kommen. Wenn jemand von euch in diese andere Gemeinde gehen möchte, soll Gottes Segen mit ihm sein."

Das war eine Lüge.

Ich wollte wie Jesus sein (wenigstens wie das Bild von Jesus, das ich mir von ihm machte), selbst wenn es mich umbrachte. Und das tat es auch – es brachte mein inneres Wesen um.

Meine Hölle bestand darin, dass ich innerlich tief verwundet und wütend war. Diese Gefühle wichen dem Hass. In meinem Herzen gab es keine Vergebung. Ich war voller Zorn und ich konnte ihn nicht loswerden.

Wenn ich allein in meinem Auto saß, löste allein der Gedanke an das, was geschehen war, einen Wutanfall aus, einen Knoten in meinem Magen. Innerhalb von Sekunden folgten dann Flüche, die mir beinahe ungewollt über die Lippen kamen.

Mein erster Hilferuf

Endlich gestand ich meine Verzweiflung über die Situationen in der Gemeinde und zu Hause ein. „Pastor zu werden war die schlechteste Entscheidung, die ich je getroffen habe", sagte ich im Gebet zu Gott.

Ich suchte verzweifelt nach Hilfe. Schließlich empfahl mir ein guter Freund, der auch Pastor war, einen christlichen Therapeuten. Geri und ich gingen hin. Das war im März 1994.

Ich fühlte mich vollkommen gedemütigt. Alles in mir wollte nur weglaufen. Ich fühlte mich wie ein Kind, das ins Büro des Direktors muss. „Eine Therapie ist etwas für verkorkste Menschen", beschwerte ich mich bei Gott. (Damit sagte ich etwas, das ich heute nicht mehr so sehe.) „Nicht ich. Ich bin nicht verkorkst!"

Nach unserem ersten zweitägigen Treffen stellte der Therapeut drei Dinge fest: 1.) Ich war völlig von der Gemeinde vereinnahmt; 2.) Geri war deprimiert und einsam und 3.) unserer Ehe fehlte die Vertrautheit.

> **Die Wurzel der Probleme lag in mir. Aber ich konnte – oder wollte – das noch nicht zugeben.**

Wir wussten nicht so genau, was eheliche Vertrautheit war, also kaufte ich Geri ein Ehebuch. Sollte sie es doch herausfinden. Ich ging wieder an die Arbeit in der Gemeinde.

Innezuhalten und über den Zustand meiner Seele nachzudenken war sowohl beängstigend als auch befreiend. Damals glaubte ich, dass alle meine Probleme von dem Stress und der Unübersichtlichkeit von New York City herrührten. Ich schob die Schuld auf Queens, meinen Beruf, unsere vier kleinen Kinder, Geri, den geistlichen Kampf, andere Leiter, den Mangel an Gebet – sogar auf unser Auto (es war innerhalb von drei Monaten siebenmal aufgebrochen worden). Jedes Mal war ich mir sicher, die Wurzel des Problems erkannt zu haben.

Aber das hatte ich nicht.

Die Wurzel der Probleme lag in mir. Aber ich konnte – oder wollte – das noch nicht zugeben.

Die nächsten zwei Jahre waren von einem langsamen Abstieg in einen Abgrund gekennzeichnet. Es war ein Gefühl, als ob ein unendliches schwarzes Loch mich zu verschlingen drohte. Ich rief Gott um Hilfe an, bat ihn, mich zu verändern. Aber es schien, als hätte Gott den Himmel für meinen Schrei verschlossen, statt darauf zu antworten.

Es wurde immer schlimmer.

Ich predigte weiterhin jede Woche und war weiterhin der Pastor. Aber mein Vertrauen in meinen wirkungsvollen Führungsstil war durch die Spaltung in der spanischen Gemeinde gründlich erschüttert worden. Ich stellte zusätzliche Mitarbeiter ein und bat sie darum, die Leitung zu übernehmen. Das taten sie auch. Hatte ich nicht jämmerlich versagt? Mit dem Gefühl, dass die neuen Leute es sicherlich besser konnten, ließ ich sie anfangen, die Gemeinde neu aufzubauen.

Schon bald kam es mir so vor, als wäre die Gemeinde nicht mehr die Gemeinde mit der ursprünglichen Vision, die wir hatten, als wir sie gründeten. Inzwischen kämpfte ich darum, ehrlich zu sein, wenn ich die Situation anderen gegenüber darstellte. Ich hatte die schreckliche Angewohnheit, die Wahrheit zu beschönigen oder „aufzubereiten“, aus Furcht, dass die Leute ärgerlich werden könnten. (Gott nennt das „lügen“; ich nannte es „verbreiten von guten Aussichten“.) Ich kämpfte darum, bezüglich meiner Gefühle zu mir selbst ehrlich zu sein, und lauschte besonders auf die Gefühle, die nicht in mein christliches Raster passten, wie zum Beispiel Wut, Verbitterung und Traurigkeit.

Ich kämpfte auch darum, anderen gegenüber ehrlich zu sein. Fortschritte machte ich nur langsam und mühsam.

Ich rang damit, ob ich wohl dabei war, vom Glauben abzufallen. Die Fragen, die ich stellte, und die Gefühle, die ich empfand, wurden in den meisten christlichen Kreisen, in denen ich in den letzten zwanzig Jahren gelebt hatte, als Tabu betrachtet.

Sollte ich nicht in Jesus Christus einen überwältigenden Sieg über all das davontragen (siehe Römer 8,37)? Warum scheint es, als würde sehr viel Krankhaftes durch einen Anstrich von Geistlichkeit übertüncht? Wie kommt es, dass so viele Menschen, die schon lange Christen sind, so verurteilend und kritisch sind?

Ich war absolut sicher, dass Gott mich auf einen neuen Weg führte. Aber wo waren alle anderen? Ich kämpfte hin und her.

„Wie geht es, Pete?“, fragte dann zum Beispiel ein guter Freund.

„Oh, ganz großartig! Ich spüre, dass Gott den harten Boden aufbricht und neuen Samen für die Zukunft aussät“, antwortete ich daraufhin immer optimistisch.

Das einzige Problem: Diese Worte waren nur ein sehr kleiner Teil der Wahrheit.

Der Gedanke daran, dass andere wütend auf mich sein könnten, ließ mich zurückschrecken und weiterwarten. Ich fürchtete, dass verschiedene Leiter in der Gemeinde gehen würden, wenn ich ihnen ganz ehrlich sagte, wie ich sie wahrnahm – als stolz, unbelehrbar und manchmal unwahrhaftig. Nach der Spaltung der spanischen Gemeinde vor mehr als eineinhalb Jahren war dieser Gedanke für mich zu schmerzhaft, als dass ich ihn hätte ertragen können. Ich zog es vor, zu schweigen und zu hoffen, dass die Gemeindeprobleme von ganz allein verschwinden würden.

Das geschah aber nicht.

Ich nahm an Leiterschaftskonferenzen teil, um etwas über geistliche Kampfführung zu lernen und wie man eine ganze Stadt für Gott erreicht. Ich nahm an „Mutmachtreffen“ in anderen Gemeinden teil. Wenn es einen Weg gab, mehr von Gott in mich aufzusaugen, wollte ich ihn finden. Ich nahm an einer prophetischen Konferenz außerhalb unseres Bundesstaates teil, wo ich eine Reihe ermutigender persönlicher Prophetien erhielt. Ich verstärkte die morgendlichen Gebetstreffen bei *New Life*. Ich wies die Dämonen ab, die darauf aus waren, mein Leben zu zerstören. Ich studierte die Geschichte von Erweckungen. Ich suchte Rat bei zahlreichen landesweit bekannten Gemeindeleitern.

Einer meiner Tagebucheinträge aus jener Zeit fasst zusammen, an welchem Punkt ich mich befand:

> „Herr, ich kann das verheißene Land am anderen Ufer des Roten Meeres sehen – Ganzheit, eine glückliche Ehe und Familie, Freude am Dienst für dich, ein Leben in der Rolle, die du für mich als Leiter vorgesehen hast – aber ich habe keine Ahnung, wie ich das Rote Meer teilen soll, um dorthin zu gelangen. Hast du eine Ahnung, Gott? Wenn ja, könntest du das Meer bitte teilen?"

Geri verlässt die Gemeinde

Ich hatte das Gefühl, persönliche Fortschritte zu machen. Vielleicht war es noch nicht nach außen hin sichtbar, aber es geschah etwas. Wenigstens glaubte ich das. Für Geri war jedoch alles, wie es schon immer in unserer Ehe gewesen war – jämmerlich.

In der zweiten Januarwoche 1996 sagte mir Geri, dass sie die Gemeinde verlassen wolle.

Endlich kam ich an meinem Tiefpunkt an. Ich informierte unsere Ältesten über mein Dilemma. Sie waren einverstanden, dass Geri und ich an einer intensiven Einkehrwoche mit professioneller Beratung teilnahmen. So konnten wir herausfinden, ob wir in der Lage waren, das Problem zu lösen.

Am 13. Februar 1996 fuhren wir zu einem christlichen Beratungszentrum. Wir hofften, aus unserer Krise herauszukommen. Ich hoffte auf ein rasches Ende unseres Leides.

Wir verbrachten die ganzen fünf Tage mit zwei Seelsorgern. Diese kleine befristete „christliche Gemeinschaft" war sicher genug für uns, um uns selbst zu gestatten, voreinander unsere verborgenen Gefühle auszusprechen.

Was wir nicht erwartet hatten, war ein echtes geistliches Erlebnis mit Gott. Für mich begann es auf sehr seltsame Art und Weise. Geri und ich hatten bis spät in die Nacht miteinander geredet. Ungefähr um zwei Uhr morgens weckte sie mich, stellte sich aufs Bett und zerriss mich mit einigen gewählten Worten in der Luft. Zum ersten Mal sagte sie mir die brutale Wahrheit darüber, was sie mir gegenüber und bezüglich unserer Ehe und Gemeinde fühlte.

Die Entdeckung, dass eine Brücke fehlt

Irgendwie war Geris Explosion, so schmerzhaft sie auch war, eine befreiende Erfahrung für uns beide. Warum? Sie hatte die schwere geistliche Tünche des „Gutseins" abgestreift, die sie davon abgehalten hatte, sich die Wahrheit über unsere Ehe und unser Leben einzugestehen und sie auszusprechen.

Ich hörte zu. Sie hörte zu.

Wir betrachteten das Leben und die Ehe unserer Eltern. Ich warf einen ehrlichen Blick auf *New Life Fellowship*. Die Gemeinde spiegelte meine Herkunftsfamilie auf bezeichnende Art und Weise wider.

Wir beide hatten uns noch nie zuvor erlaubt, so zu fühlen.

Die traurige Wirklichkeit, die wir entdeckten, war, dass Jesus nur oberflächlich in die Tiefen unseres Wesens eingedrungen war – obwohl wir schon seit fast zwanzig Jahren Christen waren.

Jesus war nur oberflächlich in die Tiefen unseres Wesens eingedrungen – obwohl wir schon seit fast zwanzig Jahren Christen waren.

Unser Erlebnis, das sich anfänglich wie der Tod anfühlte, stellte sich als der Anfang einer Reise heraus und als die Entdeckung einer Beziehung, die mein Leben, meine Ehe, meine Familie und letzten Endes die Gemeinde verändern sollte. Zum ersten Mal entdeckte ich, dass unsere Herkunftsfamilien auch weiterhin Macht über uns hatten. Wir hatten sie mit unserer Hochzeit verlassen, aber irgendwie prägten sie unser Leben noch immer.

Paulus lehrt: Sobald ein Mensch zum Glauben an Christus kommt, ist „das Alte ... vergangen; siehe, Neues ist geworden" (2. Korinther 5,17 LÜ). Ich hätte mir nie träumen lassen, dass maßgebliche sündige Verhaltensmuster, die in meiner Familie von Generation zu Generation weitergegeben wurden, immer noch wirksam waren. Da ich daran glaubte, dass die Macht von Christus jeden Fluch brechen konnte, kehrte ich den Gedanken unter den Teppich, dass ich immer noch von einem Zuhause geprägt wurde, das ich vor langer Zeit hinter mir gelassen hatte.

Der Blick in mein Herz deckte verschiedene Arten von Motivationen auf. Ein Teil meiner Leidenschaft galt Gottes Ehre. Andere Teile meiner Persönlichkeit wurden von vielschichtigen Motiven angetrieben, die zu ordnen ich weder die Mittel noch die Zeit hatte. Wir begannen, unter die Oberfläche unseres Lebens und in völlig neue Bereiche zu schauen.

In meinen Gebeten sagte ich Gott, dass es mir leidtat. Ich hatte aufrichtig alles, was ich hatte, geben wollen, um Gott und seinem Reich zu dienen. Wer hätte sich je träumen lassen, dass meine Hingabe in solch einer Enttäuschung enden würde?

Bei allem, was ich über das Gebet und die Bibel wusste und was ich damit erlebt hatte, war es ein ziemlicher Schock, dass es ganze Schichten in meinem Leben gab, die Gott noch nicht angerührt hatte. Daraus wurde der Same für die sieben Prinzipien für emotional gesunde Gemeinden, die ich in Kapitel 5 bis 11 vorstellen will.

Neue Augen?

Nach diesem Durchbruch schien es, als hätte mir Gott neue Augen gegeben, um die Bibel zu lesen. Wahrheiten, die ich nur intellektuell verstand, wurden bald Bestandteil meiner Erlebnisse mit Gott.

Ich sah, dass Jesus seine Gefühle in Freiheit ohne Scham und Verlegenheit äußern konnte:

- Er vergoss Tränen (Lukas 19,41).
- Er war voller Freude (Lukas 10,21).
- Er war betrübt (Markus 14,34).
- Er war zornig (Markus 3,5).
- Ihn überkam Traurigkeit (Matthäus 26,37).

- Er hatte Mitleid (Lukas 7,13).
- Er zeigte sich besorgt (Johannes 11,35).
- Er zeigte Erstaunen und Verwunderung (Markus 6,6; Lukas 7,9).
- Er empfand Not (Markus 3,5; Lukas 12,50).

Jesus war alles andere als ein emotional tiefgefrorener Messias.

Gleichzeitig beobachtete ich, wie Jesus sich von den Erwartungen der Masse, seiner Familie und seiner Jünger distanzieren konnte. Die Beziehung zu seinem himmlischen Vater befreite ihn von dem Druck der Menschen in seiner Umgebung. Er hatte keine Angst davor, sein eigenes, einzigartiges Leben und seinen Auftrag auszuleben, ohne Rücksicht auf die Vorstellungen anderer für sein Leben.

Zusammen mit Geri, meiner Partnerin fürs Leben, spürte ich, dass wir einen langen Weg vor uns hatten, sowohl als zwei unabhängige Individuen als auch als Ehepaar. Das Ziel war nicht, die Gemeinde zu verändern, sondern uns zu verändern – oder vielmehr, Gott zu gestatten, uns zu verändern. Doch wir erkannten sofort, dass wir uns auf unerforschtem Terrain befanden, auf einer Reise, die uns weit über die christliche Ausbildung hinausführen würde, die wir in den vorangegangenen zwanzig Jahren erhalten hatten. Wir begaben uns auf eine Fahrt, die nur Gott steuern konnte. Wir wurden weit von dem sicheren Ufer unseres Gottesverständnisses und unserer Beziehungen zu anderen weggeführt. Der starre, enge Kasten, in den wir Gott unwissentlich gesteckt hatten, war geöffnet worden.

Das Ziel war nicht, die Gemeinde zu verändern, sondern Gott zu gestatten, uns zu verändern.

Ein Teil von uns konnte kaum erwarten zu sehen, was Gott als Nächstes tun würde. Aber ein anderer Teil von uns hatte Angst. Gott wollte ganz eindeutig von uns, dass wir die Tiefen unseres Inneren, die wir erst jetzt entdeckten, seinem Geist öffneten. Es sah so aus, als würde das eine schwierige Angelegenheit werden. Wir mussten Dinge ausgraben.

Zu begreifen, dass emotionale Gesundheit und geistliche Reife untrennbar miteinander verbunden sind, würde ein Prozess sein, ganz wie unsere tägliche Beziehung zu Gott. Jeder einzelne Mensch erlebt vielleicht einen entscheidenden Augenblick, in dem er Jesus als seinen persönlichen Herrn und Retter annimmt, aber bei fast jedem geht dem eine gewisse Zeit voraus, in der Gott an ihm arbeitet.

Ebenso waren bei mir über zwei Jahre lang immer wieder Begegnungen nötig, damit Gott mein begrenztes Bild von ihm und dem christlichen Leben „wegkratzen" konnte.

Zu mir sprach Gott durch das Geschenk der Depression, eine unglückliche Ehefrau und ein Leben, das regelmäßig außer Kontrolle geriet. Meine einzige Reaktion auf diese unangenehmen Gegebenheiten war: „Gott, bitte nimm sie so schnell wie möglich weg, damit ich mit deiner Arbeit weitermachen kann!"

Das einzige Problem war, dass ich nicht offen für Gottes Reden oder sein Handeln in meinem Leben war. Mein Denkmuster beinhaltete, dass Gott durch die Bibel, durch Gebet (eine innere Stimme), Predigten, ein prophetisches Wort und manchmal durch die Umstände sprach – aber ganz sicher nicht durch so etwas!

Der unerwartete Nutznießer – New Life Fellowship

Was Gott in unserem Leben tat, setzte sich unmittelbar in der Gemeinde fort, angefangen bei den Hauptamtlichen, den Ältesten und schließlich dem Rest unserer Gemeindeleitung. Zum ersten Mal begriff ich, was es bedeutete, aus dem eigenen Wesen heraus zu dienen und nicht aus dem eigenen Tun. Meine Entdeckung war ansteckend. Aus uns „menschlichen Tätern" wurden „menschliche Wesen". Das Ergebnis wirkte sich ganz langsam, wie Wellen auf einer Wasseroberfläche, auf die ganze Gemeinde aus, auf die Haupt- und Ehrenamtlichen, auf die Kleingruppenleiter und die Gottesdienstbesucher – direkt und indirekt – und wir haben be-

Zum ersten Mal begriff ich, was es bedeutete, aus dem eigenen Wesen heraus zu dienen, und nicht aus dem eigenen Tun.

wusst die in diesem Buch beschriebenen Prinzipien in unser Gemeindeleben einbezogen. (Siehe unten stehende Grafik.)

Juan und Marta

Einen Tag, bevor meine dreimonatige Auszeit begann, saßen Geri und ich mit Juan und Marta an unserem Küchentisch. Die beiden hatten unter unserem Dienst zu Christus gefunden. Sie waren zu der Zeit Pastoren einer spanischsprachigen Gemeinde bei *New Life*.

In ihren ersten Jahren als Leiter waren Juan und Marta lebhafte, begeisterte Christen. Juan war bei *New Life* Christ geworden. Jetzt, sieben Jahre später, waren sie erschöpft und fühlten sich schuldig, weil sie ihre beiden Kinder vernachlässigten. Sie waren überfordert mit all dem, was vor ihnen lag – Probleme, Krisen, Ansprüche und die enormen Nöte einer großen Einwanderergemeinde.

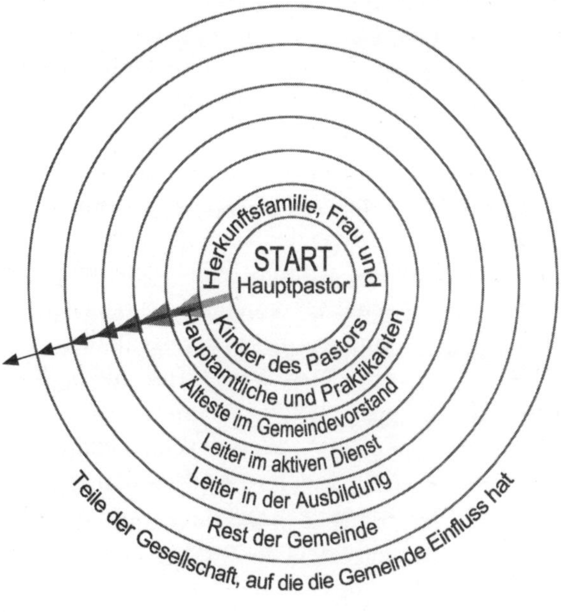

Seelische Gesundheit zieht konzentrische Kreise

Nachdem ich ihnen drei Stunden lang zugehört hatte, schämte ich mich. Juan und Marta waren das Ergebnis unseres Dienstes. Und sie waren genau wie ihre Lehrer!

Würde dieses Erbe der hektischen, freudlosen und unausgeglichenen Leiterschaft auf ewig die Art von Frucht sein, die christlicher Dienst hervorbringt? Ich gestand Geri später, dass ein Teil von mir traurig darüber war, dass ich die beiden zu Christus und zum Pastorenberuf geführt hatte. Was für ein schweres Leben voll von unnötigem Leid sie doch jetzt führten!

Geri und ich baten sie um Vergebung.

Paul

Paul fastete und betete regelmäßig. Er arbeitete als Computertechniker in Manhattan und nutzte seinen Urlaub, um an Konferenzen über Gebet und prophetischen Dienst überall im Land teilzunehmen. Bald begann er noch regelmäßiger zu fasten und zu beten. Bei Kleingruppentreffen konnte man ihn seine Bibel lesen sehen, um persönliche Worte von Gott für die Gruppe zu empfangen. Häufig gab er überall und jedem persönliche prophetische Worte weiter – ob man es wollte oder nicht.

Jemand musste etwas zu ihm sagen. Aber ganz sicher nicht ich! Was konnte ich schon tun? Ich hatte bereits Schwierigkeiten damit, nur für eine Mahlzeit zu fasten, geschweige denn für längere Zeit!

In Wahrheit jedoch war Paul unbelehrbar und herablassend uns gegenüber, die wir nicht so „geistlich“ waren wie er. Ein Teil meines emotionalen Reifungsprozesses bestand darin, mich ihm liebevoll entgegenzustellen. Ich musste ihm sagen, wie es war, mit ihm zusammen zu sein, und ihm als sein Pastor eine ehrliche Rückmeldung geben. Liebevoll sagte ich ihm die Wahrheit über seinen kritiksüchtigen Geist und den Stolz, der aus seinen „Offenbarungen“ triefte. Zumindest versuchte ich es.

Bald fühlte er sich von Gott in eine andere Gemeinde geführt.

Wie die Leiter, so die Gemeinde

Einigen Wissenschaftlern zufolge suchten die vier Präsidenten vor Lincoln ihr Glück in Kompromissen, sie waren nicht bereit, das schwierige Problem der Sklaverei zwischen den Nord- und den Südstaaten anzugehen. Im Gegensatz dazu war Abraham Lincoln ein reifer Leiter mit einem festen Bewusstsein davon, wer er war, was er glaubte und was er wertschätzte – ungeachtet der Konsequenzen. Die Stärke und Reife seines Charakters und seiner Überzeugungen zwangen die Nation in vielerlei Hinsicht, sich der Realität der abscheulichen Sklaverei entgegenzustellen. Es folgte der Bürgerkrieg.

Der Ausgangspunkt für Veränderung in jeder Nation, jeder Gemeinde und jedem Arbeitszweig war schon immer der Leiter.

Der Ausgangspunkt für Veränderung in jeder Nation, jeder Gemeinde und jedem Arbeitszweig war schon immer der Leiter: Wie die Leiter, so die Gemeinde.

Aber es reicht nicht, dass der Leiter sich ändert.

Gott möchte auch andere befreien – ob nun in ihrem ersten oder fünfzigsten Jahr als Christ, ob sie alleinstehend oder verheiratet sind und egal, was ihre Rolle in der Gemeinde ist (neues Mitglied, Leiter oder Pastor). Wenn Sie die harte Arbeit, ein emotional und geistlich reifer Jünger von Jesus Christus zu werden, auf sich nehmen, werden die Auswirkungen davon überall in Ihrer Umgebung zu spüren sein.

Die nächsten Kapitel umreißen ein neues Modell dafür, was es heißt, Jesus nachzufolgen, und zwar so, dass Ihre Geschichte dem Plan ähnlicher wird, den Jesus für Ihr Leben hat.

Kapitel 2

Eine schwerwiegende Schieflage

In den meisten Gemeinden herrscht heute eine schwerwiegende Schieflage. Wir haben viele Menschen, die voller Leidenschaft für Gott und sein Werk sind, die aber keine Verbindung zu ihren eigenen Gefühlen oder den Menschen in ihrer Umgebung haben. Diese Kombination ist tödlich, sowohl für die Gemeinde als auch für das persönliche Leben des Leiters.

Unser Pastorenteam saß in einem Café in der Nähe eines Kinos. Wir waren aufgewühlt. Es gab nicht viel zu sagen. Gerade hatten wir den Film *Apostel!* gesehen. Jeder von uns hatte das ungute Gefühl, dass der Film hervorragend einen Scheinwerfer auf unsere eigene christliche Vergangenheit gerichtet hatte. Ebenso wichtig war, dass dieser Film die schmerzlichen Auswirkungen einer engen, unzulänglichen christlichen Jüngerschaft bildlich dargestellt hatte.

Etwa zur gleichen Zeit, als der Film in die Kinos kam, hatte Gott uns gezeigt, welche Folgen es hatte, die seelische Gesundheit von unserem geistlichen Leben abzuspalten. *Apostel!* hatte dieses Problem geradeheraus angesprochen. Die Wunden aus unserer eigenen Vergangenheit waren noch offen.

Apostel! aus dem Jahr 1997 ist ein beeindruckender Film über einen christlichen Leiter – Reverend Eulis „Sonny" Dewey, gespielt von Robert Duvall. Er spielt in den 1980er-Jahren im ländlichen Texas. Der Film beginnt damit, dass Sonny und seine Mutter den Highway entlangfahren, als sie plötzlich auf einen Unfall mit mehreren Fahrzeugen stoßen.

Sonny schlüpft an der Polizei vorbei und nähert sich einem zertrümmerten Wagen. Dort findet er einen blutenden, halb bewusstlosen jungen Mann auf dem Fahrersitz; neben ihm liegt seine tote Freundin. Sonny, dessen Herz für Jesus brennt, flüstert dem jungen Mann ins Ohr, dass Gott ihm seine Sünden vergibt, wenn er Jesus hier und jetzt in sein Herz einlädt, und dass er dann in den Himmel kommen kann. Der Polizist versucht, Sonny von dem Autowrack wegzuziehen, aber der Prediger schiebt ihn mit dem Arm beiseite, um diesen sterbenden jungen Mann zu Jesus zu führen. Er geht zu seinem Auto zurück und berichtet seiner Mutter das Gute, das Gott gerade getan hat.

Sonny verbringt die meiste Zeit auf Tour bei Erweckungsveranstaltungen, die er leitet. Geistliche Leidenschaft durchdringt sein Leben. Er liebt seine Kinder. In der Zwischenzeit wird seine wunderschöne, aber schwer geprüfte Frau Jessie seinen wiederholten Ehebruch und ihre Einsamkeit leid. Sie will die Scheidung.

Es stellt sich heraus, dass auch sie eine Affäre hat, mit dem Jugendpastor ihrer Gemeinde. Bald entreißen sie und der Jugendpastor Sonny seine Gemeinde per Gemeindestatut.

In einem Augenblick eifersüchtigen Zorns betrinkt sich Sonny und greift den Jugendpastor mit einem Baseballschläger an, während dieser als Trainer bei einem Spiel seines Sohnes ist. Am Ende stirbt der Jugendpastor.

Unterdessen verlässt Sonny die Stadt, lässt seine alte Identität zurück und macht sich auf die Suche nach einem neuen Leben. Er hält sein Auto mitten auf einer Kreuzung an, geht auf der Straße auf die Knie und fragt: „Wohin, Gott? Wohin?"

Bald taucht er in einer kleinen Gemeinde in Louisiana wieder auf. Nachdem er Gott ernsthaft durch Gebet und Fasten gesucht hat, erhält er eine neue Berufung und Wegweisung. Ab sofort trägt er den Namen und Titel: „Der Apostel E. F." Mit faszinierender Ernsthaftigkeit tauft er sich selbst in einem nahe gelegenen See, um so seinen Neuanfang zu feiern.

Mit der Hilfe eines angesehenen örtlichen afroamerikanischen Pastors gründet er eine neue Gemeinde. Er nimmt mehrere Jobs an, um die Wiedereröffnung einer heruntergekommenen kirchlichen Einrichtung zu finanzieren. Er gründet eine Radioarbeit, richtet einen gebrauchten Bus wieder her und fängt an, damit Leute zum Gemeindebesuch abzuholen.

Seine Beziehung zu Gott ist ansteckend. Die Gemeinde blüht auf und gedeiht. Er gibt den Hungrigen zu essen. Sein Dienst hat

Auswirkungen auf die Gesellschaft. Die kleine Gemeinde mit Mitgliedern aus verschiedenen ethnischen Hintergründen liebt seinen Eifer und seine Verkündigung.

Unter der Oberfläche seines beeindruckenden Glaubens bleiben jedoch hässliche Risse, die in seiner geistlichen Entwicklung durchbrechen. Während er die neue Gemeinde gründet, lernt er Toosie kennen, eine Frau, die im Radiosender arbeitet. Sie erweckt in ihm romantische Gefühle. Außerdem gerät Sonny in eine Prügelei mit einem Störenfried, der seine Rechtschaffenheit infrage stellt.

Schließlich bekommen die Behörden Wind von dem tragischen Fehler in Sonnys Vergangenheit. Die Polizei verhaftet ihn und er kommt ins Gefängnis. Aber sogar im Gefängnis sehen wir Sonny begeistert dabei, wie er eine Gruppe von aneinandergeketteten Gefangenen bei der Arbeit ein christliches Lied singen lässt, damit auch diese Menschen bald den mächtigen Herrn Jesus kennenlernen, der Leben verändert.

Sonny hat ein aufbrausendes Temperament. Er ist ein Weiberheld. Er trinkt. Er tötet einen Mann in einem Augenblick der Wut. Gleichzeitig kann der Zuschauer nicht leugnen, dass Sonny wahrhaftig an Jesus Christus glaubt. Er predigt die Neugeburt und liefert sich der Kraft des Heiligen Geistes aus, um ein übernatürliches Leben zu führen.

Er ist ein eifriger, engagierter Christ, den wir bewundern, und doch ... ist er ein Schwindler.

Sonny ist, wie die meisten von uns, eine komplexe Person. Er ist ein eifriger, engagierter Christ, den wir bewundern, und doch ist er auch schrecklich widersprüchlich. Am schmerzlichsten ist vielleicht sein Mangel an Erkenntnis, wie viel Schaden er damit anrichtet, dass er versucht, mehr darzustellen, als er in Wirklichkeit ist. In mancherlei Hinsicht ist er ein Schwindler. Er trennt bequem seinen Glauben und sein geistliches Leben von seinem Menschsein als Ganzes ab. Die meisten von uns in christlichen Leitungspositionen und in der Gemeinde können sich mehr mit ihm identifizieren, als wir zugeben wollen.

Die Risse in Sonnys Leben als Christ unterhöhlen seinen Predigtdienst und seine Leiterschaft. Ich wünschte, das wäre nur in Hollywood so. Doch leider ist das wirkliche Leben voll von ähnlichen Beispielen.

Bob Pierce und World Vision

Im Jahr 1950 gründete Bob Pierce die Arbeit, aus der World Vision (www.worldvision.de) geworden ist, das größte christliche Entwicklungshilfewerk der Welt. Heute arbeitet diese Organisation bei über hundert Millionen Menschen pro Jahr in beinahe hundert Ländern. Voller Leidenschaft für Jesus und für eine Welt ohne Hunger und Krankheit begann Bob Pierce sehr bescheiden mit der Hilfe für Kinder, die durch den Koreakrieg zu Waisen geworden waren. Jede Hilfsaktion, die er ins Leben rief, wuchs gigantisch. Mit unaufhaltsamem Weitblick und Energie träumte er das Unmögliche und tat dann alles Erdenkliche, um es zu realisieren.

Über ihn wurden Bücher und Titelstorys in Zeitschriften geschrieben. Seine Freunde sagten: „Er ist ein Mann, der nicht ruht, damit er Seelen gewinnt. Er ist ein wahrer christlicher Samariter, der buchstäblich sein Leben für die notleidenden, ‚kleinen‘ Leute der Welt geopfert hat."

Bob betete oft: „Ich wünsche mir, dass mein Herz für die Dinge schlägt, die Gott das Herz brechen." Dieser Eifer trieb ihn bis an die Enden der Erde und war gekennzeichnet von einer scheinbar unerschöpflichen Leidenschaft, geistliche und menschliche Not zu lindern, wo er sie sah.

Leider hatte seine Haltung verhängnisvolle Folgen für seine Familie. Ein Freund der Familie erklärte höflich, dass Lorraine, Bobs Frau, ganz andere Entbehrungen kannte als die, um die sich ihr Mann bemühte.

Die krasse Realität ist, dass er seine eigene Familie praktisch im Stich ließ. Er ließ keine Gelegenheit aus, sein Werk zu erweitern und ihm zu größerem Einfluss zu verhelfen, und vernachlässigte darüber seine Frau und seine Kinder. Als zum Beispiel eine seiner Töchter ihn auf einer Dienstreise anrief und ihn anflehte, bald nach Hause zu kommen, hatte er kein Verständnis für ihre Not. Seine Frau, die mit ihm unterwegs war, bat ihn darum, nach Hause zu fliegen. Aber stattdessen bestieg er den Flieger nach Vietnam. Als seine Frau zu Hause ankam, musste sie entsetzt feststellen, dass ihre Tochter sich von einem Selbstmordversuch erholte. „Ich wollte nur spüren, wie Papa seine Arme um mich legt“, erklärte sie später. Und dann fügte sie hinzu: „Ich wusste, dass er nicht nach Hause kommen würde.“

Die Eltern waren alarmiert und geschockt von den emotionalen Kämpfen ihrer Tochter. Sie bemühten sich um Hilfsangebote. Aber ihre Hilfe kam zu spät. Zwei Jahre später nahm die Tochter sich das Leben.

Bobs Beziehung zu seiner Frau verschlechterte sich mit der Zeit ebenfalls. Es gab Zeiten, in denen sie jahrelang nicht miteinander sprachen. Die Beziehung zu seinen beiden anderen Kindern war ebenso spannungsreich. Obwohl Gott der Familie kurz vor dem Tod von Bob Pierce eine Nacht der Versöhnung schenkte, lebte er in den letzten Jahren seines Lebens ganz von seiner Familie entfremdet.

Die Achtzehnstundentage, unhygienisches Essen und ständiger Jet-Lag zehrten nach und nach Bobs seelische Reserven auf und machten ihn anfällig für alle möglichen körperlichen Probleme. Ein Biograf schrieb: „Das aufbrausende Temperament, gegen das er sein ganzes Leben lang gekämpft hatte, gewann immer öfter die Oberhand, und das Gehirn, das einst mit computerartiger Präzision funktioniert hatte, bekam nun ab und zu Kurzschlüsse, die zu einer zunehmenden Sprunghaftigkeit in seinem Verhalten führten.“

Sind Geschichten wie diese von zerbrochenen Beziehungen und gelegentlicher Versöhnung die Ausnahme? Leider nicht.

Bobs oft zitierte Bitte: „Ich will einfach für Gott ausbrennen“, erfüllte sich leider.

Auch Bobs Beziehung zum Vorstand von World Vision fand ein unglückliches, spannungsgeladenes Ende. Im Jahr 1963 überstimmte ihn der Vorstand zum ersten Mal und entschied, seine wöchentlichen Radiosendungen einzustellen. Als Grund dafür gab man finanzielle Faktoren an. Später im gleichen Jahr schickte ihn der Vorstand in den Krankenstand. Wie üblich war er in Übersee und beschloss, zu seiner Genesung dortzubleiben – von seiner Familie getrennt. Schließlich ging es ihm besser, aber die Spannungen bei World Vision verschwanden nicht.

1967 trat Bob Pierce in einer explosiven Vorstandssitzung zurück. Die entsprechenden juristischen Dokumente wurden ihm am nächsten Tag zugestellt und Bob unterschrieb den Austritt aus seinem Lebenswerk.

1978 starb Bob Pierce an Leukämie. Schon nach wenigen Wochen begann seine Tochter, Marilee Pierce Dunker, ein Buch zu schreiben: *Man of Vision, Woman of Prayer.* Darin erzählt sie sowohl von den Wundern in Übersee als auch von der „dunklen Seite“ ihres schmerzvollen Familienlebens.

Sind Geschichten wie diese von zerbrochenen Beziehungen und gelegentlicher Versöhnung die Ausnahme und auf ungewöhnlich begabte Menschen beschränkt? Leider nicht. Ich könnte Dutzende solcher Geschichten erzählen. Sie wahrscheinlich auch.

Roger und seine Gaben

Wenn es so etwas wie ein „Vorzeigekind der Gemeinde“ gibt, war es Roger. Sein Vater, Schwiegervater und zwölf weitere Familienmitglieder sind Geistliche. Roger besuchte zweimal ein christliches College und ein theologisches Seminar – einmal als Kind, als sein Vater studierte, und dann achtzehn Jahre später, als er an genau die gleichen Ausbildungsstätten ging.

„In gewissem Sinn waren die Karten gemischt“, sagt Roger heute. „Alles, was ich von Geburt an kannte, waren die Gemeinde und der Dienst. Ich hatte eine tiefe Leidenschaft dafür, aber wie ich später herausfinden sollte, wurde daraus nicht notwendigerweise eine Leidenschaft für Christus – und ganz sicher keine vertraute Beziehung zu ihm.“

Schon früh in seinem Dienst wusste Roger, dass etwas nicht stimmte. Nicht nur, dass er sich in der Umgebung seines kleinen, traditionellen Pfarrbezirks nicht ausgefüllt fühlte; er litt auch wieder unter Depressionen, wie schon während seiner Ausbildung. Man riet ihm, den Dienst als Geistlicher aufzugeben, da er ein schwaches Selbstwertgefühl, keine emotionalen Grenzen und einen starken Unternehmergeist hatte, der nicht gut in die etablierte Kirche passte. Er ignorierte den Rat. Stattdessen übernahm er eine traditionelle, theologisch breit gefächerte Kirche in Queens, wohin er sich als „Erneuerer" gerufen fühlte.

Es war von Anfang an schwer. Roger begann, Veränderungen im Gottesdienst einzuführen, neue Kreise ins Leben zu rufen und die Prioritäten des Kirchenvorstandes neu zu ordnen, um der Kirche zu Wachstum zu verhelfen. Mehrere Mitglieder nahmen während einer Evangelisation mit Billy Graham Christus an und Neubekehrte traten in die Kirche ein. Bald erhielten Roger und seine Frau gemeine Briefe und waren in der Kirche der Gegenstand von Auseinandersetzungen und Gerede.

Die Zahl der Besucher verdoppelte sich. Die Spenden stiegen drastisch an. Das Budget verdreifachte sich. Und der Pastor stürzte ab.

„Ich wusste das damals nicht, aber ich lebte nur von meinen Gaben und nicht aus der Gnade", gesteht Roger ein. „Ich war blind für meine eigene Leere und emotionalen Abgründe." Nach jeder Kirchenvorstandssitzung weinte Roger und zitterte am ganzen Leib.

Nach fünf Jahren spürte Roger, dass er die Grenze der Belastbarkeit erreicht hatte. Er nahm sich in absoluter Verzweiflung sogar den ganzen Sommer unbezahlten Urlaub, aber es nützte nichts. „Es war ein verschwendeter Sommer. Ich suchte nicht den Herrn. Ich suchte keine Hilfe. Ich wusste nicht einmal, wohin ich mich wenden sollte", sagt er heute.

Für Roger setzte sich der Abstieg fort. Die Gemeinde wuchs weiter und viele Menschen standen jetzt hinter ihm, aber die finanziellen Mittel waren knapp und die Beziehungen zum Kirchenvorstand verschlechterten sich. „Jede Kritik und jedes Missverständnis mit dem Kirchenvorstand war wie ein schlimmer Schlag gegen mich persönlich", sagt er.

Rogers Problem laugte ihn schließlich völlig aus. Der Druck führte dazu, dass er seine Kündigung einreichte, ohne absehbares Einkommen, Abfindung, Übergangszeit, Beratung und völlig ausgelaugt. Er fühlte sich wie ein Versager, ein Schandfleck.

Was war schiefgelaufen? *Roger war emotional unreif.* Durch die häufigen Umzüge seiner Familie hatte er gelernt, wie man auf Menschen zugeht, aber nicht, wie man eine Verbindung zu ihnen aufbauen konnte. Immer, wenn er sich um eine intensivere Jüngerschaft bemühte, fühlte er sich – mit nur wenigen Ausnahmen – abgewiesen und man sagte ihm: „Du solltest dein Leben inzwischen im Griff haben." Also ließ er zu, dass die geheime Kammer in seinem Herzen immer größer, dunkler und gut vor allen anderen gesichert wurde, am Ende sogar vor seiner Frau.

„Ich lernte, meine Probleme noch tiefer zu vergraben", gesteht er. „Ich war seelisch nicht gesund. Für mich war die Gemeinde immer ein Ort, wo ich das Gefühl hatte, ich müsste bezüglich meiner tiefsten, dunkelsten Seiten auf der Hut sein. Sie war nie ein sicherer Ort." Die traurige Wirklichkeit war: Weder sein Leben noch die Kirche, der er diente, noch seine familiären Beziehungen waren gesund.

Roger wird, daran glaube ich, eines Tages wieder bedeutende Leitungsaufgaben übernehmen, aber vorläufig macht er das Richtige: Er bittet Gott, sein Haus in Ordnung zu bringen – persönlich, in der Familie und in der Beziehung zu anderen.

Mangelhafte Vorbilder

Ich erinnere mich, dass ich in meiner ersten Zeit bei InterVarsity, als ich Mitarbeiter auf einem Uni-Campus war, und später, als ich im Land umherreiste und auf Konferenzen über Gemeindewachstum Vorträge hielt, verblüfft über das „Innenleben" von vielen Leitern und Pastoren unserer Gemeinden war. Nur allzu verbreitet waren Verleugnung, Stolz, Abwehrhaltungen, wahnsinnig vollgestopfte Terminpläne, Arbeitssucht, Begehrlichkeiten nach einflussreicheren Gemeinden (was Götzendienst ist, siehe Kolosser 3,5) und im Kielwasser von alldem eine lange Spur einsamer Ehepartner. Anfangs dachte ich noch, dass das die Ausnahmen waren. Mit der Zeit wurde mir jedoch klar: Das war die Norm.

Ich beschloss, anders zu sein. Das einzige Problem bestand darin, dass ich nicht wusste, wie!

Die emotionale Stabilität amerikanischer Familien ist auf einem Rekordtief. Jetzt, wenn ich dieses Buch schreibe, wird etwa jede zweite Ehe geschieden. Am schockierendsten daran ist vielleicht, dass die Scheidungsrate in einigen Bundesstaaten, die traditionell als der *Bible Belt* („Bibelgürtel", eine Reihe konservativer Bundesstaaten im Süden der USA) bekannt sind, zu den höchsten im ganzen Land zählt.

Selbst bei christlichen Leitern zerbrechen erschreckend viele Familien. Noch mehr überrascht, wie häufig christliche Leiter sich in eine Affäre oder in Pornografiesucht und Ähnliches verstricken. Zu viele machen danach weiter, als wäre nichts geschehen.

Um zu verstehen, was in solchen Situationen schiefgelaufen sein könnte, betrachten wir einmal das Beispiel von jemandem, der beschlossen hat, ehrlich über sein Innenleben zu reden. Im Januar 2002 reichte der Mann, der weithin als Vater der christlichen Eheberatung angesehen wird – Ray Mossholder von *Marriage Plus Ministries* – die Scheidung ein. Er war 42 Jahre lang mit seiner Frau verheiratet gewesen und verkündete nun seine Pläne, wieder zu heiraten. Diesen weithin angesehenen christlichen Leiter, der mehr als elftausend Ehepaare vor der Scheidung gerettet haben soll, kannten Millionen von seinen Radio- und Fernsehsendungen.

Er verkündete die Nachricht vom Scheitern seiner Ehe in einem Brief an seine Unterstützer und nahm Bezug auf die Geschichte vom Schuster, der so beschäftigt war, dass seine eigene Frau ohne Schuhe gehen musste. Er fügte hinzu: „Ich war dieser Schuhmacher. Ich habe keine Entschuldigung dafür."

Nichtsdestotrotz konnten ihn weder seine Frau noch seine Kinder davon abhalten, nach der Scheidung eine andere Frau zu heiraten. Er beharrte darauf, dass er sich nicht von Gott abwendete; er verließ nur seine gläubige Frau, mit der er 42 Jahre lang verheiratet gewesen war.

Die traurigste Aussage von allen traf er ebenfalls in diesem Brief an seine Spender. Er räumte ein: „Ich habe oft geheuchelt, wenn ich davon sprach, wie großartig unsere Ehe ist. Was ich andere gelehrt habe, war die Wahrheit. Allerdings sieht es so aus, als wären wir nie in der Lage gewesen, diese Wahrheit in unserer eigenen Ehe anzuwenden."

Woran liegt das? Ich glaube, dass alle genannten Personen einem falschen Modell christlicher Jüngerschaft auf den Leim gegangen sind.

Die „liebevolle" Kleingruppe, die abstürzte

Als wir im September 1987 die *New Life Fellowship* gründeten, war unser Anliegen, als wesentlichen Bestandteil unserer Strategie für Jüngerschaft und Gemeinschaftsbildung Kleingruppen aufzubauen. Wir investierten viel Energie, um Menschen für Aufgaben wie die Leitung einer Bibellesegruppe, Lobpreis, Gemeinschaftsbildung, Kontakt mit Nachbarn und Gebetskreise auszubilden. Ebenso sollten sie lernen, wie man delegiert und die „Jahreszeiten" einer Kleingruppe durchschaut. Wir entwickelten ein Materialhandbuch für „Kleingruppenleiter" und ein Handbuch für die Trainer (Supervisoren) dieser Gruppen. Wenn ich heute zurückschaue, waren diese Fähigkeiten alle recht „oberflächlich". Wir achteten zu wenig auf eine klare, direkte, ehrliche und respektvolle Kommunikation und darauf, dem anderen ohne Vorurteile zuzuhören und Konflikte angemessen zu lösen. Die folgende Geschichte veranschaulicht die Grenzen unserer Herangehensweise.

Anfang der 1990er-Jahre leiteten Bob und Carol, ein Ehepaar mit einer stark ausgeprägten Gabe des Gastgebens, eine unserer Kleingruppen. Ihre Kleingruppe blühte auf und gedieh; jeden Freitagabend kamen durchschnittlich fünfzehn Besucher. Die Teilnehmer beteten Gott an. Sie beteten füreinander. Sie lasen die Bibel. Sie verbrachten auch außerhalb der Gruppentreffen Zeit miteinander. Jede Woche trafen sie sich zu einem gemeinsamen Essen. „Am Anfang", bemerkte Bob, „hätte ich diese Gruppe als sehr liebevoll beschrieben."

Die ersten Risse zeigten sich, als Millie, ein Mitglied der Gruppe, eines Abends zwei andere Frauen über eine „mutmaßliche"

Affäre zwischen zwei Leuten in einer anderen Kleingruppe von *New Life* informierte. Sie waren natürlich besorgt und unruhig und wollten helfen. Diese Frauen sagten es dann ihren Ehemännern, die schließlich Bob informierten. Er war verwundert, dass dieses Gerücht genau zu der Zeit im Umlauf war, als ihre Gruppe sich mit Jakobus 3 beschäftigte, wo es um die Macht der Zunge geht.

Bob sprach mit Millie und den anderen und nahm an, dass das Gerede dann aufhören würde. In Wirklichkeit wurde es einfach unter den Teppich gekehrt und niemand sprach jemals direkt und ehrlich über die vermeintliche moralische Ungehörigkeit.

Der Riss wurde größer und alles brach zusammen, als Millie Bob mitteilte, ein weiteres Mitglied der Gruppe sei überzeugt, dass Bobs Frau eine Affäre habe. Man habe ihr das im Vertrauen mitgeteilt und mache sich Sorgen um Bob.

Inzwischen hatten sich eine Reihe immer größer werdender Konflikte zwischen einzelnen Gruppenmitgliedern aufgebaut. Konflikte verbreiten sich wie Krebs, wenn sie unbehandelt bleiben. Der Krebs dieser Gruppe verbreitete sich schnell und tödlich.

„Ich hatte geglaubt, dass ich Menschen im Wort Gottes aufbaue", sagte Bob. „Schließlich erkannte ich, dass ich nichts aufgebaut hatte."

Bob, entsetzt über die Anschuldigungen und darüber, dass mit ihnen so unbiblisch umgegangen wurde, war bis in sein tiefstes Inneres erschüttert. Diese Situation offenbarte nicht nur den Mangel an Reife in dieser Gruppe, sondern Risse in seiner eigenen Ehe und seinem Leben, mit denen er sich befassen musste. Bob erkannte zum Beispiel, dass er sich übernommen hatte und für seine eigene Familie emotional unerreichbar geworden war. Es dauerte beinahe zwei Jahre, bis seine Ehe wieder intakt war.

„Ich hatte geglaubt, dass ich Menschen im Wort Gottes aufbaue", sagte Bob. „Schließlich erkannte ich, dass ich nichts aufgebaut hatte. Die Leute baten um Vergebung und verschwanden dann. Wir redeten über die Bibel, aber wir wussten nicht, wie wir das anwenden sollten, was wir lernten."

Innerhalb von drei kurzen Monaten wurde diese „liebevolle“ Gruppe durch all die unbewältigten Verletzungen stark geschwächt. Die Teilnehmer zerstreuten sich in alle Himmelsrichtungen. Millie und ihr Ehemann verließen die Gemeinde und zogen bald in einen anderen Bundesstaat.

Auch Bob und Carol kehrten der Gemeinde den Rücken. Es sollte vier Jahre dauern, bis sie wieder Vertrauen zu anderen Christen gefasst hatten. Als Bob später noch einmal über alles nachdachte, kam er zu dem Schluss: „Wir wussten wahrscheinlich gar nicht, was wir da taten.“

Damit hatte er recht. Alle Beteiligten, auch wir Leiter verfügten damals nicht über die emotionale und geistliche Reife, um die Probleme an der Wurzel zu packen und der Kleingruppe zu helfen.

Die emotionalen Komponenten geistlicher Reife erkennen

Obwohl wir so großes Gewicht auf die Ausbildung von Kleingruppenleitern gelegt und so viel Energie in sie investiert hatten, begriffen wir nicht, welchen unverzichtbaren Stellenwert emotionale Komponenten einnahmen, um geistliche Reife zu fördern. Unser Jüngerschaftsmodell beinhaltete nicht, von einer emotionalen „Säuglings“- oder „Pubertätsstufe“ in emotionales Erwachsensein hineinzuwachsen. Konflikte zu lösen heißt beispielsweise nicht, ein paar einfache Schritte zu gehen. Das in einer biblischen Weise zu tun erfordert nicht nur, dass man Matthäus 18,15-18 kennt. Erst später erkannten wir, dass man eine Reihe anderer biblischer Wahrheiten anwenden musste, um Konflikte professionell und reif zu lösen.

> **Einen Konflikt löst man nicht dadurch, dass man ein paar einfache Schritte geht wie sie in Mt 18,15-18 beschrieben werden.**

Dazu gehört auch, dass man sich klarmacht, wie in der eigenen Herkunftsfamilie mit Konflikten umgegangen wurde. Wurden sie eher vermieden, oder kam es zum offenen Angriff oder zum Ablenkungsmanöver. Es geht darum, sich der eigenen Zerbrochenheit bewusst zu sein und andere mit den Augen Jesu anzusehen.

Damals wussten wir, dass etwas mit unserer Ausbildung von Kleingruppenleitern und dem Aufbau von gesunden Gemeinden nicht stimmte. Wie ich in Kapitel 1 schon andeutete: Wie die Leiter, so die Gemeinde. Wir können keine seelisch gesunde Gemeinde aufbauen, wenn wir selbst nicht die Probleme unter der Oberfläche unseres Lebens angehen.

Teil 2 dieses Buches legt eine biblische Basis für dieses neue, dringend notwendige Modell von Jüngerschaft vor.

Teil 2

DIE BIBLISCHE BASIS FÜR EIN NEUES MODELL VON JÜNGERSCHAFT

Kapitel 3

Das Neuland der Jüngerschaft – emotionale Gesundheit

Mit einem Atemstoß machte uns Gott zu Menschen. Dennoch schneiden wir heute irgendwie den emotionalen Teil unserer Persönlichkeit aus uns heraus, weil wir ihn für suspekt, belanglos oder zweitrangig halten. Heutige Jüngerschaftsmodelle stellen oft die geistlichen über die körperlichen, emotionalen, sozialen und intellektuellen Komponenten unseres Wesens. Allerdings gestattet gute biblische Theologie nirgendwo eine solche Trennung.

Die heute benötigte kopernikanische Wende

Mindestens 1400 Jahre lang war es allgemein anerkannt und „mathematisch bewiesen", dass die Erde das Zentrum des Universums ist. Hatte das Ptolemäus, der große antike griechische Astronom, nicht nachgewiesen? Jeder akzeptierte als Gegebenheit, dass die Sonne und das Universum sich um die Erde drehten. Dann hinterfragte Kopernikus, ein polnischer Wissenschaftler, diese Annahme im 16. Jahrhundert, später gefolgt von Galileo. Sie sahen die Probleme und Ungereimtheiten in dieser althergebrachten Weltsicht und präsentierten ein fundamental neues Modell. Ihrer Analyse zufolge war die Erde nur einer von vielen Planeten, die die Sonne in einem unermesslichen Universum umkreisten. Galileo ging sogar noch weiter und sagte, dass selbst die Sonne nur eine kleine Spielfigur in einer unzählbaren Menge von Galaxien ist.

Dieses neue Modell oder diese neue Sicht der Realität erschütterte die Fundamente dessen, wie Gesellschaft und Kirche sich selbst sahen. Es war zutiefst beunruhigend zuzugeben, dass die Menschen nur ein kleiner Fleck in einer riesigen Galaxie sind. Für solch eine frevelhafte Sicht auf das Universum und deren Folgen für den Glauben der Menschen wurde Galileo nach Rom zitiert, als „dringend der Ketzerei verdächtig“ befunden und schließlich zu lebenslangem Hausarrest verurteilt. Ihm wurde auch verboten, Schriften zu veröffentlichen. (Gemessen an dem, was zu seiner Zeit üblich war, kam er noch ziemlich glimpflich davon!)

Der Wandel vom ptolemäischen Weltbild zum kopernikanischen vollzog sich als Ergebnis von Beweisen dafür, dass die alte Sichtweise nicht mehr schlüssig war. Je mehr Galileo die Bewegung der Sterne und Planeten im Licht des ptolemäischen Systems studierte, desto klarer wurde, dass dieses System falsch war. Von diesem Punkt an begann jeder, das Universum durch eine neue Brille zu sehen. Alle möglichen früheren Informationen und Daten konnten nun auf neue Art und Weise betrachtet und analysiert werden. Einen Wandel wie diesen, hin zu einem neuen Modell oder Paradigma, kann man als eine Art von Bekehrung betrachten.

Ich benutze den Begriff *Paradigma* mit Absicht. Er wurde durch Thomas Kuhns Buch *Die Struktur wissenschaftlicher Revolutionen* bekannt gemacht. Er definiert ein Paradigma als die Art, wie die Realität gesehen und über sie nachgedacht wird. Es ist die Linse, der Filter, durch den wir die Daten und Informationen unseres Lebens interpretieren. Für Kuhn können sich Revolutionen im wissenschaftlichen Denken nur ereignen, wenn Menschen in der Lage sind, ein altes Sicht- und Denkmuster zu durchbrechen und zu etwas Neuem zu gelangen.

Es ist für einen Christen nicht möglich, geistlich reif zu sein, während er emotional unreif bleibt.

Heute benutzen wir immer noch den Ausdruck *kopernikanische Wende*, um eine völlig neue Sichtweise auf das Leben zu beschreiben, eine Sichtweise, die die Fundamente von dem erschüttert, wie wir fühlen, denken oder etwas sehen. Ich glaube, dass die These dieses Buches – *emotionale Gesundheit und geistliche Gesundheit sind untrennbar miteinander verbunden* – für viele in der christlichen Gesellschaft einer kopernikanischen Wende gleichkommen wird.[2] *Es ist für einen Christen nicht möglich, geistlich reif zu sein, während er emotional unreif bleibt.*

Aus irgendeinem Grund lebt die überwiegende Mehrheit von Christen heute jedoch so, als ob diese beiden Bereiche keine Schnittstelle haben. Unser Maßstab von dem, was es heißt, „geistlich" zu sein, geht völlig an vielen krassen Ungereimtheiten vorbei. Wir haben gelernt zu akzeptieren, dass

- man in der Öffentlichkeit ein dynamischer, begabter Referent für Gott und zu Hause ein liebloser Ehepartner und Elternteil sein kann.
- man als Mitglied des Kirchenvorstandes oder Pastor tätig und gleichzeitig unbelehrbar, unsicher und abwehrend sein kann.
- man ganze Bücher des Neuen Testaments auswendig lernen und dennoch seine Depression und Wut nicht wahrnehmen und sie sogar auf andere projizieren kann.
- man als geistliche Disziplin jahrelang wöchentlich einen halben Tag lang fasten und beten und gleichzeitig ständig andere kritisieren und das als „Urteilsvermögen" rechtfertigen kann.
- man Hunderte von Menschen in einem christlichen Werk leiten kann, während man von einem tiefen persönlichen Bedürfnis angetrieben wird, ein bohrendes Gefühl des Versagens zu kompensieren.
- man um Befreiung aus dem Einflussbereich der Dämonen beten kann, während man in Wirklichkeit einfach einem Konflikt aus dem Weg geht und damit ein ungesundes Verhaltensmuster wiederholt, das sich auf das Zuhause zurückführen lässt, in dem man aufgewachsen ist.

2 Das ist eine komplizierte Frage, wenn man es mit geistig behinderten oder psychisch kranken Menschen zu tun hat, bei denen man für die Bewertung der emotionalen Reife neurobiologische Faktoren einbeziehen muss. Eine ausgezeichnete Einleitung zum besseren Verständnis der Grundstruktur und Chemie des Gehirns und wie es unsere Gefühle und unser Verhalten prägt, findet man in dem Buch von John Ratey, *Das menschliche Gehirn: eine Gebrauchsanweisung*. Düsseldorf; Zürich: Walter, 2001.

- man nach außen hin in der Gemeinde kooperativ sein kann, während man unbewusst versucht, die Autorität des Leiters zu untergraben oder ihn abzulehnen, indem man gewohnheitsmäßig zu spät kommt, ständig Sitzungen vergisst, sich zurückzieht und apathisch wird oder das wahre Problem ignoriert, warum man verletzt und wütend ist.

Plato in der Gemeinde

Woher haben wir den Gedanken, dass wir geistliche Reife erlangen können, ohne die emotionalen Aspekte unseres Wesens einzubeziehen? Woher kommt die hintergründige Voreingenommenheit, die die geistlichen über die körperlichen, emotionalen, sozialen und intellektuellen Komponenten unseres Wesens stellt?

In unsere Gemeinden hat sich die hintergründige Botschaft eingeschlichen, dass emotional zu sein weniger wert ist als geistlich zu sein.

Die Antwort ist vielschichtig, aber sie kann auf den Einfluss des griechischen Philosophen Plato zurückgeführt werden, der einige Jahrhunderte vor Christus lebte. Sein Einfluss auf eine Reihe von Persönlichkeiten in der Kirchengeschichte wie z. B. Augustin wirkt sich auch heute noch auf uns aus.

Die unausgesprochene Botschaft in vielen Gemeinden ist: „Der Körper ist schlecht. Der Geist ist gut." Irgendwie hat sich in unsere Gemeinden die hintergründige Botschaft eingeschlichen, dass menschlich zu sein, emotional zu sein, irgendwie sündig ist – oder zumindest weniger wert ist, als geistlich zu sein. Das stammt viel mehr aus dem Platonismus und der Gnostik als aus der Heiligen Schrift.[3]

Die meisten Menschen konzentrieren sich nur auf die geistlichen Aspekte, wenn es darum geht, in das Bild Gottes geformt

---

3 Richard Foster, *Viele Quellen hat der Strom: aus dem Reichtum der Glaubensgeschichte schöpfen*. Wuppertal: R. Brockhaus, 2006.

zu werden (1. Mose 1,26f.; 5,1; 9,6; Psalm 8,5; Römer 8,29; 1. Korinther 11,7; 15,49; Epheser 4,24; Kolosser 1,15; 3,11; 1. Johannes 3,2). Wir denken daran, unser Leben in Bereichen wie Gebet, Bibellese, Nächstenliebe, Spenden und Anbetung jesusgemäß zu gestalten.

Das einzige Problem ist, dass wir mehr als nur geistliche Wesen sind. Gott hat uns als ganzen Menschen geschaffen, wir sind sein Ebenbild (1. Mose 1,27). Dazu gehört die physische, geistliche, emotionale, intellektuelle und soziale Dimension, wie es in der folgenden Illustration abgebildet ist:

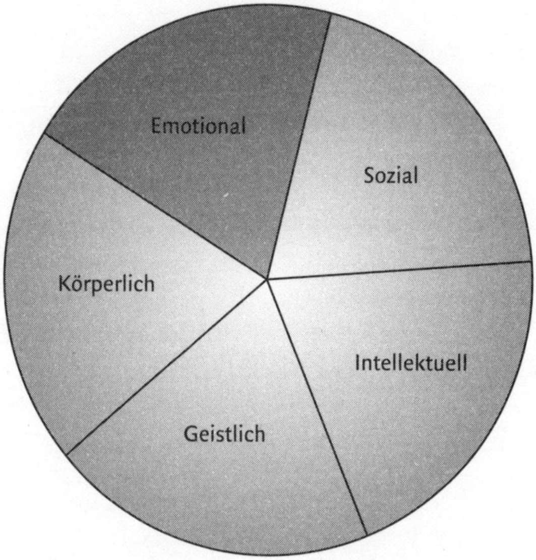

Auch nur einen einzigen Aspekt dessen zu verleugnen, was es heißt, ein vollkommen menschliches, nach dem Bild Gottes erschaffenes Wesen zu sein, hat katastrophale langfristige Folgen – in der Beziehung zu Gott, zu anderen und zu uns selbst. Ungesunde Entwicklungen sind unvermeidbar, wenn wir uns nicht als ganze Menschen verstehen, die im Bild unseres Schöpfergottes erschaffen sind. Aus irgendeinem Grund wird jedoch unser Geist über die anderen entscheidenden Aspekte erhoben, die uns zu Menschen machen. Wir ignorieren:

- das *Körperliche*: „Wer hat schon Zeit, Sport zu treiben oder richtig zu essen oder sich auszuruhen? Unser Körper vergeht doch sowieso."
- das *Soziale*: „Mach dir keine Gedanken um diese Freundschaften. Wer hat schon Zeit für gesunde Freundschaften? Was zählt, ist der Dienst für den Herrn. Im Himmel hast du Zeit genug für die Freunde."
- das *Intellektuelle*: „Pass auf, dass du deinen Verstand nicht bis zum vollen Potenzial entwickelst. Am Ende hast du kein Herz für Gott mehr?"
- das *Emotionale*: „Wenn du mit deinen Gefühlen in Kontakt kommst, irritiert dich das nur noch mehr und du kommst nicht näher zu Gott. Hüte dich davor, die Botschaft zu psychologisieren!"

Mit der Zeit hat dieses unbiblische Paradigma zu einer Haltung geführt, die Gefühle und Emotionen als dem Heiligen Geist gegenläufig betrachtet (besonders Wut, die zu einer der sieben Todsünden zählt, obwohl die Schrift lehrt: „Sündigt nicht, wenn ihr zornig seid" und „Lasst euch Zeit, ehe ihr … zornig werdet"). Nach Ansicht vieler Menschen heute ist das Unterdrücken von Gefühlen und Emotionen in einen Status der Geistlichkeit oder Tugend erhoben worden. Wut zu leugnen, Schmerz zu ignorieren, Depressionen zu übergehen, vor Einsamkeit davonzulaufen, verwirrende Gedanken zu vermeiden und unsere Sexualität abzuschalten ist eine Art geistlichen Lebens geworden.

Dieses unbiblische Paradigma hat zu einer Haltung geführt, die Gefühle und Emotionen als dem Heiligen Geist gegenläufig betrachtet.

In *The Cry of the Soul* beschreiben Dan Allender und Tremper Longman, warum es so wichtig ist, auf unsere Gefühle zu hören und sich mit ihnen auseinanderzusetzen:

„Wenn wir unsere Gefühle ignorieren, kehren wir der Wirklichkeit den Rücken zu; auf unsere Gefühle zu hören führt uns in die Wirklichkeit. Und in der Wirklichkeit begegnen wir Gott. ... *Gefühle sind die Sprache der Seele.* Sie sind der Schrei, der dem Herzen eine Stimme verleiht. ... Allerdings sind wir auf diesem Ohr oft taub – durch emotionale Verleugnung, Verzerrung oder Loslösung. Wir sieben alles Beunruhigende aus, um eine dürftige Kontrolle über unsere innere Welt zu gewinnen. Wir haben Angst und schämen uns für das, was in unser Bewusstsein sickert. *Indem wir unsere intensiven Gefühle ignorieren, sind wir uns selbst gegenüber unaufrichtig und verspielen eine wunderbare Gelegenheit, Gott kennenzulernen.* Wir vergessen, dass Veränderung durch brutale Ehrlichkeit und Verletzlichkeit vor Gott zustande kommt."[4] (Hervorhebung des Autors)

Jesus – Gott und Mensch zugleich

Seitdem ich Christ bin, habe ich immer wieder die Betonung auf den Gott gelegt, der Jesus heißt. Nur habe ich mich nie wirklich für die menschliche Seite von Jesus interessiert und auch nicht für meine eigene.

Meine Tagebucheinträge und aufgeschriebenen Gebete bestätigten, dass der Jesus, den ich anbetete und dem ich die ersten siebzehn Jahre meines Lebens als Christ folgte, nicht sehr menschlich war. Und ich auch nicht.

Eine der frühen Irrlehren in der Kirche war der Doketismus, der Glaube, dass Christus aufgrund des unüberwindbaren Unterschieds zwischen der göttlichen und der menschlichen Welt nicht wirklich Mensch geworden sei. Manche glaubten daher, dass Jesus nur Mensch zu sein *schien*, aber nie seine göttliche Natur oder sein göttliches Wesen aufgegeben hatte. Während ich intellektuell nicht an solch eine unbiblische Vorstellung glaubte, untermauerte mein Leben mit Gott nicht das, was ich verkündete. Ich ignorierte meine menschlichen Grenzen und riss mir

---

4 Dan Allender und Tremper Longman III., *The Cry of the Soul: How our Emotions Reveal our Deepest Questions about God*. Dallas: Word, 1994.

ein Bein aus, um immer mehr für Gott zu tun. Negative Gefühle wie Wut oder Depression betrachtete ich als gegen Gott gerichtet und vermied sie. Ich tappte in die Falle und dachte wirklich, den ganzen Tag zu beten und Bibel zu lesen sei geistlicher, als zu putzen, zu waschen und nach den Kindern zu sehen.

Auf dem Konzil von Chalcedon im Jahr 451 n. Chr. erklärten die Kirchenführer, dass Jesus ganz Gott und ganz Mensch war – eine weitverbreitete, historische Interpretation der Bibel, der auch ich zustimme. Das Konzil bestätigte, dass Gott unseren Planeten als das fleischgewordene Wort besucht und unter uns gewohnt hat (Johannes 1,14). Es definierte die Beziehung der zwei Naturen von Christus als miteinander verbunden, aber unverwechselbar und untrennbar.

Der Jesus, den ich anbetete, war im Gegensatz dazu sehr viel Gott und weniger Mensch. Ich verstand zum Beispiel nie den Bericht über Jesus in Gethsemane. Hier sehen wir einen ganz und gar menschlichen Jesus – emotional niedergeschlagen, psychisch verwirrt und geistlich überfordert. Er wird an den Rand seiner menschlichen Grenzen getrieben. Wir sehen, wie er zu Boden fällt. „Er war von Angst erfüllt und betete noch heftiger und kämpfte so sehr, dass sein Schweiß wie Blut auf die Erde tropfte“ (Lukas 22,44). Ich hatte nie in Erwägung gezogen, dass Jesus unter solcher Art von emotionalem Stress stand. Kein Wunder, dass manche Menschen diesen fleischlichen, menschlichen, kämpfenden Jesus ablehnen, der sich nicht 100-prozentig sicher ist, was Gottes Wille ist.

Was mir Kummer macht, sind die vielen christlichen Leiter, die emotional wie betäubt sind.

Was mir Kummer macht, sind die vielen christlichen Leiter, die emotional wie betäubt sind. Sie sind sich ihrer Gefühle gar nicht bewusst. Wenn man sie fragt, wie sie sich fühlen, kann es sein, dass sie tatsächlich den Ausdruck „ich fühle“ benutzen, aber in Wirklichkeit treffen sie nur eine Aussage über eine Tatsache oder über das, was sie denken. Ihre Gefühle sind tiefgefroren. Ihre Körpersprache, ihre Stimme und ihr Gesichtsausdruck zeigen an, dass Gefühle da sind, aber sie sind sich dieser nicht so bewusst, dass sie sie identifizieren könnten. Selbst als die eher emotionalen Typen sind wir uns der Tiefe, die hinter unseren Gefühlen steckt, oft nicht bewusst.

Unsere äußerliche und innerliche Welt

Ich war ein Schwindler und wusste es nicht. Wie die meisten christlichen Leiter arbeitete ich hart daran, ein engagierter und liebevoller Christ zu sein. Ich mühte mich ab, Menschen zu dienen, zu vergeben, mich zu demütigen und voller Freude zu sein. Das Problem war, dass ich mich einen Großteil der Zeit über elend fühlte und dies keinem eingestehen konnte, auch nicht mir selbst.

Ich konnte mich einfach nicht dazu bewegen, es zu glauben. Meine innerliche Welt war nicht im Einklang mit meinem äußerlichen Verhalten. Die Bibel kennt ein Wort für diese Kluft, ein Wort, das Jesus wiederholt für die religiösen Führer gebrauchte: Heuchler (siehe Matthäus 23). Wörtlich bedeutet das dort gebrauchte Wort „Schauspielerei". Besonders beängstigend ist, dass diese „Schauspielerei" in unseren Gemeinden oft gelehrt und erwartet wird. Das Ergebnis ist, dass zahllose Menschen den Zwiespalt zwischen ihrer äußerlichen und innerlichen Welt absolut nicht wahrnehmen.

Mit „äußerlicher Welt" meine ich die Menschen, zu denen wir in Beziehung stehen, und die Dinge, die um uns herum vorgehen. Unsere „innerliche Welt" ist das, was wir fühlen, wertschätzen, ehren, hoch achten, lieben, hassen, fürchten und woran wir glauben.

Gott wahrhaftig mit ganzem Herzen, ganzer Seele, ganzem Verstand und all unserer Kraft zu lieben erfordert, dass wir nicht nur Gott, sondern auch unser Inneres kennen – das Wesen unseres eigenen Herzens, unserer Seele und unseres Verstandes. Diese Welt der Gefühle, Gedanken, Wünsche und Hoffnungen in all ihrer Fülle und Vielschichtigkeit zu verstehen ist Schwerstarbeit. Es erfordert auch Zeit – und zwar eine ganze Menge.

Mein Dilemma – das unser aller Dilemma ist – bestand jahrelang darin, dass ich zu beschäftigt damit war, eine größere Gemeinde aufzubauen und nach Wegen zu suchen, mehr Einfluss zu bekommen. Wer hatte schon Zeit für diese Art düstere Selbstprüfung? Würde Zeit zum Nachdenken nicht das Werk Gottes ausbremsen? Was konnte schon Gutes für Gott und andere dabei herauskommen, wenn ich in meine unbewussten oder unbekannten Wünsche, Ängste und Hoffnungen hineinblickte?

Ich war davon überzeugt, dass es geistlicher sei, den ganzen Tag im Gebet und Wort Gottes zu verbringen, als das Haus zu putzen, Wäsche zu waschen oder sich um die Kinder zu kümmern.

Es ist schmerzhaft, einen ersten tief gehenden, langen Blick ins Innere unseres Herzens zu werfen. Jeremia 17,9 bestätigt: „Nichts auf dieser Welt ist so hinterhältig und verschlagen wie das Herz des Menschen. Wer kann es durchschauen?" Der Grund hierfür geht auf den Sündenfall im Garten Eden zurück. Seitdem sind wir getrennt von Gott, abgesondert voneinander und in uns selbst zerrissen. Scham, Einsamkeit, Verstecken, Selbstschutz, Lügen und andere emotionale Schmerzen kennzeichnen Adam und Eva in 1. Mose 3. Diese Reaktionen charakterisieren auch jeden von uns.

Aus diesem Grund sind Arbeit, Energie, Unannehmlichkeiten, Zeit, Mut, Zurückgezogenheit und ein solides Verständnis der Gnade Gottes im Evangelium notwendig, um Jesus immer ähnlicher werden zu können.

Eine zweite „Bekehrung"

Ursprünglich hatte ich geglaubt, dass meine Bekehrung zu Jesus Christus als Retter und Herr meine völlige Auslieferung sei. Ich hatte ja keine Ahnung, dass das erst der Anfang war.

Ich war schon 17 Jahre lang Christ, als ich die Verbindung zwischen Spiritualität und seelischer Gesundheit entdeckte. Ich kam mir wie ein Baby vor, das wieder ganz neu das Krabbeln lernen musste. Ich benutzte Muskeln, von denen ich gar nicht wusste, dass ich sie hatte, und ich erforschte innere Bereiche, die bis dahin unberührt geblieben waren.

Ich hatte die emotionale Komponente meines Strebens nach Gott außer Acht gelassen. Meinem Glauben fehlte es an Sprachfähigkeit und theologischer Tiefe. Es spielte keine Rolle, wie viele Bücher ich lesen oder Seminare ich besuchen würde, um mich fachlich weiterzubilden. Es spielte keine Rolle, wie viele Jahre verstreichen würden, ob 17 oder weitere 50. Ich würde so lange in seelischer Hinsicht ein Kleinkind bleiben, bis die emotionale Komponente von Gottes Ebenbildlichkeit in mir offengelegt und ich durch Jesus Christus verwandelt werden würde. Das geistliche Fundament, auf das ich mein Leben gebaut und das ich an andere weitergegeben hatte, war rissig. Das konnte ich vor den Menschen, die mir am nächsten standen, unmöglich verbergen.

Aufgrund meiner mangelnden Aufmerksamkeit Gott gegenüber und dem, was in meinem Innern vorging, verpasste ich so vieles, was Gott mir schenken wollte. Gott kam auf liebevolle Art und sprach zu mir durch meinen Schmerz. Er lud mich ein, mich zu verändern, aber ich hatte kein Ohr für ihn. Ich hätte nie erwartet, dass Gott mir durch Gefühle wie Traurigkeit, Niedergeschlagenheit und Wut begegnen konnte.

Als ich dann schließlich die Verbindung zwischen seelischer und geistlicher Gesundheit entdeckte, bedeutete dies den Anfang einer kopernikanischen Wende – und das war für mich beängstigend. Ich kam mir so vor, als würde ich meine geistlichen Vorfahren verraten, die mich geprägt hatten. Das Schiff hatte den Hafen verlassen und ich wusste noch nicht, worauf es zusteuerte. Aber es gab kein Zurück mehr.

Dieses revolutionäre Paradigma – dass seelische Gesundheit und geistliche Reife untrennbar miteinander verbunden sind – war etwas völlig Neues für meine persönliche Entwicklung und für New Life Fellowship. Es wirkte sich auf jeden Bereich unseres Gemeindelebens aus, angefangen bei den Predigten und Leitertreffen bis hin zu Seminaren, Seelsorge, den Vorstandssitzungen und den Gottesdiensten am Sonntag. Die Dinge, die allzu oft als unbedeutend oder unvollkommen gesehen wurden, rückten nun in den Mittelpunkt und schoben das Große und

Spektakuläre zur Seite. Die Frucht, die daraus erwuchs, war beeindruckend.

Ich entdeckte wieder ganz neu die Liebe und Gnade Gottes auf einer ganz anderen Ebene. Mein geistliches Leben mit Jesus blühte auf. Für Geri und mich war es nun oberste Priorität in unserer Nachfolge, in unsere Ehe zu investieren. Schon bald zog eine neu entdeckte Freude in unserer Beziehung ein. Wir schmeckten Gottes Herrlichkeit und nahmen uns vor, die Gemeinde aus der neu gewonnenen Kraft unserer Ehe heraus zu leiten. Die letzten 15 Jahre waren ein Traum, der sich erfüllt hatte. Unsere vier Töchter und auch die Gemeinde profitierten davon, dass ich als Vater und Gemeindeleiter authentischer und ehrlicher lebte. Und schließlich kehrte auch wieder die Freude am Leiten und am Dienst für Christus zurück. Ich erkannte, dass Jesu Joch keine Bürde und seine Last leicht ist – selbst wenn man Pastor und Leiter ist! Es gibt wirklich einen anderen Weg, Leiterschaft in der Gemeinde zu praktizieren.

Haben alle Christen den Mut, die Kraft des Evangeliums in die Seele unserer Person dringen zu lassen, um noch unberührte Teile unseres Eisbergs aufzudecken? Habe ich den Mut? Haben Sie den Mut? Blättern Sie die Seite um und entdecken Sie, wo Sie nach dem Maßstab der Bibel persönlich stehen. Dann werden Sie erkennen, ob Sie in seelischer und emotionaler Hinsicht ein Säugling, ein Kind, ein Jugendlicher oder ein Erwachsener sind.

Kapitel 4

Bestandsaufnahme der geistlichen und emotionalen Reife

Im vorigen Kapitel habe ich die biblische Basis für ein neues Modell von Jüngerschaft skizziert, eines, das emotionale Reife beinhaltet. Die folgende „Diagnose" soll Sie dabei anleiten, Ihren Grad an geistlicher/emotionaler Gesundheit zu ermitteln.

Nehmen Sie sich einige Minuten Zeit, um über diese einfache Bestandsaufnahme nachzudenken und ein Gefühl dafür zu bekommen, wo Sie als Jünger von Jesus Christus stehen, sowohl als Individuum als auch in Ihrer Gemeinde. Das wird Ihnen helfen, ein Gefühl dafür zu bekommen, ob Ihre Jüngerschaft die emotionalen Bestandteile Ihres Lebens erreicht hat und wenn ja, wie intensiv. Es ist herausfordernd, wenn man sich mit der Frage beschäftigt, ob man emotional gesehen ein Säugling, Kind, Jugendlicher oder Erwachsener ist. Jedes Stadium der emotionalen Reife ist jeweils am Ende des Kapitel beschrieben.

Es ist nur natürlich, wenn einige der Fragen Sie beklommen machen oder ein unbehagliches Gefühl hervorrufen. Versuchen Sie, so offen wie möglich zu sein. Denken Sie daran, dass die Bestandsaufnahme nichts offenlegt, das Gott neu ist. Nehmen Sie sich einen Augenblick Zeit, darum zu beten, dass Gott Sie bei Ihren Antworten leiten möge, und denken Sie daran, dass Sie es sich leisten können, ehrlich zu sein, weil er Sie herzlich und bedingungslos liebt.

> **Sie können es sich leisten, ehrlich zu sein, weil Gott Sie herzlich und bedingungslos liebt.**

Aus Platzgründen habe ich Teil A auf ein Minimum beschränkt. Ich vermute, dass die meisten Leser an die in Teil A vorgestellten Gedanken viel mehr gewöhnt sind als an die in Teil B.

Seelische und geistliche Gesundheit. Eine Bestandsaufnahme.

Bitte beantworten Sie diese Fragen so ehrlich wie möglich. Benutzen Sie die folgende Bewertungsmethode:

1 Punkt: Aussage trifft nie zu
2 Punkte: Aussage trifft manchmal zu
3 Punkte: Aussage trifft meistens zu
4 Punkte: Aussage trifft immer zu

Teil A: Allgemeine Prägung und Jüngerschaft

1. Ich bin überzeugt davon, dass Gott mich als Sohn/Tochter angenommen hat, und zweifle selten daran.	1	2	3	4
2. Ich bete Gott sehr gern allein, aber auch mit anderen zusammen an.	1	2	3	4
3. Ich nehme mir regelmäßig Zeit, um intensiv Gottes Wort zu lesen und zu beten.	1	2	3	4
4. Ich spüre, dass Gott mich persönlich auf einzigartige Art und Weise begabt hat, und gebrauche meine geistlichen Gaben aktiv für seinen Dienst.	1	2	3	4
5. Ich habe Gemeinschaft mit anderen Gläubigen und nehme an zentralen Veranstaltungen teil.	1	2	3	4
6. Mir ist klar, dass mein Geld, meine Gaben, Zeit und Fähigkeiten ganz und gar Gott zur freien Verfügung stehen und nicht mir.	1	2	3	4
7. Ich bringe meinen Glauben konsequent in meinem täglichen Leben und in der Welt ein.	1	2	3	4

Summe: _____

Teil B: Emotionale Komponenten der Jüngerschaft

Prinzip 1: Unter die Oberfläche schauen

1. Es fällt mir leicht zu erkennen, was ich in meinem Inneren fühle (Lukas 19,41-44; Johannes 11,33-35).	1	2	3	4
2. Ich bin bereit, mir unbekannte Teile meines Wesens zu erforschen, und lasse zu, dass Jesus mich völlig umgestalten darf (Römer 7,21-25; Kolosser 3,5-17).	1	2	3	4
3. Ich genieße es, mit Gott allein zu sein und in der Stille nachzudenken (Markus 1,35; Lukas 6,12).	1	2	3	4
4. Ich kann frei und offen über meine Gefühle, Sexualität, Freude und Schmerzen reden (Psalm 22; Sprüche 5,18f.; Lukas 10,21).	1	2	3	4
5. Ich kann Wut empfinden und damit so umgehen, dass ich und andere daran wachsen (Epheser 4,25-32).	1	2	3	4
6. Ich bin zu mir selbst (und einigen wichtigen anderen Menschen) ehrlich, was die Gefühle, Überzeugungen, Zweifel, Schmerzen und Verletzungen unter der Oberfläche meines Lebens angeht (Psalm 73; Psalm 88; Jeremia 20,7-18).	1	2	3	4

Summe: _____

7. Ich löse Konflikte klar, direkt und respektvoll. Ich handle nicht nach unguten Mustern meiner Herkunftsfamilie, wie zum Beispiel den anderen verletzend herabwerten, ihm ausweichen, die Spannungen ausufern lassen oder zu einer dritten Person gehen, statt direkt zu dem Betreffenden (Matthäus 18,15-18). 1 2 3 4

8. Ich arbeite die Auswirkungen einschneidender Ereignisse, die meine Gegenwart prägen, bewusst auf, zum Beispiel den Tod eines Familienmitglieds, eine unerwartete Schwangerschaft, Scheidung, Sucht oder finanzielles Unglück (1. Mose 50,20; Psalm 51). 1 2 3 4

9. Ich kann Gott für alle Erlebnisse in meinem bisherigen Leben danken, weil ich sehe, wie er sie gebraucht hat, um mich zu dem Menschen zu machen, der ich bin (1. Mose 50,20; Römer 8,28-30). 1 2 3 4

10. Ich kann sehen, wie gewisse „Familiensünden" durch meine Familiengeschichte an mich weitergegeben wurden, zum Beispiel Charakterschwächen, Lügen, Geheimnisse, Bewältigungsstrategien für Schmerz und ungesunde Tendenzen in Beziehungen zu anderen Menschen (2. Mose 20,5; vergleiche hierzu 1. Mose 20,2; 26,7; 27,19; 37,1-33). 1 2 3 4

11. Ich brauche nicht die Bestätigung anderer, um mich gut zu fühlen (Sprüche 29,25; Galater 1,10). 1 2 3 4

12. Ich übernehme die Verantwortung für mein bisheriges Leben und stehe dafür ein, statt anderen die Schuld daran zu geben (Johannes 5,5-7). 1 2 3 4

Summe: _____

13. Ich gebe oft zu, wenn ich Unrecht habe, und bitte andere bereitwillig um Vergebung (Matthäus 5,23f.).	1 2 3 4
14. Ich kann frei und offen über meine Schwächen, Versagen und Fehler sprechen (2. Korinther 12,7-12).	1 2 3 4
15. Andere würden mich sicher als zugänglich, sanft, offen und transparent bezeichnen (Galater 5,22f.; 1. Korinther 13,1-6).	1 2 3 4
16. Die Menschen, die mir nahestehen, würden sagen, dass ich nicht schnell beleidigt oder verletzt bin (Matthäus 5,39-42; 1. Korinther 13,5).	1 2 3 4
17. Ich bin offen dafür, mir konstruktive Kritik und Rückmeldungen von anderen anzuhören und sie umzusetzen (Sprüche 10,17; 17,10; 25,12).	1 2 3 4
18. Ich urteile selten über andere und kritisiere andere auch selten (Matthäus 7,1-5).	1 2 3 4
19. Andere würden sagen, dass ich mir Zeit lasse, bevor ich rede, dass ich schnell bereit bin zuzuhören und dass ich Dinge gut aus der Perspektive anderer betrachten kann (Jakobus 1,19f).	1 2 3 4

Summe: _____

20. Man hat mir noch nie vorgeworfen, „alles immer selbst machen zu wollen“ oder „den Mund zu voll zu nehmen“ (Matthäus 4,1-11).	1	2	3	4
21. Wenn Bitten an mich herangetragen werden, kann ich auch „Nein“ sagen, wenn die Gefahr besteht, dass ich mich übernehme (Markus 6,30-32).	1	2	3	4
22. Ich erkenne die verschiedenen Situationen, in denen meine einzigartige, von Gott geschenkte Persönlichkeit mir entweder hilft oder mich daran hindert, angemessen zu reagieren (Psalm 139; Römer 12,3; 1. Petrus 4,10).	1	2	3	4
23. Ich kann leicht unterscheiden, wann ich jemandem helfen soll, seine Last zu tragen (Galater 6,2), und wann ich loslassen muss, damit er seine eigene Last tragen kann (Galater 6,5).	1	2	3	4
24. Ich habe ein gutes Gespür für meine emotionale, körperliche, geistliche und beziehungsmäßige Belastbarkeit. Ich kann mich bewusst zurückziehen, ausruhen und meinen „Tank“ wieder auffüllen (Markus 1,21-39).	1	2	3	4
25. Mir nahestehende Menschen würden sagen, dass ich Freizeit, Arbeit und Familie auf gute und biblische Weise im Gleichgewicht halten kann (2. Mose 20,8).	1	2	3	4

Summe: _____

26. Ich gebe mein Scheitern und enttäuschte Erwartungen offen zu (Psalm 3; Psalm 5). 1 2 3 4

27. Wenn ich enttäuscht werde oder scheitere, denke ich darüber nach, wie ich mich fühle, statt so zu tun, als sei alles in Ordnung (2. Samuel 1,4.17-27; Psalm 51,2-19). 1 2 3 4

28. Ich nehme mir Zeit, meine Verluste zu betrauern wie David (Psalm 69) und Jesus (Matthäus 26,39; Johannes 11,35; 12,27). 1 2 3 4

29. Menschen, die großen Schmerz und Kummer haben, kommen oft zu mir, weil ihnen klar ist, dass ich die Verluste und den Kummer in meinem Leben nicht verdränge (2. Korinther 1,3-7). 1 2 3 4

30. Ich kann weinen und Depressionen oder Traurigkeit bewusst erleben; ich kann die Hintergründe dafür erforschen und Gott gestatten, dadurch an mir zu arbeiten (Psalm 42; Matthäus 26,36-46). 1 2 3 4

Summe: _____

31. Ich kann mich in der Regel in die Welt und Gefühle anderer Menschen hineinversetzen. Dabei kann ich eine tiefe Verbindung zu ihnen aufbauen und nehme mir Zeit, mir vorzustellen, wie es wäre, ihr Leben zu leben (Johannes 1,1-14; 2. Korinther 8,9; Philipper 2,3-5). 1 2 3 4

32. Menschen, die mir nahestehen, würden mich als aufmerksamen Zuhörer beschreiben (Sprüche 10,19; Jakobus 1,19). 1 2 3 4

33. Wenn ich jemandem entgegentrete, der mich verletzt oder mir Unrecht getan hat, spreche ich mehr darüber, wie ich mich fühle, statt im anklagenden Ton über das, was geschehen ist (Sprüche 25,11; Epheser 4,29-32). 1 2 3 4

34. Ich urteile selten rasch über andere und bin stattdessen ein Friedensstifter und Versöhner (Matthäus 7,1-5). 1 2 3 4

35. Andere Menschen würden mich als jemanden beschreiben, dessen oberstes Ziel es ist, „wirklich zu lieben" (Johannes 13,34f.; 1. Korinther 13). 1 2 3 4

Summe: _____

36. Ich verbringe genügend Zeit mit Gott in der Stille, um meine Arbeit für Gott zu stärken.	1	2	3	4
37. Ich nehme mir am Stück 24 Stunden pro Woche Zeit, um den Feiertag zu heiligen, zur Ruhe zu kommen, mich am Leben zu freuen und mich auf Gott zu besinnen.	1	2	3	4
38. Menschen, die mir nahestehen, würden sagen, dass für mich Ehe und Familie Priorität über dem Dienst in der Gemeinde haben.	1	2	3	4
39. Ich scheue mich nicht, mir selbst und anderen schwierige und unbequeme Fragen zu stellen, wenn es nötig ist.	1	2	3	4
40. Meine Leiterschaft trenne ich nicht in einen geistlichen und einen säkularen Bereich. Die Verwaltungs- und Managementaufgaben in der Gemeinde nehme ich genauso wichtig wie das Gebet und die Predigtvorbereitung.	1	2	3	4

Summe: _____

	emotionaler Säugling		emotionales Kind		emotionaler Teenager		emotionaler Erwachsener	
Allgemeine Prägung und Jüngerschaft	1 - 7 Punkte		8 - 14 Punkte		15 - 21 Punkte		22 - 28 Punkte	
Prinzip 1: Unter die Oberfläche schauen	1 - 6 Punkte		7 - 12 Punkte		13 - 18 Punkte		19 - 24 Punkte	
Prinzip 2: Die Macht der Vergangenheit durchbrechen	1 - 6 Punkte		7 - 12 Punkte		13 - 18 Punkte		19 - 24 Punkte	
Prinzip 3: In Zerbrochenheit und Verletzlichkeit leben	1 - 7 Punkte		8 - 14 Punkte		15 - 21 Punkte		22 - 28 Punkte	
Prinzip 4: Die Gabe der Begrenzung annehmen	1 - 6 Punkte		7 - 12 Punkte		13 - 18 Punkte		19 - 24 Punkte	
Prinzip 5: Trauer und Verlust annehmen	1 - 5 Punkte		6 - 10 Punkte		11 - 15 Punkte		16 - 20 Punkte	
Prinzip 6: Jesus als Mensch - Ein Vorbild für echte Liebe	1 - 5 Punkte		6 - 10 Punkte		11 - 15 Punkte		16 - 20 Punkte	
Prinzip 7: Das Tempo drosseln und mit Integrität führen	1 - 5 Punkte		6 - 10 Punkte		11 - 15 Punkte		16 - 20 Punkte	

Ergebnis der Bestandsaufnahme

- Addieren Sie für jeden Bereich getrennt die Punkte und kreuzen Sie in der Grafik auf Seite 82 das entsprechende Feld an. In manchen Bereichen sind Sie vielleicht noch ein emotionaler Säugling, während Sie es in einem anderen schon zum emotionalen Teenager gebracht haben.
- Schauen Sie sich anschließend den Auswertungsleitfaden (siehe unten) an. Welche Muster erkennen Sie?

Auswertungsleitfaden: Emotionale Reife

Emotionaler Säugling. Ich brauche andere Menschen, die sich emotional und geistlich um mich kümmern. Ich habe oft Schwierigkeiten, meine Gefühle in gesunder Weise zu beschreiben, und betrete nur selten die emotionale Welt anderer. Ich werde ständig von einem Bedürfnis nach sofortiger Befriedigung angetrieben und benutze andere oft als Objekte zur Erfüllung meiner Bedürfnisse. Andere nehmen mich mitunter als ungeschickt und unsensibel wahr. Ich bin nicht gern allein und Stille ist mir unangenehm. Bei aufkommenden Schwierigkeiten und Prüfungen wende ich mich von Gott und dem Glauben ab. Manchmal erlebe ich Gott in der Gemeinde oder wenn ich mit anderen Christen zusammen bin, aber selten zu Hause oder im Beruf.

Emotionales Kind. Ich bin zufrieden, wenn das Leben so läuft, wie ich es mir vorstelle. Sobald jedoch Enttäuschungen oder Stress ins Spiel kommen, löse ich mich innerlich schnell auf. Ich interpretiere Meinungsverschiedenheiten als persönliche Beleidigung. Wenn ich nicht meinen Willen bekomme, beklage ich mich oft, bekomme einen Wutanfall, ziehe mich zurück, manipuliere, blockiere, werde sarkastisch oder räche mich. Mein Gebetsleben besteht darin, dass ich Gott erzähle, was er tun soll und wie er meine Probleme lösen sollte. Das Gebet ist eine Pflichtübung, es bereitet mir keine Freude.

Emotionaler Teenager. Ich mag es nicht, wenn andere mich hinterfragen. Das Verhalten von anderen beurteile und interpretiere ich oft vorschnell. Ich halte anderen vor, wenn sie mir Unrecht getan haben. Ich gehe ihnen bewusst aus dem Weg und meide sie, wenn sie mich verletzen. Unterbewusst führe ich darüber Buch, wem ich meine Liebe und Zuneigung schenke. Es fällt mir schwer, ein offenes Ohr für die Sorgen, Enttäuschungen oder Nöte anderer zu haben, ohne dabei an mich zu denken. Manchmal bin ich zu beschäftigt, um mir Zeit für mein geistliches Leben zu nehmen. Ich gehe in die Gemeinde und bringe mich ein, aber mir fehlt die Freude in Christus. Mein Leben als Christ dreht sich darum, etwas für Gott zu tun, und nicht darum, Gemeinschaft mit ihm zu haben. Im Gebet spreche meistens ich; Stille und Einsamkeit und das Hören auf Gott sind eher selten.

Emotionaler Erwachsener. Ich kann andere respektieren und lieben, ohne sie ändern zu müssen oder kritisch und verurteilend zu werden. Ich schätze andere für das, wer sie sind –, nicht für das, was sie mir geben können oder wie sie sich verhalten. Ich übernehme Verantwortung für meine eigenen Gedanken, Gefühle, Ziele und Taten. Ich kann meine eigenen Überzeugungen und Werte Menschen darlegen, die anderer Meinung sind als ich – ohne feindselig zu werden. Ich kann meine Begrenzungen, Stärken und Schwächen richtig einschätzen. Ich bin zutiefst davon überzeugt, dass ich von Christus bedingungslos geliebt bin. Daher brauche ich nicht die Bestätigung anderer, dass ich okay bin. Ich kann beides: etwas für Gott tun und ganz in seiner Nähe sein (Martha und Maria). Mein Leben als Christ besteht darin, dass ich Gott nicht nur diene, sondern ihn liebe und die Gemeinschaft mit ihm genieße.

Teil 3

SIEBEN PRINZIPIEN FÜR SEELISCH GESUNDE GEMEINDEN

Kapitel 5

Prinzip 1: Unter die Oberfläche schauen

In seelisch gesunden Gemeinden werfen Menschen einen tiefen Blick in ihr Herz und fragen: „Was passiert hier und was will Jesus verändern?“ Sie verstehen, dass das Leben eines Menschen wie ein Eisberg ist, bei dem der allergrößte Teil seines Wesens unter der Oberfläche liegt. Sie bitten Gott, ihnen jene unter der Oberfläche liegenden Schichten bewusst zu machen, die sie daran hindern, Jesus Christus ähnlicher zu werden, und sie zu verändern.

Überallhin geschaut, nur nicht nach innen

In dem Roman *Die Giftholzbibel* ist Nathan Price fest entschlossen und eifrig bemüht, Gottes Wort in den belgischen Kongo zu bringen. Man schreibt das Jahr 1959 und das afrikanische Land steckt in politischem Aufruhr. Kriegsdrohungen schrecken Nathan nicht. Während des Zweiten Weltkriegs hatte er erleben müssen, wie viele Kameraden auf dem berüchtigten Todesmarsch von Bataan umgekommen waren. Er war mit dem festen Entschluss aus dem Krieg zurückgekehrt, mehr Seelen zu retten, als auf der Bataan-Halbinsel umgekommen waren. Nathan kennt die Heilige Schrift und hat sich ihr eindeutig und kompromisslos verschrieben.

Trotz der Bedenken seiner Ehefrau Orleanna bezüglich der Widrigkeiten solch einer Unternehmung nimmt Nathan sie und ihre vier Kinder mit nach Afrika, wo sie sich in einem kleinen Dorf niederlassen. *Die Giftholzbibel* erzählt die tragische Geschichte der Familie Price während der nächsten 30 Jahre aus der Sicht von Orleanna und der vier Kinder. Alle werden am Ende Opfer von Nathans Versäumnis, einen tiefen Blick auf sich selbst zu werfen.

Beim Lesen dieses Romans fällt am meisten auf, dass es dem

Prediger an Erkenntnis mangelt. Er hat weder sich selbst noch seine Frau, seine Kinder oder die Menschen aus dem Kongo im Blick. Er nimmt sich zum Beispiel nicht die Zeit, sich die Ängste der Einheimischen anzuhören, die sich davor fürchten, ihre Kinder im Fluss taufen zu lassen, weil er von Krokodilen nur so wimmelt. Es ist ihm auch nicht bewusst, dass in der Sprache der Einheimischen, bei der die Bedeutung eines Wortes von der Betonung abhängt, ein gewisser Ausdruck „herrlich, wertvoll und teuer" bedeutet, wenn er richtig ausgesprochen wird, aber „Baum mit giftigem Holz", wenn er mit amerikanischem Akzent ausgesprochen wird. Am Ende jeder Predigt ruft er: „Jesus ist giftiges Holz!", meint aber eigentlich: „Jesus ist herrlich!" Seine Tochter Ada sagt am Ende des Romans: „Ich wurde in die Familie eines Mannes geboren, der glaubte, er könne nichts als die Wahrheit sagen, während er für alle Zeiten die *Giftholzbibel* festschrieb."

Über die harten Lebensumstände und die explosive politische Situation hinaus erzählt die eigentliche Geschichte, wie diese Familie das Christsein (und die schlechte Theologie) des Vaters überlebt. Er ist eine Maschine. Er ist für Gott auf Autopilot. Er eifert danach, Seelen zu gewinnen und Gottes Werk zu tun.

Orleanna hatte man beigebracht, sich gehorsam ihrem Ehemann unterzuordnen. Sie ist machtlos, den Schmerz ihres neuen Lebens im Kongo zu lindern. Sie kann ihre Kinder nicht vor dem Verhalten ihres Mannes und den Folgen schützen. Schließlich stirbt die Jüngste, weil Nathan nicht bereit ist, sie evakuieren zu lassen, trotz der Bitten seiner Familie und anderer Missionare. Am Ende des Buches zerbricht Nathans Ehe auf tragische Weise, während er weiterhin Gottes Werk tut. So beklagt sich Orleanna schon früh in ihrer Ehe:

> „Nathan übersah mich gewohnheitsmäßig. Wenn ich mich über unser Leben beschwerte, kaute er sein Abendessen, während er taktvoll wegsah, wie man vielleicht ein Kind ignoriert, das absichtlich seine Puppen kaputt gemacht hat und sich dann beschwert, dass es nichts zum Spielen hat. *Um bei*

Verstand zu bleiben, gewöhnte ich mir an, um die Widrigkeiten in Filzpantoffeln herumzuschleichen und zu versuchen, die guten Seiten zu kommentieren."[5] (Hervorhebung des Autors)

Nathan ist ein extremer Fall, aber ich kann mich mit ihm identifizieren. Genau genommen können viele von uns christlichen Leitern sich mehr, als uns lieb ist, mit seinem Versäumnis identifizieren, einen tief gehenden, entschiedenen Blick in das eigene Innere zu werfen. Sein Mangel an innerlicher Tiefe wird mit der Zeit immer offensichtlicher, besonders als seine Kinder erwachsen werden und seine Frau ihn schließlich verlässt. Selbst als alles um ihn herum zerbricht, sieht er einfach weg.

Unter der Oberfläche des Eisbergs

Es ist erschreckend leicht, sich über sein Leben eine falsche verzerrte Vorstellung zu machen. Etwas fühlt sich nicht richtig an, aber wenn man sich erst daran gewöhnt hat, dann meint man, dass es schon okay ist. Andere, die eng mit uns zusammenleben und -arbeiten, schauen sich dann so manche Inkonsequenz und Abwehrhaltung von uns ab. Aber es gibt nur wenige Menschen, die uns durchschauen und so mutig sind, uns liebevoll und angemessen auf unsere Fehler hinzuweisen.

Menschen haben, wie Eisberge auch, viele tief gehende Schichten unter der Oberfläche.

In den ersten fünfzehn Jahren meines Lebens als Christ (ebenso wie in den vorangegangenen neunzehn Jahren ohne Jesus) nahm ich mir kaum Zeit, einen Blick in mein Inneres, mein Herz oder meine Seele (wie die Psalmisten es nennen) zu werfen. Ja, ich verbrachte durchschnittlich zwei oder drei Stunden täglich mit Gott im Gebet, Bibellesen, Hören auf seine Stimme, Sündenbekenntnis und beim Tagebuchschreiben. Ich verbrachte regelmäßig einen Tag mit Beten und Fasten in einem nahe gelegenen Einkehrzentrum – und das tue ich bis heute.

---

5 Barbara Kingsolver, *Die Giftholzbibel*. München: Kabel Verlag, 2000.

Dennoch kann ich mit Gewissheit sagen, dass ich nicht wirklich einen Blick in mein Inneres warf.

Ich wollte die Gemeinde mit meinen salbungsvollen Worten meiner Predigten beeindrucken. Ich war darauf aus, das Gemeindewachstum zu fördern, Menschen für Jesus zu gewinnen, Leiter auszubilden und ein eigenes Gebäude zu erwerben. Doch eine authentische Beziehung zu Christus führt uns auch in die Tiefen – in die Schatten, in die Bollwerke der Dunkelheit, die tief in unserer Seele liegen und mit Licht durchflutet werden müssen. Sich auf diese Reise zu machen, die nach innen und nach unten führt, ist schwierig und schmerzhaft.

Als eine unserer Kleingruppen vor einigen Jahren scheiterte, gingen Geri und ich mit einem der Gruppenleiter Kaffee trinken. Unser Ziel war es, ihm liebevoll Feedback über sein wenig hilfreiches Verhalten zu geben. Es war ein wichtiger Moment, als sein Mentor zu fungieren. Als Geri dann auf einige konkrete Punkte zu sprechen kam, wurde es mir unbehaglich. Ich war zu sehr um die Psyche des Gruppenleiters besorgt. Vielleicht fühlte er sich jetzt schlecht, dachte ich. Also fing ich an zu lügen und sagte ihm, wie super es sei, ihn in unserer Gruppe zu haben. Geri schaute mich ungläubig an. Später an dem Abend hatten wir ein denkwürdiges Gespräch! Einige Tage später entschuldigte ich mich bei dem Leiter dafür, dass ich ihn nicht genug geliebt oder respektiert hatte, um ehrlich mit ihm zu sein. Bemerkenswerterweise wusste er meine Ehrlichkeit zu schätzen.

Wie konnte so etwas passieren? Gab ich Gott nicht die Gelegenheit, mein Herz zu prüfen?

Wenn ich Menschen dazu aufrufe, mal einen selbstkritischen Blick auf sich selbst und ihr Inneres zu werfen, erfüllt es mich mit Sorge, dass die meisten glauben, sie täten das bereits. Ich selbst glaubte das auch jahrelang. Die traurige Realität war jedoch, dass ich Jesus nicht an die verborgenen Stellen meiner Seele herangelassen hatte, die sich unter der Oberfläche verbargen. Mein Leben war wie ein Eisberg: Viele gewichtige Teile davon waren unter der Wasseroberfläche versteckt. Auch wenn sie unter der Oberfläche lagen, dominierten sie doch mein sichtbares Leben.

Der größte Teil eines Eisbergs ist unter der Wasseroberfläche

Nur etwa zehn Prozent eines Eisbergs sind an der Oberfläche sichtbar. Das ist der Teil unseres Lebens, dessen wir uns tatsächlich bewusst sind. Die Titanic sank, weil sie mit den 90% des Eisbergs kollidierte, der unter der Wasseroberfläche war. Die meisten Leiter erleiden Schiffbruch oder führen ein widersprüchliches Leben, weil es unter der Oberfläche ihres Lebens Kräfte und Motive gibt, über die sie niemals auch nur nachgedacht haben.

Salomo hat es treffend ausgedrückt: „Vor allem aber behüte dein Herz, denn dein Herz beeinflusst dein ganzes Leben" (Sprüche 4,23). Es kann beängstigend sein, Gottes Gnade und Liebe vertrauen zu müssen, um tief in sich selbst hineinzuschauen. Die meisten von uns wissen gar nicht, wie das geht. Ich wusste es jedenfalls nicht.

Der verstorbene Dag Hammarskjöld, früher Generalsekretär der Vereinten Nationen, verwies darauf, dass wir Meister im Erforschen des Weltraums geworden sind, aber nicht die gleichen Fähigkeiten zum Erforschen unserer persönlichen inneren Räume entwickelt haben. Er schrieb: „Die längste Reise ist die Reise nach innen." Viele von uns sind eher in der Lage, Dinge zu manipulieren, Situationen unter Kontrolle zu bringen und etwas in Bewegung zu setzen, als diese lange Reise nach innen anzutreten.

Schmerzhafte Ehrlichkeit

Die Reise nach innen erfordert *ungeschützte, schmerzhafte Ehrlichkeit*. Die Wahrheit, sagte Jesus, wird uns frei machen (Johannes 8,32). Wer ehrlich ist, muss sich die ganze Wahrheit uneingeschränkt ansehen. Ich spreche von „ungeschützter Ehrlichkeit", weil wir uns – wie Adam und Eva im Garten Eden – viel lieber vor der Wahrheit verstecken würden, statt entblößt und nackt zu Gott zu kommen. Das ist seit Anbeginn der Zeit das Problem der Sünde (1. Mose 3,1-19). Und obwohl die Wahrheit uns letztendlich befreit und näher zu Gott bringt, tut Ehrlichkeit mitunter auch weh und wir würden sie lieber umgehen.

Einer der Kämpfe aus *Die Reise auf der Morgenröte* aus den *Chroniken von Narnia* von C. S. Lewis beschreibt, was es für ein Gefühl ist, Gott auf einen tief gehenden, entschiedenen Blick ins eigene Innere zu folgen. Eustachius, ein kleiner Junge, wird als Folge seiner Eigensucht, seiner Sturheit und seines Unglaubens zu einem großen, hässlichen Drachen. Jetzt möchte er sich ändern und wieder ein kleiner Junge werden, aber er kann es nicht allein. Schließlich erscheint der große Löwe Aslan (der Jesus verkörpert) und führt ihn zu einem wunderschönen Brunnen, um zu baden. Aber weil Eustachius ein Drache ist, kann er nicht in den Brunnen steigen.

Aslan befiehlt ihm, sich auszuziehen. Eustachius erinnert sich, dass er seine Haut wie eine Schlange abwerfen kann. Er zieht sich eine Hautschicht ab, wirft sie auf den Boden und fühlt sich besser. Dann, als er zum Brunnen geht, erkennt er, dass er immer noch eine harte, raue, schuppige Schicht um sich hat. Frustriert, voller Schmerzen und Sehnsucht danach, in das wunderbare Bad zu steigen, fragt er sich: „Wie viele Häute muss ich noch abwerfen?"

Nach drei Schichten gibt er auf und begreift, dass er es nicht schaffen kann. Dann sagt Aslan: „Du musst dich von mir ausziehen lassen." Darauf erwidert Eustachius:

> „*Ich hatte vor seinen Klauen Angst, das kann ich Euch sagen, aber ich war jetzt schon ziemlich verzweifelt. Also legte ich mich flach auf den Rücken und ließ es ihn tun.* Der erste Riss, den er vornahm, ging so tief, dass *ich dachte, er wäre genau in mein Herz gegangen.* Und als er anfing, die Haut abzuziehen, tat es schlimmer weh als irgendetwas, das ich je gespürt hatte ... Tja, er schälte das tierische Zeug ganz ab – genauso wie ich es bei den anderen drei Malen getan hatte, nur hatte es da nicht wehgetan – und da lag es auf dem Gras: nur sah es so viel dicker und dunkler und knubbeliger aus, als die anderen Schichten gewesen waren. Und da war ich, so zart und weich ... Dann ergriff er mich ... und warf mich ins Wasser. Es schmerzte wie nur irgendetwas, aber nur einen Augenblick lang. Danach wurde es absolut herrlich und als ich anfing zu schwimmen und zu planschen, stellte ich fest, dass aller Schmerz aus meinem Arm verschwunden war. Und dann sah ich warum. Aus mir war wieder ein Junge geworden ... *Nach einer Weile holte der Löwe mich heraus und zog mir ... mit seinen Pfoten ... diese neuen Kleider an, die ich trage.*"[6] (Hervorhebung des Autors)

---

6 C.S. Lewis, *Die Reise auf der Morgenröte*. Wien: Ueberreuter, 2003. (Die Chroniken von Narnia, Bd. 5).

C. S. Lewis beschreibt es sehr treffend: In diese grundlegend neue Richtung zu gehen fühlt sich an, als würden sich Gottes „Klauen" so tief in uns graben, dass sie uns tief bis ins Herz dringen.

Schmerz – der Ansporn, unter die Oberfläche zu schauen

Oft gebraucht Gott Schmerzen, um uns dazu zu bringen, dass wir uns verändern. In den letzten 22 Jahren hat mich die Arbeit als Pastor gelehrt, dass die meisten Menschen nicht die harte Arbeit auf sich nehmen, einen tief gehenden, ehrlichen Blick in ihr Inneres zu werfen, wenn sie nicht genügend Unbehagen und Schmerz empfinden. Das trifft besonders auf Männer und Frauen in der Lebensmitte zu. Scheinbar ändern wir uns nur dann, wenn es mehr wehtut, der Gleiche zu bleiben.

Durch den Schmerz entwickeln wir oft einen Hunger nach Veränderung. Wir sagen: „Ich *muss* es haben. Etwas in meinem Leben *muss* durchbrechen." Einerseits habe ich erlebt, dass junge Leute, die zu Leitern ausgebildet werden, hervorragend reagieren und wesentliche Veränderungen in ihrem Leben erfahren, wenn sie mit einem Jüngerschaftsmodell in Kontakt kommen, das sowohl auf emotionale als auch auf geistliche Reife Wert legt. Sie geraten nicht in eine Krise und erleiden keine extremen Schmerzen, sondern sie reifen und wachsen. Andererseits ist anscheinend eine Krise oder extreme Verzweiflung nötig, um andere, die schon lange in der Gemeinde sind, zu Veränderungen zu bewegen.

Es gibt scheinbar einen direkten Zusammenhang zwischen dem Stresslevel eines Menschen und der Bereitschaft, einen ehrlichen Blick unter die Oberfläche des Lebens zu werfen. Ich kenne viele Menschen, die den Blick unter die Oberfläche gewagt haben, aber erst, als die Ehe in eine Krise geriet oder sich Suchtprobleme oder moralische Verfehlungen einstellten. Andere warten so lange, bis sie kaum noch eine andere Wahl haben, wie in meinem Fall. Manchmal treibt die Spaltung einer Gemeinde oder eine Krise die Gemeindeleitung dazu, neu und tiefer in das eigene Herz zu schauen.

Wenn ich bereit bin, tief unter den Eisberg meiner gegenwärtigen Persönlichkeit zu gehen, muss ich bereit sein, die Unannehmlichkeiten und Schmerzen zu ertragen, die zur „Pionierexpedition" in neue Teile meiner Persönlichkeit gehören – die guten, die schlechten und die hässlichen. Wer zu einer emotional gesunden Gemeinde gehört, ist schon damit vertraut, einen regelmäßigen Check-up des Herzens durchzuführen, wenn er in seinem Leben als Christ mal wieder an seine Grenzen kommt.

Vor zwei Jahren steckte ich selbst auch wieder fest und musste einen Blick unter die Oberfläche meines Lebens werfen, was ziemlich schmerzhaft war.

Ich begriff, wie sehr ich auf die Bestätigung anderer angewiesen war, dass sie mir sagten, wie gut ich alles machte. Wenn ich Ehrenamtlichen und Hauptamtlichen ein kritisches Feedback nach einem Einsatz gab, distanzierten sie sich anschließend von mir.

Manchmal ging ich gar nicht erst zu Sitzungen, bei denen ich von vornherein wusste, dass sie kontrovers verlaufen würden. Ich habe es einfach geschluckt, wenn etwas nicht so lief, und habe meinen Mund gar nicht erst aufgemacht.

Ich entdeckte, dass es eigentlich gar nicht so schwer war, die richtigen Methoden des Leitens zu erlernen. Viel schwieriger war es, mir die nötige Zeit für die Stille vor Gott zu nehmen und den Mut aufzubringen, kontroverse Sitzungen einzuberufen und am Ball zu bleiben.

Wie geht man vor, wenn man einen Blick unter die Oberfläche werfen will, für sich und für andere? Es gibt vorrangig vier Schritte:

1. ein Bewusstsein entwickeln für das, was man empfindet
2. die Frage nach dem Warum (Motivation) stellen
3. erkennen, dass das Evangelium und emotionale Gesundheit zusammengehören
4. sich von dem glitzernden Selbstbild verabschieden.

1. Ein Bewusstsein für das entwickeln, was man empfindet und tut

Jesus wusste genau, wer er war. Am Abend vor seiner Verhaftung nahm er die Rolle eines Sklaven ein und begann, den zwölf Jüngern die Füße zu waschen, sogar Judas. Der Apostel Johannes merkt an: „Jesus aber wusste, dass der Vater ihm uneingeschränkte Macht über alles gegeben hatte und dass er von Gott gekommen war und zu Gott zurückkehren würde“ (Johannes 13,3). Er war sich zutiefst dessen bewusst, wer er war und was er tat. Das befähigte ihn, sich von den Erwartungen seiner Familie, seiner Freunde, der Jünger und der religiösen Kultur loszureißen und Gottes einzigartigem Plan für sein Leben zu folgen. Genauso schenkt das tiefe Bewusstsein für das, was wir empfinden und tun, den Mut, das Leben von nun an anders (und hoffentlich mehr im Einklang mit Gottes Willen) anzugehen und neue Beziehungsmuster zu entwickeln.

Die Bibel stellt Jesus als jemanden vor, der intensive Erlebnisse hatte und anderen seine Gefühle in aller Freiheit zeigen konnte. Er unterdrückte sie nicht oder projizierte sie auf andere. Stattdessen lesen wir davon, wie Jesus während seines irdischen Dienstes verantwortungsvoll die ganze Palette menschlicher Emotionen durchlebte. In der Sprache von heute ausgedrückt, würde man ihn als *emotional intelligent* bezeichnen, ein Ausdruck, der von Daniel Goleman geprägt wurde.[7]

- Er war von Zorn und Schmerz erfüllt (Johannes 11,33).
- Er weinte am Grab von Lazarus und über die Stadt Jerusalem (Johannes 11,33-36; Lukas 19,41).
- Er war verärgert über seine Jünger (Markus 10,14).
- Er war aufgebracht über die krasse Kommerzialisierung des Tempels (Johannes 2,13-17).
- Er zeigte Erstaunen (Matthäus 8,10).
- Er hatte emotionale Sehnsucht, bei den zwölf Jüngern zu sein (Lukas 22,15).

---

7 Daniel Goleman, *Emotionale Intelligenz*. München; Wien: Hanser, 1996; *EQ2 – der Erfolgsquotient*. München; Wien: Hanser, 1999; *Emotionale Führung*. München: Ullstein, 2003.

- Er hatte Mitleid mit Witwen, Leprakranken und Blinden (Matthäus 20,34; Markus 1,41; Lukas 7,13).[8]

Jesus lebte sein eigenes Leben so, ging aber auch mit anderen so um. In den Evanglien wird oft davon berichtet, dass Jesus unter die Oberfläche dessen schaute, was die Menschen taten, und sich dann entsprechend verhielt. Nachdem er zum Beispiel am Anfang seines Wirkens den Tempel gereinigt hatte, vertraute sich Jesus nicht denen an, die wegen seiner Wunder an ihn glaubten (Johannes 2,23-25), weil er wusste, was im „Eisberg" ihres Herzens steckte. Wir erleben Jesus ständig dabei, wie er versuchte, Menschen – besonders die kleine Gemeinschaft der zwölf Jünger – unter die Oberfläche zu führen, um sie von innen nach außen umzugestalten.

Die Bibel stellt Jesus als jemanden dar, der intensive Erlebnisse hatte und anderen seine Gefühle in aller Freiheit zeigen konnte.

Eine einfache, aber hilfreiche Übung als Einstieg in diesen Prozess kann für uns sein, auf die Reaktionen unseres Körpers zu hören: ein zusammengeschnürter Magen, Spannungskopfschmerzen, Zähneknirschen, verkrampfte Hände oder Arme, schwitzende Handflächen, Klopfen mit den Füßen oder Schlaflosigkeit. Fragen Sie sich einmal: „Was könnte mein Körper mir über meine Gefühle in diesem Moment sagen?" Für manche von uns ist das ein großer Schritt in die richtige Richtung. Nehmen Sie sich Zeit dafür, täglich in der Stille auf Gott zu hören. Sie werden überrascht sein, was er Ihnen alles über Ihren persönlichen Eisberg offenbart.

Bill

Viele Gemeindeleiter fliegen auf Autopilot, weil sie zu beschäftigt sind, darüber nachzudenken, was in ihrem Leben und au-

8 Eine weitere Liste von Jesu Gefühlen in Kapitel 1, Seite 40/41.

ßerhalb davon tatsächlich vorgeht. Sie sorgen sich mehr darum, was andere Leute von ihnen denken, als darum, dass sie mit ihren Gefühlen und ihrer Motivation zu kämpfen haben.

Bill wurde am College durch eine christliche Studentenarbeit Christ und machte dann seinen Abschluss. Als er nach New York City, seiner Heimatstadt, zurückkam, nahm er eine Stelle als EDV-Berater an, um als „Zeltmacher" seine Lehr- und Verwaltungsbegabung in der Gemeinde einzusetzen. Inzwischen war er verheiratet und hatte vier kleine Kinder.

Bills Problem war jedoch, dass sein Dienst bei all seinen Gaben und Fähigkeiten hohl war. Etwas fehlte. Er legte die Bibel aus und war Leiter einer Kleingruppe, aber er gab nichts von sich preis.

Als man ihn zu Anfang fragte, für wie wichtig er es hielt, sich seiner Gefühle bewusst zu sein, reagierte er heftig: „Man darf sich nicht von seinen Gefühlen abhängig machen."

Eines Tages brach Bills Welt zusammen, als seine Frau ihm sagte, sie wisse nicht genau, ob sie ihn noch liebe, und dass sie in ihrer Ehe unglücklich sei. „Mit einem Mal hatte ich das Gefühl, mein Leben sei eine einzige große, offene Wunde", sagt er.

Er und seine Frau Ashley hatten beide als Heranwachsende viel Schmerzhaftes erlebt. „In meiner Kindheit war ich sehr einsam", erklärt Bill. „Immer, wenn ich nach draußen kam, um mitzuspielen, rannten die anderen Kinder weg. Ich wollte zu ihnen gehören, erfuhr aber nur Ablehnung." Als Folge davon entwickelte er eine harte äußerliche Schale und gestattete nur wenigen Menschen, den „echten" Bill kennenzulernen.

„Ich ließ keinen daran teilhaben, was in mir vorging, meine Frau eingeschlossen", gesteht Bill. Die Not in seiner Ehe zwang ihn schließlich dazu, darüber nachzudenken, was in seinem Leben unter der Oberfläche schwelte und warum er emotional so „flach" war.

Mit der Zeit bekam Bill seine eigene Einsamkeit in den Griff. Er erkannte schließlich, dass er Mauern um sich herum errichtet hatte, um sich vom Schmerz und Kummer der äußerlichen Welt abzuschotten. „Ich arbeitete wie ein gut geölter Motor, der von Beton umgeben war", sagt er. „Ich war wie ein emotionales schwarzes Loch: Emotionale Signale gingen in meinem hochrationellen Denken verloren."

Am beeindruckendsten war für mich zu sehen, wie Bills Dienst an anderen weiter und tiefer wurde, je mehr er an seinem eigenen „Eisberg" arbeitete.

Seine Lehre und Leiterschaft in der Kleingruppe über die nächsten Jahre hinweg verblüfften die Mitglieder der Gruppe. Bill wurde transparent und offen. Er sprach über seine Schwächen und Kämpfe. Statt die Probleme anderer „in Ordnung zu bringen", identifizierte er sich jetzt auf Augenhöhe als Mensch mit ihnen. Ein großer Teil seiner verurteilenden Art löste sich auf, je mehr er sich seiner eigenen Probleme bewusst wurde.

Die Verwandlung war so bezeichnend, dass jemand aus Bills Kleingruppe neulich zu mir sagte: „Ich schätze, wenn Gott einen Kerl wie Bill verändern kann, dann sollte ich es auch mal mit Gott versuchen."

Bewusstsein versus ichbezogene Selbstbeobachtung

Mancher mag denken, es sei egoistisch, wenn man auf seine Gefühle und sein Handeln achtgibt. Während meiner ersten Jahren als Christ habe ich so gut wie nie etwas darüber gehört, dass die bewusste Wahrnehmung von Gefühlen ein Schlüssel zur Jüngerschaft ist. Es gibt noch viele andere wichtige Aspekte, die zu einem reifen Christen gehören, aber eine ehrliche Prüfung unserer Emotionen und Gefühle ist unerlässlich. Dieser Blick nach innen soll aber keine ichbezogene Selbstbeobachtung fördern, die dem Narzissmus Vorschub leistet. Der letztendliche Zweck besteht darin, dass das Evangelium uns ganz und gar verändern darf – den oberen und den unteren Teil des Eisbergs. Als Folge davon können wir Gott und andere Menschen besser lieben.

Wie können Sie in die Welt eines anderen Menschen eintreten, wenn Sie Ihre eigene noch nicht betreten haben?

Ohne sich seiner eigenen Gefühle und Handlungen und ihrer Wirkung auf andere bewusst zu werden, ist es kaum möglich, tief in die Erfahrungswelt anderer Menschen einzutreten. Wie können Sie in die Welt eines anderen Menschen eintreten, wenn Sie Ihre eigene noch nicht betreten haben?

Wenn ich die Geschichte von Hiobs heftigen Anklagen gegen Gott lese, von Jeremias Seelenqualen, weil Gottes Wort in seinem Herzen „wie ein Feuer" brannte (Jeremia 20,9), von Moses Kämpfen in der Wüste oder von Davids Angst, weil er sich von Gott verlassen fühlte, beobachte ich von Gott eingesetzte Leiter, die in brutaler, schmerzhafter Ehrlichkeit mit sich und ihren Emotionen ringen. Deshalb sprechen ihre Lebensgeschichten uns so stark an.

2. Die Frage nach dem „Warum" oder „Was ist los?"

Als Jesus die samaritanische Frau am Brunnen traf (Johannes 4), konfrontierte er sie immer wieder mit der Frage nach dem „Warum". Er ging unter die Oberfläche ihrer Handlungen, damit sie sich mit den entscheidenden Fragen ihres Lebens auseinandersetzte: Warum bist du mitten am Tag hier am Brunnen? Weil du dich schämst? Warum rennst du von Ehemann zu Ehemann? Welche Leere versuchst du auszufüllen?

Sie versuchte, das Gespräch in eine andere Richtung zu lenken und es an der Oberfläche zu halten. Also fragte sie Jesus nach dem besten Ort für den Gottesdienst (Johannes 4,20). Jesus jedoch rief sie dazu auf, ihr Leben unter der Oberfläche des „Eisbergs" zu prüfen und ihren unmoralischen Lebensstil als Hinweis auf ihren unstillbaren Durst nach Liebe zu betrachten.

Jesus legte den Finger auch auf andere „Warum"-Fragen. Einmal korrigierte er die Pharisäer und Schriftgelehrten, die leidenschaftlich um Fragen des äußerlichen Verhaltens kämpften, aber nicht die schwierige Arbeit an ihrem Inneren erledigten. „Hört alle genau zu … und versucht es zu verstehen. Der Mensch wird nicht durch das unrein, was er isst; er wird unrein durch das, was er sagt und tut" (Markus 7,14f.). Jesus versuchte, sie auf das „Warum" ihres Verhaltens umzuorientieren, auf ihre Motivationen und ihre Herzen (Markus 7,21).

Sobald ich wahrnehme, was ich tue, wie ich empfinde und wie

sich das auf andere auswirkt, muss ich mir die schwierigen „Warum"-Fragen stellen. Zum Beispiel:

- Warum habe ich es immer so eilig. Warum bin ich so ungeduldig?
- Warum habe ich so viel Angst?
- Warum brauche ich die Bestätigung anderer, dass ich als Leiter oder Lehrer okay bin?
- Warum bin ich so am Boden zerstört, wenn mir am Sonntag nach dem Gottesdienst jemand sagt, dass ihm meine Predigt nichts gebracht hat?
- Warum fürchte ich mich vor einer bestimmten Sitzung?
- Warum möchte ich in meinem Arbeitsbereich so unbedingt Erfolg haben?
- Warum vermeide ich es, schwierigen Menschen in der Gemeinde entgegenzutreten?
- Warum lasse ich immer alles stehen und liegen, um andere zurückzurufen oder E-Mails zu beantworten? Oder warum rufe ich andere nicht zurück und antworte auf ihre Mails und SMS nicht?

Diese Art Fragen zu stellen ist oft eine unangenehme Erfahrung!

In der Vergangenheit verbrachte ich Stunden mit Gott, in denen ich ihn anflehte, meine Absichten zu segnen und meine Pläne zu erfüllen. Jetzt hingegen verbringe ich mehr Zeit mit Gott, damit sein Wille geschieht und nicht meiner. Ich ruhe in seiner Liebe und setze mich offen mit der Frage nach dem Warum auseinander.

Ich brauche Mut, um mich zu fragen: Was empfinde ich wirklich in dieser Situation? Was könnte hier vor sich gehen? König Saul war sich nicht bewusst, was in ihm vorging. Was er für Gott tat, entsprach nicht seinem Einssein mit Gott. Er war blind für seine Eifersucht, seine Ängste, seinen Hass und seine Wut. Anders als David hat er seine Beziehung zu Gott nicht gepflegt. Am Ende hat es dazu geführt, dass seine falschen Entscheidungen ihn kaputt gemacht haben (1. Samuel 17-31).

Blaise Pascal schrieb: „Alles Elend der Menschen rührt daher, dass sie nicht allein in einem ruhigen Zimmer sitzen können."

Dazu gehört, dass ich meine Gefühle und Gedanken darüber, warum ich so empfinde, ehrlich vor Gott bringe. Ich frage: „Wofür steht dieses Gefühl? Was könntest du, Gott, mir sagen? Was lerne ich damit über mich selbst? Über das Leben? Über andere Menschen?“

3. Die Verbindung zwischen dem Evangelium und emotionaler Gesundheit

Sobald wir anfangen, unter die Oberfläche unseres Lebens (und des Lebens anderer Menschen) zu schauen, begegnen wir einem Abgrund der Hässlichkeit, der furchterregend sein kann. Ein weiser Mensch sagte einmal: „Wenn Gott uns je erlaubte, mehr als ein Prozent unserer Sünde zu sehen, würden wir alle tot umfallen!“

Wenn wir unter die Oberfläche unseres Lebens gehen, kann das ein Gefühl sein, als ob wir fünfzehn Meter über dem Boden auf einem Hochseil balancieren – ohne ein Netz unter uns. Das Evangelium ist wie das Netz. Allein das Evangelium gibt uns das notwendige Fundament, um das Risiko eingehen zu können, auf das Hochseil zu treten und unsere inneren Tiefen zu erkunden.

Das Evangelium sagt, dass wir sündiger und fehlerhafter sind, als wir je zu glauben gewagt haben, und dass wir dennoch zutiefst angenommen und geliebt sind, weil Jesus an unserer Stelle gelebt hat und gestorben ist. Wenn wir unser Vertrauen und unseren Glauben in Jesus Christus setzen, findet ein großer Tausch statt. „Gott hat den, der von keiner Sünde wusste, für uns zur Sünde gemacht, damit wir in ihm die Gerechtigkeit würden, die vor Gott gilt“ (2. Korinther 5,21 LÜ).

Unsere Gemeinde veranstaltet regelmäßig Leiterschaftstreffen für die Kleingruppenleiter, die Verantwortlichen der Gemeinde und die Praktikanten. Zwei Jahre lang haben wir zusammen die Bibel durchforstet und den Zusammenhang von emotionaler Gesundheit und dem Evangelium erarbeitet. Den Römerbrief und den Brief an die Galater haben wir uns vorgenommen und uns anschließend mit einer Einheit über Charakterbildung (z. B. persönliche Einschränkungen, Familienkonstellationen, eigene Grenzen) und persönlichen Fähigkeiten und Stärken beschäftigt. Seit dieser Zeit bieten wir verschiedene Veranstaltungen an, in denen wir das Evangelium in Beziehung setzen zu emotionaler Gesundheit.

Gestatten Sie mir, zwei Menschen zu Wort kommen zu lassen, deren Geschichte verdeutlicht, was das Evangelium bewirkt, wenn Menschen einen Blick unter die Oberfläche werfen.

John

Ich liebe das Evangelium. Bevor ich es wirklich verstand – und obwohl ich seit mehr als zehn Jahren Christ war –, versteckte ich mich vor meiner Erbärmlichkeit, meiner Abwehrhaltung, meinem Zerbruch und sogar vor dem Missbrauch, den ich als kleiner Junge erlitten hatte. Genau genommen versteckte ich mich ständig – ich versteckte meine Wut, Eifersucht, Arroganz, Eigensucht, Zerbrochenheit, Fehler, Schwächen und Unzulänglichkeiten. All das akzeptierte man in den christlichen Kreisen, die ich kannte, nicht. Ich glaubte, dass man mich nicht mögen oder mich als Leiter akzeptieren würde, wenn ich nicht stark war. Wer würde mir dann noch zuhören? Ich musste beweisen, dass ich talentiert, perfekt und rechtschaffen war.

Aufgrund von Christi Leben, Tod und Auferstehung kann ich tatsächlich frei sein, ich selbst zu sein. Ich kann aus dem Versteck kommen.

Immer, wenn es mir schwerfiel, andere zu lieben, war ich verzweifelt. „Ich bin Christ und kann nicht einmal das ureigenste Wesen des Christentums leben“, jammerte ich. Dann wurde mir klar, dass ich nach Perfektion strebte, weil ich mir damit Gottes Gunst sichern wollte. Ich hatte unbewusst das, was man die „Gänseblümchen-Mentalität“ nennt – „Er liebt mich, er liebt mich nicht, er liebt mich, er liebt mich nicht“ – je nachdem, wie „gut“ ich in meinem geistlichen Leben war.

Durch das Lesen des Galaterbriefs erhielt ich ein neues und kraftvolles Verständnis des Evangeliums von Jesus Christus. Ich muss mich keinem beweisen – was ich unbewusst mein Leben lang getan hatte. Ich bin aufgrund von Christi Leben, Tod und Auferstehung von Gott vollkommen geliebt und angenommen. Nun weiß ich, dass ich nichts mehr beweisen muss, weil ich von Jesus Christus wertgeschätzt, geliebt und angenommen bin. Ich kann tatsächlich frei sein, ich selbst zu sein. Ich kann aus meinem Versteck kommen!

Ich darf auch einmal versagen und meine Schwächen und Bedürfnisse zugeben. Ich darf sagen: „Ich hatte unrecht, bitte vergib mir." Ich muss nicht auf alles eine Antwort parat haben, und ich darf mich entspannen und Spaß haben, ohne zu denken, dass ich mich um alle anderen kümmern muss.

Zu wissen, dass ich durch Christus vor Gott als seine geliebte Braut stehen kann, hat mich dazu befreit, einige der beunruhigenden und dunklen Seiten meiner Persönlichkeit zu erforschen.

Susan

Seit der Zeit, in der ich bei *New Life* bin, habe ich gelernt, die Wahrheit des Evangeliums anzunehmen und mich dadurch befreien zu lassen. Ein schönes Bild, das besonders auf mich als Frau gewirkt hat, ist, dass die Gerechtigkeit von Christus wie ein prächtiges Brautkleid ist, das mich für Gott absolut hinreißend macht. Als ich darüber nachdachte, dass ich durch das Opfer von Christus wirklich „heilig und makellos" bin (Kolosser 1,22), berührte die Wahrheit des Evangeliums mich auf eine emotionale Weise.

Ich erinnere mich daran, dass ich auf Jesaja 62,5 stieß, wo es heißt: „Dann wird dein Gott sich an dir freuen wie ein Bräutigam an seiner Braut." Mein erster Gedanke war: „Kann das wirklich stimmen? Liebt Gott mich so leidenschaftlich?" Dann erinnerte ich mich daran, dass ich durch den Tod von Christus seine geliebte Braut geworden bin. Die Kreuzigung ist das Fundament, auf das ich mein ganzes Leben gründen kann. Ich bin bis ins Innerste meines Wesens vollkommen geliebt. Mein Gott liebt mich in einem persönlichen, emotionalen Sinn.

Zu wissen, dass ich durch Christus vor Gott als seine geliebte Braut stehen kann, hat mich dazu befreit, einige der beunruhigenden und dunklen Seiten meiner Persönlichkeit zu erforschen. Ich kann der Tatsache ins Auge sehen, dass ich zum Beispiel ein Kontrollproblem habe. Ich kann ehrlich darüber nachdenken, darüber beten und frei und offen mit anderen darüber reden. Ich weiß, dass mein Kontrollproblem und all meine anderen sündigen Verhaltensmuster Gott nicht überraschen oder meine Position ihm gegenüber bedrohen. Ich bin sein geliebtes Kind. Weil die Gerechtigkeit von Christus das Fundament meiner Selbsteinschätzung ist, muss ich nicht mehr vor mir selbst, Gott oder sonst jemandem „den Schein wahren".

Gottes freie Gnade

In seinem Vorwort zum Kommentar des Galaterbriefs sagte Luther, dass das Evangelium nie genug gelehrt, vorangetrieben und wiederholt werden kann. Die Gerechtigkeit eines Christen, schrieb er, ist ganz und gar unabhängig von allem, was wir tun. „Denn wir tun nichts dafür und wir geben nichts dafür – wir empfangen nur und lassen einen anderen wirken – Gott."[9]

Gott hat uns das Evangelium gegeben, um eine geschützte Umgebung für den Blick unter die Oberfläche zu schaffen. Ich muss nicht beweisen, dass ich liebenswert oder wertvoll bin. Ich muss nicht immer recht haben. Ich kann verletzlich und ich selbst sein, auch wenn andere mich nicht akzeptieren. Ich kann sogar Risiken eingehen und versagen. Warum? Weil Gott die 90 Prozent des Eisbergs sieht, die unter der Oberfläche verborgen sind, und mich in Christus absolut und voll und ganz liebt.

Der bestimmende Faktor in unserer Beziehung zu Gott sind nicht unsere vergangenen oder gegenwärtigen Bilanzen oder Leistungen. Es ist die von Jesus bereits „erwirtschaftete" Bilanz, die auf meinem Konto als Geschenk gutgeschrieben wurde.

Die Offenbarung von Gottes freier Gnade gibt uns den Mut,

---

9 Martin Luther, *Kommentar zum Galaterbrief*: 1519. Holzgerlingen: Hänssler, 1996. Lizenz des Calwer Verlags, Stuttgart.

uns der schmerzhaften Wahrheit über uns selbst zu stellen. Wenn wir das Hochseil betreten, die unangenehmen Dinge an uns zu entdecken, haben wir ein Netz unter uns – das Evangelium von Jesus Christus.

Die bevorstehende Hochzeit – Ein Symptom für geistliche Unreife

Jill und Joshua besuchten erst sei wenigen Monaten die Gottesdienste der *New Life Fellowship*. Als Medizinstudenten hatten sie sich heimlich verlobt, planten nun aber einige Monate später in Joshuas Heimatstaat offiziell zu heiraten. Seine Eltern wünschten sich einen großen Hochzeitsempfang und investierten entsprechend viel Kraft, um den richtigen Cateringservice und die passenden Räumlichkeiten zu finden, die Farben für die Blumen und die Dekoration auszusuchen und die Sitzordnung festzulegen. Dann erhielten Jill und Joshua mit einem Mal eine Rechnung über 10.000 Dollar, die Hälfte der Kosten für den Hochzeitsempfang.

Jill suchte das Gespräch mit meiner Frau und mir, da sie mit der Situation Mühe hatte. „Wir hatten gedacht, seine Eltern würden für den Empfang bezahlen. Schließlich war es ja auch ihre Idee. Wir haben allerdings nie darüber gesprochen, wer für die Kosten aufkommen würde. Meine Schwiegermutter hat die Farbe der Tischdecken und die Deko alle selbst ausgesucht. Ich hätte Rot vorgezogen, aber sie hat sich für Rosa entschieden", beklagte sie sich mit einem Lächeln. „Sie hält mich jetzt schon für sehr eigenwillig. Teil des Problems ist, dass sie Chinesin ist, ich aber Indonesierin bin. Bitte betet für mich. Betet für sie."

Das Problem war jedoch, dass in dieser Situation eine Spiritualität gefordert war, die mit emotionaler Reife gepaart war. Gebet ist zwar wichtig, aber was Jill betraf, gab es viele Fragen, die angegangen werden mussten. Bis dahin hatte sie nur auf die sichtbaren zehn Prozent des Eisbergs geschaut. Was würde es bedeuten, sie durch einen Prozess zu begleiten, der unter die Oberfläche blickte?

Geri und ich setzten uns mit Jill zusammen und machten sie

darauf aufmerksam, dass rund um die Hochzeitsvorbereitungen keiner wirklich ehrlich und authentisch war. Es gab drei allgemeine Bereiche, auf die das zutraf:

Erstens musste Jill sich selbst gegenüber ehrlich sein. Was ging wirklich in ihr vor? Wie fühlte sie sich wirklich, was wollte sie, was waren ihre Wünsche? Das lag tief unter der Oberfläche, und wir wendeten viel Zeit dafür auf, dass sie das erkannte.

Zweitens luden wir sie ein, auch ihrem Verlobten Joshua gegenüber ehrlich zu sein. Auch ihm hatte sie nicht ganz ehrlich gesagt, was sie sich wünschte und wie sie sich fühlte. Und was waren seine Gefühle und Wünsche? Wir nahmen uns die Zeit, beiden einige grundlegende Fähigkeiten zur Kommunikation, die aus Reden und Zuhören besteht, beizubringen, um diesen Prozess zu fördern.

Drittens fragten wir die beiden, warum sie sich ohne den Segen und das Wissen ihrer Eltern verlobt hatten. War die heimliche Verlobung nur ein Symptom für ein tieferliegendes Problem, das sich unter der Oberfläche verbarg? Dadurch wollten wir ihnen helfen, sich in ihre Eltern hineinzuversetzen. Wir wollten ihnen helfen zu sehen, wo sie ihre Eltern in die Schranken weisen mussten.

Es war auch wichtig zu besprechen, was die Bibel über die Ehe zu sagen hat und was es heißt, unsere Eltern zu ehren, richtig zu lieben und eine gesunde Ehe zu bauen.

Wir ermutigten sie, Joshuas Eltern aktiv zuzuhören und sie einzuladen, sich ihre Gefühle und die Enttäuschung hinsichtlich der heimlichen Verlobung ihrer Kinder von der Seele zu reden. Es verlangte Jill und Joshua ein hohes Maß Reife und innerer Zerbrochenheit ab, um sich nicht in die Defensive drängen zu lassen, während sie sich die Hochzeitsträume ihrer Eltern anhörten.

Kurz nach unseren Gesprächen zogen sie von New York weg, also kam unser Austausch mit ihnen vorzeitig zu einem Ende. Hätten wir mehr Zeit gehabt, so hätten wir mit jedem von beiden noch ein Familien-Genogramm erstellt, um ihnen besser veranschaulichen zu können, wie sich ihre Familienerfahrungen aus der Vergangenheit auf ihre Gegenwart auswirkten (darauf kommen wir im nächsten Kapitel zu sprechen). Aufgrund der Kürze der Zeit haben wir ihnen stattdessen Bücher empfohlen wie z. B. *Nein sagen ohne Schuldgefühle* von Henry Cloud und John Townsend.[10] Nur wenn Jill Gott in die Tiefe ihrer selbst schauen lässt und sich mit der Komplexität der Situation auseinandersetzt, kann sie ihre Schwiegermutter, ihren Mann und sich selbst lieben. Das ist die wunderbare Art Gottes, die den Blick auf schmerzhafte und unschöne Stellen unserer Seele wirft. So verwandelt er uns und macht uns seinem Sohn immer ähnlicher (siehe Galater 4,19).

Eine Gemeinde, die sich um die seelische Gesundheit ihrer Mitglieder und Verantwortlichen müht, ist in der Tat ein teilweise unschön wirkender Ort. Der Dreck, den jeder am Stecken hat, wird zur Sprache gebracht, die Leichen im Keller werden ans Licht gezerrt und wir stellen uns den Problemen und Spannungen, statt sie zu ignorieren und zu hoffen, dass sie von allein verschwinden.

4. Das „blendende Bild" loswerden

Susan Howatchs Buch *Blendende Bilder* verfolgt die geistliche Reise von Charles Ashworth, einem ordinierten Doktor der Geisteswissenschaften, der Priester in der *Church of England* ist. Er ist Witwer, Ende dreißig, der Kirche loyal ergeben, aufrecht, angesehen und beliebt bei seinen Vorgesetzten. Er ist außerdem ein Freund des Erzbischofs von Canterbury, der ihn gebeten hat, in den Pfarrbezirk des Bischofs Jardine von Starbridge zu gehen, um den Verdachtsmoment eines moralischen Fehltritts oder Skandals in dessen Leben zu untersuchen.

Was Charles über den charismatischen 58-jährigen Jardine und seine Beziehung zu seiner kränklichen Frau und zu deren schöner Assistentin Lyle Christie herausfindet, erregt ernsthaften Verdacht. Es stellt sich heraus, dass dieser ein Doppelleben führt und sich erfolgreich eingeredet hat, dass dieses Doppelleben Gottes Wille sei. Weil seine Frau kränkelt und kein Bedürf-

10 Henry Cloud und John Townsend, Nein sagen ohne Schuldgefühle, Holzgerlingen: Hänssler, 2014.

nis nach Intimität hat, hat er Lyle Christie geheiratet. Er hat das mit dem vollen Segen seiner Frau getan. Er und Lyle haben fünf Jahre lang heimlich als Mann und Frau gelebt, bevor nun Charles Ashworth auftaucht.

Die Vielschichtigkeit und Last der Situation geben Charles den Rest und er endet sturzbetrunken vor der Tür eines enorm scharfsichtigen geistlichen Leiters namens Vater Darrow.

Während seiner Besuche bei Vater Darrow beginnt Charles langsam, unter der eigenen Oberfläche der öffentlichen Person zu graben, die er nach außen präsentiert – das „blendende Bild", das immer einwandfrei und poliert ist. Er fängt an, die eigenen negativen Gefühle zu erkennen, die er geleugnet hatte, wie auch die Widersprüchlichkeiten in seinem Umgang mit Menschen. Zum Beispiel hatte er gleich nach einem Tag versucht, die schöne Assistentin Lyle zu küssen. Er lügt im Namen Gottes, um Gottes Werk zu tun. Er trinkt heimlich, um seinen Schmerz zu betäuben.

Als Darrow ihn bittet, schonungslos ehrlich zu sein und unter den Eisberg seines Lebens zu tauchen, erwidert Charles, dass er das nicht kann. Andere, wie zum Beispiel sein Vater, hätten ihn ungeheuer im Griff, erklärt er.

„Wen?", fragt Darrow.

„Mein wahres Ich ... das blendende Bild."

„Ah ja", sagt Darrow, „und natürlich ist das der einzige Charles Ashworth, den die Welt sehen darf, aber jetzt bist du aus der Welt heraus, nicht wahr, und ich bin anders als alle anderen, weil ich weiß, dass es zwei von dir gibt. Ich bekomme langsam Interesse an diesem anderen ‚Ich', das ‚Ich', das niemand zu Gesicht bekommt. Ich würde ihm gern helfen, hinter dem blendenden Bild hervorzukommen und diese entsetzliche Last abzulegen, die ihn so lange gequält hat."

„Er kann nicht herauskommen."

„Warum nicht?"

„Du würdest ihn nicht mögen und ihn nicht gutheißen."[11]

---

11 Susan Howatch, *Blendende Bilder*. München; Hamburg: Knaus, 1988. Der Dialog ist ein bearbeiteter Auszug.

Charles Ashworth erkennt schließlich an, in welchem Würgegriff das blendende Bild sein Leben hat, und wehrt sich dagegen. Er fängt an zu sehen, welch enormen Zeit- und Energieaufwand er betrieben hat, um die Sympathie und Anerkennung aller zu gewinnen. Mit der Hilfe eines reifen geistlichen Beraters fängt er an, die Wurzeln dessen freizulegen, weshalb und wie er diese falsche Person in diesem „blendenden Bild" erschaffen hat.

Ein entscheidender Vorgang auf seinem Weg hin zur Freiheit ist, objektiv seine Lebensgeschichte zu betrachten und zu erkennen, wie sie dazu beigetragen hat, ihn zu dem Menschen zu machen, der er heute ist. Er profitiert außerdem wesentlich davon, dass ein vertrauter Freund ihm dabei hilft.

Dieser Einfluss früherer Erfahrungen führt uns zu unserem nächsten Kapitel, dem zweiten Prinzip seelisch gesunder Gemeinden: Menschen, die die negative Macht ihrer Vergangenheit über ihre Gegenwart durchbrechen.

Kapitel 6

Prinzip 2: Die Macht der Vergangenheit durchbrechen

In seelisch gesunden Gemeinden verstehen Menschen, wie ihre Vergangenheit ihre gegenwärtige Fähigkeit, Christus und andere Menschen zu lieben, beeinflusst. Sie haben erkannt, dass zwischen dem Menschen, der sie heute sind, und ihrer Vergangenheit eine komplizierte, vielschichtige Beziehung besteht. Es mag sein, dass uns zahlreiche äußere Einflüsse mitbestimmen, aber die Familie, in der wir aufgewachsen sind, ist das elementare und, mit seltenen Ausnahmen, mächtigste System, das unsere Persönlichkeit prägt und beeinflusst.

Nackt im eisigen Wind

Ich kann mich daran erinnern, wie ich *Blendende Bilder* (siehe das vorige Kapitel) gelesen habe, als wäre es gestern gewesen. Ein guter Freund hatte mir das Buch empfohlen, nachdem ich ihm erzählt hatte, dass ich zu kämpfen hatte. Zum ersten Mal stellte ich mir die Frage, ob meine Vergangenheit mit meiner Herkunftsfamilie die Person beeinflusst hatte, die ich heute bin.

Nachdem Charles Ashworth sich unter der geistlichen Leitung von Vater Darrow selbst findet, stellt er sich zum ersten Mal seiner Beziehung zu seinem eigenen Vater und der Dynamik in seiner Familie, in der er aufgewachsen ist.

Charles hatte sein ganzes Leben nach Anerkennung und Lob durch seinen Vater gestrebt. Er wurde auf die besten Schulen geschickt, bekam die besten Möglichkeiten, die man im England der damaligen Zeit hatte, und wurde wiederholt ermahnt, ein „gutes, geradliniges, anständiges Leben“ zu führen. Auf Moral, Pflicht, Effizienz und Aufrichtigkeit wurde besonderen Wert gelegt.

Als es zwischen Charles und seinem Vater einen großen Familienstreit gab, schlug der Vater seiner Frau ins Gesicht. Später bot Charles seiner Mutter an, sie wegzubringen, aber sie war entsetzt. Dann sprach sie ein ungeschriebenes Familiengesetz aus, das ihr Familienleben beherrschte. „Was würden die anderen denken?“, fragte sie. „Wir müssen den Schein wahren. Niemand darf es jemals erfahren.“

Dann weinte sie wieder, sagte aber schließlich: „Wir sind wirklich sehr glücklich – er ist nur hin und wieder etwas schwierig.“

Damals hatte Charles bereits seinen Doktortitel in Theologie, war Professor und arbeitete als Assistent des Erzbischofs von Canterbury. In den 1930er-Jahren stieg er auf der Karriereleiter in der *Church of England* empor. Aber ihm war absolut nicht klar, wie die Verhaltensmuster aus seiner Vergangenheit ihn daran hinderten, heute ein freies Leben in Christus zu führen.

Ich fragte mich: Gibt es emotionalen Ballast oder unerledigte Angelegenheiten aus meiner Vergangenheit, die heute meine Arbeit als Leiter oder meine Ehe beeinträchtigten.

Charles hasste seinen Vater und liebte ihn zugleich. Er verachtete sich selbst dafür, dass er seinen Vater nicht nur liebte. Er steckte ständig in einem Konflikt und war verzweifelt auf der Suche nach Annahme und Liebe. Nachdem er schließlich diesen Bereich seines Lebens geöffnet hatte, beschreibt er das Gefühl mit den Worten: nackt im eisigen Wind stehen.

Als ich den Roman zu Ende gelesen hatte, begann ich, in meinem Tagebuch über bedeutsame Ereignisse in meiner eigenen Kindheit zu schreiben, die in der Gegenwart Einfluss auf mich haben könnten. Ich dachte über meine Beziehung zu meiner Mutter und meinem Vater, meinen Schwestern und Brüdern nach. Ich fragte mich zum ersten Mal ernsthaft, ob es emotionalen Ballast oder unerledigte Angelegenheiten aus meiner Vergangenheit gab, die heute meine Arbeit als Leiter oder meine Ehe beeinträchtigten.

Ich stand „nackt im eisigen Wind“. Alles in mir wollte diesem neuen Weg, mit Jesus zu sterben, entfliehen.

Bisher hatte ich geglaubt, dass ich in Christus eine neue Schöpfung war. Das Alte war vergangen (2. Korinther 5,17). Christus hatte mein Leben auf so vielfältige Art und Weise umgestaltet, als ich mit neunzehn Jahren Christ wurde. Wie Paulus im Römer-, Galater- und Epheserbrief ausführt, hat Gott mich in dem Augenblick, als ich Christ wurde, begnadigt – rechtmäßig von der Strafe für meine Sünden freigesprochen. Ich war mit allen Rechten eines Erben als sein Kind angenommen worden und hatte den Heiligen Geist empfangen, um dieses wunderbare Leben an Kindes statt auszuleben.

Ja, meine Kindheit hatte ihre Höhen und Tiefen gehabt. Ging das nicht allen so? Ich wollte nicht meinen Eltern die Schuld für meine Probleme im Leben geben. Wenn man aus einer Familie stammt, in der man sich geliebt fühlte, und ein Zuhause hatte, das einigermaßen stabil und heil war, dauert es generell viel länger, bis man bereit ist, Verhaltens- und Beziehungsmuster zu erkennen, die nicht in Gottes Familie gehören.

Meine Einstellung war: „Ich gehöre zu Gottes Familie. Die Bibel ist meine Autorität und der Weg meines Lebens ist jetzt von der Entschlossenheit bestimmt, Jesus Herr sein zu lassen und sein Reich auf der Erde voranzutreiben. Ich mache viele Dinge anders, als ich es aus meiner Kindheit kenne. Zum Beispiel rege ich mich nicht über andere Leute auf oder ziehe über sie her. Ich spüle das Geschirr. Ich ‚helfe' bei den Kindern. Ich folge Jesus aktiv nach. Ich arbeite mit Menschen aus vielen verschiedenen Kulturen."

Diese Liste ist in Wirklichkeit oberflächlich. Ich war blind dafür, wie sehr meine Familie, in der ich aufgewachsen war, mein tägliches Leben beherrschte, besonders meinen Führungsstil in der *New Life* Gemeinde.

Die Wahrheit war, dass ich mich sehr dagegen sträubte, meine Geschichte noch einmal zu betrachten und darüber nachzudenken, wie meine Vergangenheit vielleicht meine Fähigkeit, andere Menschen zu lieben, negativ beeinflusste.

Ich höre oft die Worte „Peter, sicherlich war in meiner Familie nicht alles perfekt, aber es war doch vieles besser als in anderen Familien." Aber darum geht es nicht. Jede Familie hat in gewisser Weise einen Fleck auf der weißen Weste.

Wie jeder Mensch bin auch ich ein Nachkomme von Adam und Eva. Als sie Gott ungehorsam gewesen waren, hatten sie nur noch ein Ziel: sich vor Gott und voreinander zu schützen und zu verteidigen. Dieses Ziel äußert sich bei uns heute auf verschiedene Art und Weise: durch Kontrolle, Angst, Rückzug, Ignoranz, Verdrängung, Einsamkeit, Unruhe, Frustration, Groll, Schuldzuweisungen und vieles anderes mehr.

Geri und ich und unsere Ehe

Ich werde nie vergessen, wie Geri und ich zum ersten Mal ein sehr einfaches Genogramm aufstellten und unsere Ehe im Licht unserer Eltern unter die Lupe nahmen. Ein Genogramm ist eine Art Stammbaum, bei dem man Informationen über Familienmitglieder und ihre Beziehungen über zwei oder drei Generationen betrachtet. Jeder von uns beschrieb die eigenen Eltern und einige allgemeine Eigenschaften ihrer Beziehung zueinander. Wie lösten sie Konflikte? Wie brachten sie Ärger zum Ausdruck? Wie verstanden sie ihre Geschlechterrollen? Wie erzogen sie ihre Kinder? Welche emotional intensiven Probleme beeinflussten sie, zum Beispiel der Tod eines Elternteils in ihrer Kindheit oder die besonderen Bedürfnisse eines Geschwisterkindes?

Christus hatte die Art und Weise, wie wir unsere Beziehung als Ehepaar führten, nicht verändert – zumindest nicht wesentlich.

Geri und ich lehnten uns zurück und schauten uns an. Unser Gesichtsausdruck sagte etwas, das wir nach beinahe zehn Jahren Ehe nicht mehr leugnen konnten: Die Ehen unserer Eltern hatten durchaus positiv zu unserem Leben beigetragen, doch wir waren von den ungesunden Verhaltensmustern überrascht, die wir unbewusst ebenfalls übernommen hatten. Egal, wo Christus in unserem Leben war, er hatte die Art und Weise, wie wir unsere Beziehung als Ehepaar führten, nicht verändert – zumindest nicht wesentlich.

Uns wurde klar, dass Jesu lebensverändernde Macht große

Bereiche unseres Lebens nicht berührt hatte – Bereiche, die in diesem Buch als seelische Gesundheit verstanden werden. Weil wir nicht die Fähigkeit hatten, geistliche Wahrheiten der Bibel in viele Bereiche unseres Lebens einzubeziehen und umzusetzen, wurde schnell sichtbar, warum Menschen, die wir in der Gemeinde betreuten, an einigen Stellen ihres Lebens keinen Durchbruch erlebten. Das ganze Bibelstudium, das Beten und Fasten oder die Kleingruppentreffen würden daran nichts ändern. Ich fühlte mich wie der Kaiser ohne Kleider.

Ja, es stimmte. Durch das Vorbild, das ich gegeben hatte, war unsere Gemeinde einen Kilometer breit, aber nur einen Zentimeter tief. Meine fehlende Bereitschaft, die eigene Vergangenheit zu betrachten und mich mit ihren Auswirkungen auf die Gegenwart auseinanderzusetzen, hatte die ganze Gemeindefamilie zutiefst beeinträchtigt. Nur wenige sahen sich die Probleme unter der Oberfläche an. Noch weniger sahen sich ihre Vergangenheit an, um festzustellen, wie sie sich auf ihre Gegenwart auswirkte. Im Rückblick schäme ich mich dafür, wie ich mir hatte einbilden können, dass ein unreifer Leiter (ich) mit einer unreifen Ehe (wir) irgendwie eine reife Gemeinde aufbauen konnte.

König David und seine Familie

Die Zehn Gebote enthalten eine provokative Aussage Gottes: „Ich lasse die Sünden derer, die mich hassen, nicht ungestraft, sondern ich strafe die Kinder für die Sünden ihrer Eltern bis in die dritte und vierte Generation. Denen aber, die mich lieben und meine Gebote befolgen, werde ich bis in die tausendste Generation gnädig sein“ (2. Mose 20,5f.). Glücklicherweise dauert das positive Vermächtnis unserer Familie tausend Generationen an! Dennoch sagt Gott deutlich, dass die Sünden unserer Vorfahren an unsere Kinder, Enkel, Urenkel und sogar Ur-Urenkel weitergegeben werden. Nehmen wir einmal an, dass jedes meiner Kinder heiratet und Kinder bekommt und das so weitergeht und dass jedes von ihnen achtzig Jahre alt wird – dann wird sich der Einfluss meiner Entscheidungen heute etwa bis ins Jahr 2318 auswirken! Das sind vier Generationen.

Wenn man sich das Leben von David auf der Grafik (Seite 117) und seinen Nachfahren anschaut, tauchen mindestens drei Themen von Generation zu Generation immer wieder auf. Das erste ist ein Herz für Gott. Davids Vater Isai war ohne Frage gläubig, auch wenn wir nicht viel über ihn wissen (1. Samuel 16). David wird als „Mann nach Gottes Herzen" bezeichnet. Er ragt als eine der gewaltigen geistlichen Figuren in der Heiligen Schrift heraus. Herrliche Psalmen und Musik für Gottes Volk, die über viele Generationen im Gottesdienst ihren Platz hatten, wurden von ihm geschrieben. Im Alter von vierzig oder fünfundvierzig Jahren jedoch setzt er seine Beziehung zu Gott aufs Spiel. Er begeht Ehebruch mit der schönen Batseba und lässt ihren Ehemann ermorden. Statt Buße zu tun, schlägt er zunächst den Weg der Vertuschung, der Lüge und des Machtmissbrauchs ein. Diese Entscheidung zieht sich durch viele Generationen durch seine Familie und die Nation Israel. Sein Charakter scheint langsam zu verfallen, wahrscheinlich über mehrere Jahre hinweg, was schließlich zu einem gewaltigen Zusammenbruch seines Urteilsvermögens führt.

Man kann unmöglich Menschen helfen, sich von ihrer Vergangenheit loszureißen, wenn man nicht die Familie versteht, in der sie aufgewachsen sind.

Sein Sohn Salomo baut einen Tempel für Gott, aber sein Herz wird als nicht völlig Gott hingegeben beschrieben. Er vermischt die Anbetung des Gottes Israels mit den Göttern der umliegenden Nationen. In der dritten Generation erreicht der Abstieg des geistlichen Lebens seinen Tiefpunkt. Salomos Sohn Rehabeam setzt sich über den Gott Israels hinweg und lässt sich auf Götzendienst und abscheuliche Praktiken anderer Nationen ein.

Das zweite Thema der sexuellen Sünde zieht sich ebenfalls durch das Leben Davids und seiner Söhne und Enkel. Wie die heidnischen Könige sammelt David Ehefrauen. Außerdem begeht er mit Batseba Ehebruch. Sein ältester Sohn Amnon vergewaltigt seine Halbschwester Tamar und schändet sie für immer.

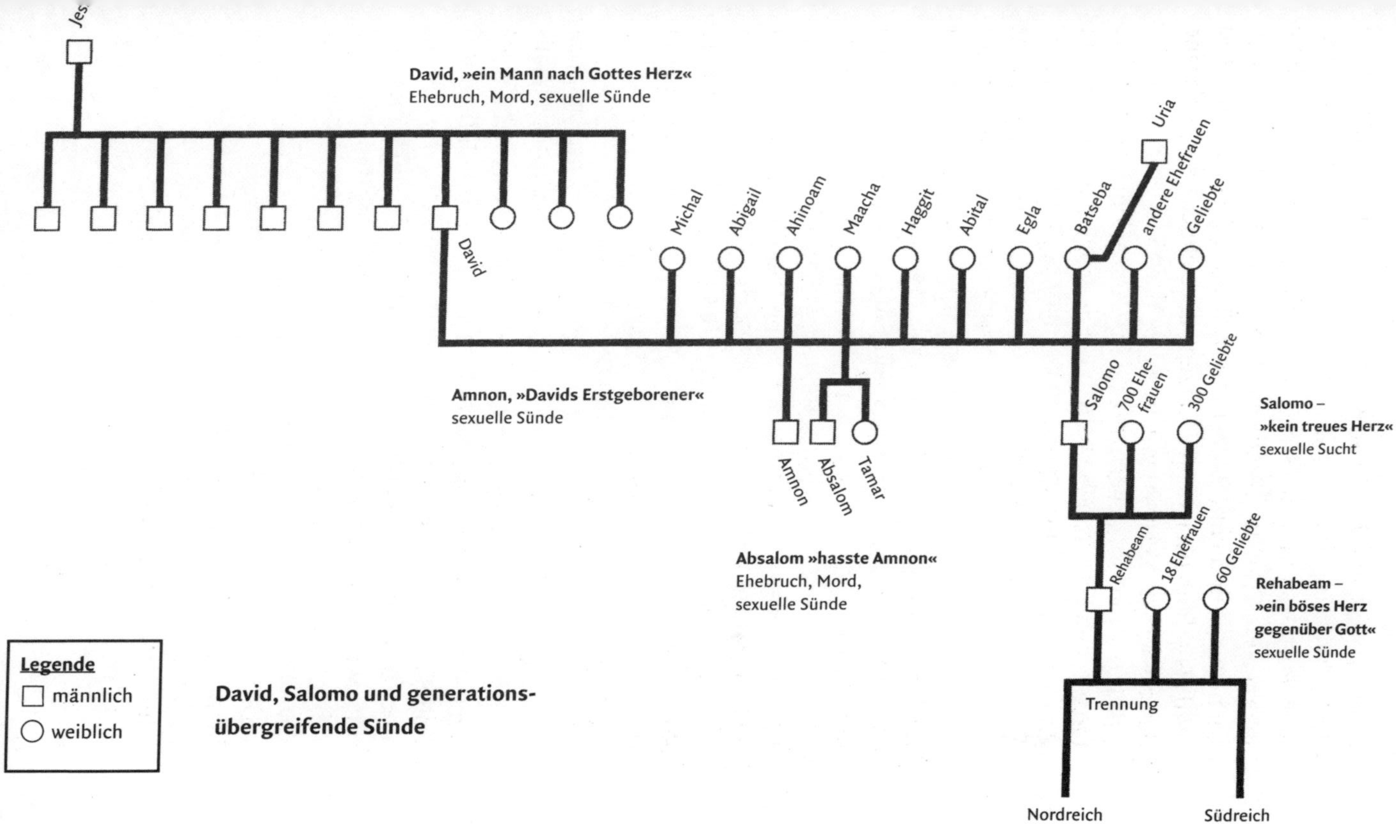

David, Salomo und generations-übergreifende Sünde

Darauf folgt sein Sohn Salomo, der die sexuellen Sünden seines Vaters weiterträgt und siebenhundert Hauptfrauen und dreihundert Nebenfrauen um sich schart. Salomos Sohn Rehabeam wiederum nimmt sich achtzehn Frauen und sechzig Nebenfrauen (2. Chronik 11,21). Das war damals eine übliche Methode, um politische Allianzen zu schließen, aber es war auch ein Akt der Rebellion gegen Gottes Gebote (5. Mose 17,17).

Dann treten in jeder Generation auch starke Familienspaltungen und Geschwisterrivalitäten auf. David hat ein recht angespanntes Verhältnis zu seinen Brüdern (1. Samuel 16-17). Einer seiner Söhne, Absalom, ermordet seinen Bruder Amnon aus Rache für die Vergewaltigung seiner Schwester. Als Folge davon ist die Familie gespalten. Am Ende wird Absalom verbittert und ernennt sich selbst zum König, erobert Jerusalem und nimmt sich vor, seinen Vater zu töten. Ein Bürgerkrieg bricht aus und zwanzigtausend Männer sterben (2. Samuel 18,7).

Salomos Sohn Rehabeam trägt dieses Verhaltensmuster sogar noch weiter, während seine Familie zerbricht. Schließlich spalten sich die einst vereinten Stämme Israels in ein nördliches Königreich mit zehn Stämmen und ein südliches mit zwei Stämmen. Jetzt ist es nur noch eine Frage der Zeit, bis die „gespaltene Familie" ins Exil geführt wird.

Sünde wird von Generation zu Generation weitergegeben. Gott hat zugelassen, dass diese Geschichte aufgeschrieben wurde, um uns sensibel für einen tief gehenden, entschiedenen Blick nach innen zu machen (siehe 1. Korinther 10,6). Die Schlussfolgerung für das Gemeindeleben ist klar: Man kann unmöglich Menschen helfen, sich von ihrer Vergangenheit loszureißen, wenn man nicht die Familien kennt, in denen sie aufgewachsen sind. Wenn wir nicht begreifen, welche Macht die Vergangenheit hat, werden wir unweigerlich diese Beziehungsmuster innerhalb und außerhalb der Gemeinde wiederholen.

Abraham, Isaak und Jakob

Wenn wir die Familiengeschichte von Abraham, Isaak und Jakob in 1. Mose 12-50 verfolgen, sehen wir ein weiteres gewaltiges Beispiel für Generationensegen und überlieferte sündige Verhaltensmuster. Der Segen ist so bedeutsam, dass er bis zu uns heute reicht! Nur wenige Leser bemerken allerdings die Sünde und emotionale Unreife, die ebenfalls von Generation zu Generation weitergegeben wird.

Werfen Sie einen Blick auf die folgende Grafik.

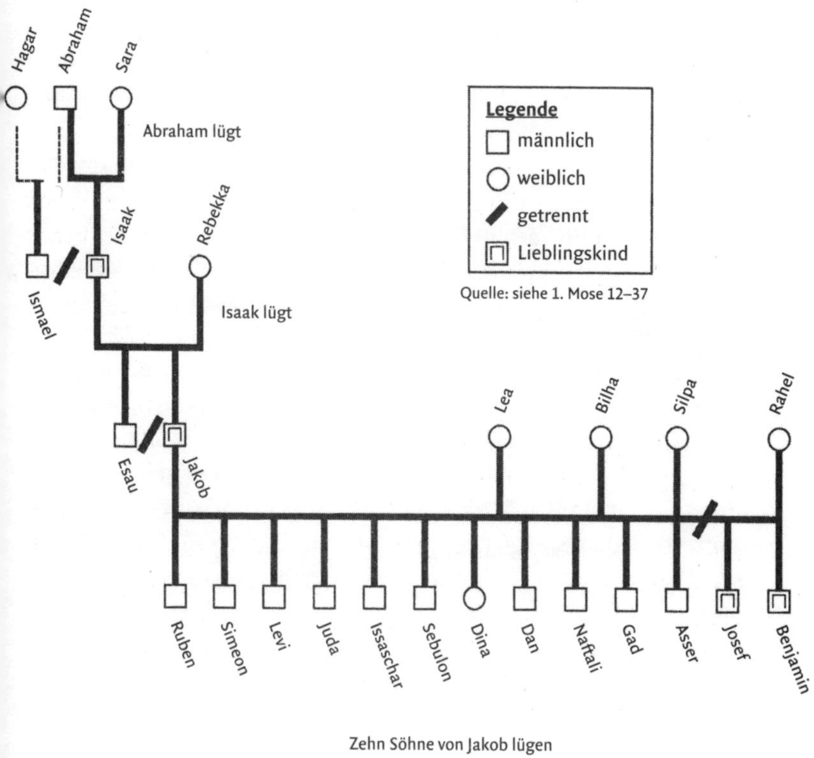

Quelle: siehe 1. Mose 12–37

Abraham, Isaak, Jakob und generationsübergreifende Sünde

Im Leben von Abraham und seinen Nachkommen sind mindestens drei gemeinsame Muster offenkundig. In allen vier Generationen gibt es den Hang zum Lügen, der sich in jeder Generation verstärkt. Voller Angst lügt Abraham zweimal wegen Sara und leugnet, dass sie seine Frau ist. Rebekkas und Isaaks Ehe ist ebenfalls von Lügen und Betrügereien beherrscht (1. Mose 27). Isaaks Sohn Jakob steigert dann das Manipulationsniveau noch weiter, indem er durchweg fast jeden anlügt, mit dem er in Beziehung steht. Tatsächlich bedeutet schon sein Name „Betrüger". In der vierten Generation dann täuschen zehn von Jakobs Söhnen den Tod ihres jüngeren Bruders Josef vor. Sie führen pro forma eine Totenwache, Bestattung und Trauerzeit durch, um diese Lüge aufrechtzuerhalten.

Ein zweites gemeinsames Muster ist, dass in jeder Generation mindestens ein Elternteil ein „Lieblingskind" hat. Abraham bevorzugt Ismael, aber Sara möchte, dass er aus der Familie verschwindet. Isaak bevorzugt Esau und möchte, dass er den mächtigen Familiensegen empfängt. Und Jakob bevorzugt Josef und später Benjamin, den jüngsten seiner zwölf Söhne.

Dann verursachen Geschwisterrivalität und gestörte Beziehungen zwischen den Geschwistern Spannungen, die sich in drei aufeinanderfolgenden Generationen zeigen. Die Reibungen zwischen Ismael und Isaak führen schließlich dazu, dass sie voneinander getrennt werden. (Diese Spaltung setzt sich bis heute in den Nahostspannungen zwischen Arabern und Juden fort.) Esau und Jakob werden ausgesprochene Feinde, als Jakob Esaus Segen stiehlt. Schließlich wird Josef für den größten Teil seines Lebens als Erwachsener von seinen zehn älteren Brüdern getrennt.

1. Wie hat Ihre Familie Sie geprägt?

Ein Teil unserer Leiterausbildung und Jüngerschaftskurse beinhaltet jetzt, dass wir mit den Teilnehmern ein einfaches Genogramm von der Familie erstellen, in die Gott sie gestellt hat. Mit sehr wenigen Ausnahmen ist die Herkunftsfamilie die mächtigste Zelle, die den Menschen beeinflusst hat, der wir heute sind.

Im Folgenden finden Sie Fragen, die wir stellen, um unter die Oberfläche dessen zu dringen, wie die Vergangenheit sich möglicherweise auf die Gegenwart auswirkt. Wir bitten die Teilnehmer, den Fragebogen aus der Sicht ihrer Kindheit (als sie etwa acht bis zehn Jahre alt waren) auszufüllen.

Unsere Herkunftsfamilie ist die mächtigste Zelle, die den Menschen beeinflusst hat, der wir heute sind.

1. Beschreiben Sie alle Familienmitglieder mit je drei Adjektiven (Eltern, Pflegeeltern, Großeltern, Geschwister, Kinder).
2. Beschreiben Sie die Ehe Ihrer Eltern und Großeltern.
3. Wie wurde in Ihrer Familie und den zwei Generationen davor mit Konflikten umgegangen? Mit Wut? Mit Geschlechterrollen?
4. Gab es Familienthemen (z. B. Sucht, Affären, Missbrauch, Scheidung, Depressionen, psychische Störungen, Abtreibung, uneheliche Kinder usw.)?
5. Wie gut konnte Ihre Familie über Gefühle reden?
6. Wie wurde über Sexualität geredet oder nicht geredet? Was waren die indirekten Botschaften?
7. Gab es irgendwelche „Familiengeheimnisse" (wie zum Beispiel eine uneheliche Schwangerschaft, Inzest oder einen größeren finanziellen Skandal)?
8. Was wurde in Ihrer Familie als „Erfolg" angesehen?
9. Wie wurde mit Geld umgegangen? Wie wurden Feiertage und das geistliche Leben gestaltet? Wie waren die Beziehungen zur Verwandtschaft?
10. Wie hat der ethnische Hintergrund Ihrer Familie Sie geprägt?
11. Gab es Helden oder Heldinnen in der Familie? Sündenböcke? „Verlierer"? Warum?
12. Gab es in der Familie Süchte und wenn ja, welcher Art?
13. Gab es in der Vergangenheit oder Gegenwart traumatische Verluste, wie zum Beispiel einen plötzlichen Todesfall,

lange Krankheiten, Totgeburten/Fehlgeburten, Konkurs oder Scheidung?

Das Ausfüllen mag alte Wunden aufreißen, aber es dient dazu, drei Kernfragen zu stellen, die man sich beantworten muss, wenn man andere mit Integrität führen will.

1. An welchen Mustern lässt sich erkennen, welchen Einfluss Ihre Herkunftsfamilie darauf hatte, dass Sie heute der Mensch sind, der Sie sind?
2. In welchen Bereichen lassen Sie sich in Ihrem Leben und Ihrem Dienst eher von Vorbildern aus der Vergangenheit leiten als an dem Vorbild der Familie Jesu?
3. In welchem Bereich müssten Sie aktiv werden und sich verändern, auch wenn es sehr schwer ist?

Alle diejenigen, denen wir dienen, müssen sich diese unangenehmen Fragen stellen, um wirklich frei zu sein. Das bedeutet aber, dass wir als Leiter und Mentoren sie uns zuerst stellen und Gott an uns arbeiten lassen müssen, um andere führen zu können.

2. Was sind die wichtigsten Einflüsse in Ihrem Leben?

Abgesehen von Ihrer Familie ist es wichtig, dass Sie darüber nachdenken, welche anderen bedeutenden Einflüsse es in Ihrem Leben gab. Ich wurde zum Beispiel sehr von dem evangelikalen Glauben im College beeinflusst. Er schenkte mir eine tief gehende Dankbarkeit für die Gnade Gottes im Evangelium. Gleichzeitig bekräftigte er einen asketischen, aktiven Lebensstil, der durch die Worte von Jesus gekennzeichnet war: „Wenn einer von euch mit mir gehen will, muss er sich selbst verleugnen, jeden Tag aufs Neue sein Kreuz auf sich nehmen und mir nachfolgen" (Lukas 9,23). Ich habe lange gebraucht, um meine Theologie durch die fehlenden Stücke zu ergänzen.

Andere Menschen werden von maßgeblichen Ereignissen geprägt, wie zum Beispiel einer Scheidung, sexuellem oder emotionalem Missbrauch, Sucht, einer langen Zeit der Arbeitslosigkeit, einem bestimmten Vertrauensbruch oder einer Freundschaft. Die Frage, die man stellen muss, ist: Welche Ereignisse und Menschen haben einen Einfluss darauf gehabt, wer ich heute bin? Wie können sie mir helfen zu verstehen, was mich antreibt?

Ereignisse und Menschen haben einen Einfluss darauf gehabt, wer ich heute bin, und sie helfen mir zu verstehen, was mich antreibt.

Lassen Sie uns einige Beispiele betrachten

- Als Joan durchschaute, dass ihr Leben während ihrer Schulzeit eine Wende genommen hatte und sie in Drogen abgerutscht war, weil sie von anderen abgelehnt wurde, war dies ein wichtiger Schritt in ihrem Glaubensleben. Die Organisation „Narcotics Anonymous" hat erheblich dazu beigetragen, dass sie clean wurde.
- Charlotte und Nathan waren dem Trauma des Krieges in ihren Heimatländern ausgesetzt gewesen. Panikattacken und Wutausbrüche waren die Folge dieser Erfahrungen. Auf ihrem Weg mit Jesus wollten sie sich damit aktiv auseinandersetzen.
- Pierres Erlebnis, fälschlich als „geistig behindert" statt als Legastheniker eingeordnet zu werden, hat seinem Selbstbild geschadet und dazu geführt, dass er sich schwer damit tut, Gott und anderen Menschen zu vertrauen.
- Kens Einsatz als Soldat in Vietnam hat ihn gegen jegliche Autorität bitter werden lassen.
- Rons Kampf, sich als professioneller Musiker in der Ellenbogen-Welt des Jazz durchzusetzen, hat dazu beigetragen, dass er sich selbst und anderen gegenüber ein unerbittlicher Perfektionist ist. Ihm fällt es schwer, Gottes bedingungslose Liebe und Gnade in Christus anzunehmen.
- Ted war zwölf Jahre an einem Internat im U.S.-Bundesstaat New England. Die Erfahrungen dieser Zeit machen es ihm bis heute schwer, mit Intimität und dem Familienleben zurechtzukommen, selbst als Erwachsener mittleren Alters.

- Kathys autistischer Sohn hat sie sensibel gemacht für Familien, in denen es jemanden mit einer Behinderung gibt.

All die oben aufgelisteten Menschen sind auf ihrer Lebensreise mit Christus auf ganz unterschiedlichem Level unterwegs, doch wenn sie reife Christen werden wollen, müssen sie diese Erlebnisse unbedingt im Blick haben. Sie müssen verstehen, inwieweit die Vergangenheit einen Einfluss darauf hat, wer sie heute sind, in positiver wie auch in negativer Hinsicht.

Die Geburt in eine geistliche Familie

Wir sollten uns unbedingt daran erinnern, dass wir zwar möglicherweise eine Neigung zu einem bestimmten Verhalten haben, es jedoch eine andere Möglichkeit und Wirklichkeit gibt, uns „umzuerziehen": nämlich eine geistliche Familie.

Jesus beschreibt das Christwerden als eine neue Geburt (siehe Johannes 3,3-5). Stellen Sie sich vor, Sie wären ein Apfelbaum, würden aber eigentlich lieber Pfirsiche tragen. Man kann Sie beschneiden oder jemand kann Pfirsiche mit Draht an Ihren Zweigen befestigen. Aber Sie werden immer wieder Äpfel tragen. Wenn Sie Pfirsiche wollen, muss der Apfelbaum ausgegraben und ein Pfirsichbaum gepflanzt werden.

Für neue Frucht sind neue Wurzeln nötig. Wenn wir uns entschließen und verpflichten, mehr zu beten, öfter in die Gemeinde zu gehen oder schlechtes Verhalten sein zu lassen, verändern wir nur den gleichen Baum. Stattdessen müssen die Wurzeln ausgegraben werden. Ein neuer Baum ist nötig.

Jesus erklärt, dass wir nur durch direktes Eingreifen von Gott verändert werden können. Wir brauchen eine vollständige Veränderung an der Wurzel. Man kann die neue Geburt als das Handeln Gottes beschreiben, bei dem sein eigenes Leben und seine Kraft in den Grund unseres Herzens eingepflanzt werden, sodass die Wurzel verwandelt wird. Dann wächst der Same, blüht und trägt aus diesem neuen, übernatürlichen Samen heraus Früchte. Wir empfangen ein neues Herz, ein neues Wesen und einen neuen Geist (Hesekiel 36,25-27).

Die neue, erste Familie von Jesus

Das Neue Testament beschreibt das Christwerden als eine geistliche Wiedergeburt, durch die wir in eine neue Familie hineinadoptiert werden – die Familie von Jesus. Sobald dies geschieht, werden wir Brüder und Schwestern einer weltweiten Familie, die ethnische, kulturelle, wirtschaftliche und Geschlechtergrenzen überschreitet (siehe Galater 3,28). Wir bekommen einen neuen Stammbaum.

Einmal kamen Jesu Mutter und Brüder zu dem Haus, wo er lehrte. Als die Menge, die um ihn herumsaß, ihm sagte, dass sie draußen seien, antwortete er: „Wer ist meine Mutter? Wer sind meine Brüder? Dann sah er die an, die rings um ihn herumsaßen, und sagte: Diese Leute sind meine Mutter und meine Brüder. Wer den Willen Gottes tut, ist mein Bruder und meine Schwester und meine Mutter" (Markus 3,33-35).

Die Gemeinde ist für Gläubige nun die „erste Familie". Genau genommen ist die Familie das bezeichnendste Bild, das in der Bibel gebraucht wird, um die Gemeinde zu beschreiben. Anderson und Guernsey haben es treffend formuliert:

> Die Gemeinde ist die neue Familie Gottes. ... Durch die geistliche Wiedergeburt werden wir alle zu Brüdern und Schwestern Jesu Christi, da wir von der Familie Gottes adoptiert werden. Folglich sind wir auch einander Brüder und Schwestern. Ehepaare sind in erster Linie Brüder und Schwestern Jesu Christi, mehr als sie Mann und Frau sind. Söhne und Töchter sind ebenfalls Brüder und Schwestern ihrer Eltern, mehr als sie Söhne und Töchter sind.[12]

3. Neu erzogen durch die Gemeinde

Paulus veranschaulicht das Evangelium durch das Beispiel der Adoption im Römischen Reich. Durch sie wurde ein Kind aus seinem vorherigen Status herausgeholt und in eine neue, dauerhafte Be-

12 Ray Anderson and Dennis Guernsey, On Being Family: A Social Theology of the Family (Grand Rapids 1985), Seite 158.

ziehung mit seinem neuen Vater gebracht. Alte Schulden wurden erlassen. Dem Kind wurde mit seinem Kindesstatus absolute Stabilität, Absicherung, Sicherheit und Autorität geschenkt. Es durfte jetzt den Begriff „*Abba*" („Papi") benutzen, ein starkes Wort, das nur von Kindern ihrem Vater gegenüber gebraucht wurde.

Der kritische Faktor, der meine neue Identität als Christ am maßgeblichsten bestimmt, ist nicht das Blut meiner biologischen Familie, sondern das Blut von Jesus. Uns wird für dieses neue Leben ein neuer Name gegeben (Christ), ein neues Erbe (Freiheit, Herrlichkeit, Hoffnung) und neue Kraft (der Heilige Geist). Wir bekommen Anteil an der göttlichen Natur (2. Petrus 1,4) und können so als Kinder in Gottes Familie die absolute Sicherheit und Stabilität, Freiheit, Vertrautheit und Gewissheit im Gebet (Lukas 11,5-13) genießen. Es gibt dem Leben in mir, dem Leben, das Jesus schenkt, eine neue Dynamik.

Die Gemeinde wird zu dem Ort, wo ich in einem sehr realen Sinn neu erzogen werde.

Ohne Zögern berief Jesus Männer und Frauen ungeachtet ihrer biologischen Familien zu sich und sagte: „Wer Vater oder Mutter mehr liebt als mich, ist es nicht wert, zu mir zu gehören" (Matthäus 10,37).

Im Neuen Testament ist ein gesundes Familienleben außerhalb eines gesunden Gemeindelebens undenkbar. Die Gemeinde wird zu dem Ort, wo man in einem sehr realen Sinn neu erzogen wird.

Die Frage ist also, warum das nicht geschieht. Warum sind die meisten Menschen in unseren Gemeinden einerseits so grundlegend anders als die Menschen außerhalb der Gemeinde – sie beten, lesen die Bibel, besuchen den Gottesdienst und spenden –, sind ihnen aber auf einer anderen, tiefer liegenden Stufe sehr ähnlich?

Der Prozess ist wichtig

Christ zu werden und mit dem Namen „Christ“ in Gottes Familie hineinadoptiert zu werden, löscht die Vergangenheit nicht aus. Gott verschafft uns keinen Gedächtnisverlust oder nimmt eine emotionale oder geistliche „Schönheitsoperation“ vor. Uns wird ein neuer Anfang geschenkt, aber wir sind immer noch Milch trinkende Babys, sollen täglich die Teile unseres Lebens sterben lassen, die Gott keine Ehre machen, und Jesus nachfolgen.

In Gottes Familie hineinadoptiert zu werden, löscht die Vergangenheit nicht aus.

Wir alle kommen mit gebrochenen Knochen, Wunden und im Krieg des Lebens zerschossenen Beinen in die Familie von Jesus. Gottes Absicht ist es, unsere Zerbrochenheit zu heilen und unsere Wunden zu verarzten. Er lässt zu, dass die Wunden und die Schwachheit bleiben. Anschließend sollen wir hinausgehen und als verwundete Ärzte andere heilen.

Daher muss der Prozess der Jüngerschaft ein ehrliches Nachdenken über die positiven und negativen Einflüsse meiner Herkunftsfamilie sowie anderer wesentlicher Einflüsse in meinem Leben enthalten. Das ist harte Arbeit. Aber das Maß, in dem wir zurückblicken und verstehen können, wie unsere Erlebnisse uns geprägt haben, bestimmt hochgradig unser Erkenntnisniveau und unsere Fähigkeit, zerstörerische Verhaltensmuster zu durchbrechen, ein konstruktives Vermächtnis weiterzugeben und in der Liebe zu Gott und den Menschen zu wachsen.

Gott lädt uns dazu ein, ihn in genau diese Bereiche hineinzunehmen, damit wir zu einem so frohen und freien Leben durchbrechen können, wie er es vorgesehen hat.

Eingeflochten ins Gemeindeleben

Um dieses Prinzip in die Jüngerschaftsarbeit in der Gemeinde einzuflechten, müssen die Leiter es in ihr eigenes Leben integrieren.

Als leitender Pastor musste ich lernen, die Macht meiner Vergangenheit über die Gegenwart zu durchbrechen, indem ich einen ernsthaften Blick darauf warf. Dasselbe taten auch die anderen, die in unserer Gemeinde Verantwortung trugen.

Die Worte eines Rabbis auf seinem Sterbebett drücken eine tiefe Wahrheit aus:

> „Als ich jung war, machte ich mich daran, die Welt zu verändern. Als ich älter wurde, bemerkte ich, dass das ein zu ehrgeiziges Ziel war, also machte ich mich daran, mein Land zu verändern. Auch dieses Ziel war zu hochgesteckt, wie ich bemerkte, als ich älter wurde, also machte ich mich daran, meine Stadt zu verändern. Als ich merkte, dass ich nicht einmal das konnte, versuchte ich, meine Familie zu verändern. Jetzt, als alter Mann, weiß ich, dass ich bei mir selbst hätte anfangen sollen. Wenn ich damit angefangen hätte, mich zu ändern, hätte ich vielleicht auch meine Familie, die Stadt oder sogar das Land verändern können – und wer weiß, vielleicht sogar die Welt!"

Das Aufstellen eines einfachen Familiengenogramms, um Menschen zu helfen, ein Bewusstsein für kritische Themen aus ihrer Vergangenheit zu entwickeln, wurde Teil unserer Leiterausbildung und -betreuung. Zur Ausbildung in unserer Gemeinde gehören jetzt auch Kurse und Lehrpläne zur persönlichen Weiterentwicklung.

Wenn ich jede Woche über einen anderen Abschnitt aus der Bibel predige, stelle ich mir beständig die Frage: „Wie unterscheidet sich das von dem, wie ich in meiner Herkunftsfamilie oder durch andere Einflüsse geprägt wurde?" Zum Beispiel hatte eine der Predigten in einer Reihe über den Jakobusbrief, die ich kürzlich hielt, mit Vorurteilen zu tun (Jakobus 2,1-13). Als Teil der Anwendung dieses Textes setzte ich mich mit der Frage auseinander, wie meine Herkunftsfamilie Menschen bewertete. Wie beurteilten wir sehr wohlhabende oder gebildete Menschen? Wie Menschen, die arm und ungebildet waren? Wie sprachen wir mit Menschen aus anderen sozialen Schichten, Kulturen oder ethnischen Hintergründen und wie gingen wir mit ihnen um? Wie unterschied sich unser Urteil von dem, wie

Gott Reiche und Arme und Menschen aus verschiedenen sozialen Schichten, Kulturen oder ethnischen Hintergründen ansieht? Was muss sich an der Art und Weise, wie ich Menschen ansehe und behandle, ändern – jetzt, da ich Mitglied in der Familie von Christus bin? Diese Selbstprüfung dient als Beispiel für die angemessene Rolle, die Gottes Wort in unserem Leben spielen soll.

Unsere Gemeinde bietet nicht nur Kleingruppen und Seminare zur Bibel, sondern auch zu Fragen rund um das Thema emotionale Gesundheit und Beziehungen an. Dabei liegt der Schwerpunkt auf Kommunikation (Zuhören und Reden), auf dem richtigen Umgang mit Aggressionen, auf Fairness beim Streiten und Konfliktelösen, auf dem Aufdecken von falschen Denkmustern, Erwartungen und darauf, wie man die Macht der Vergangenheit durchbrechen kann (Genogramm). Wir sind davon überzeugt, dass sowohl die geistlichen Übungen (Gebet, Bibellesen, Spenden, Gottesdienst) als auch die Praktiken, die emotionale Gesundheit fördern (Zuhören, Reden, fair Kritisieren), wesentlich dazu beitragen, dass Menschen als Christen reifen.

Bei *New Life* arbeiten wir intensiv mit Ehepaaren und solchen, die sich auf die Ehe vorbereiten. Wie in vielen Gemeinden haben auch wir Patchworkfamilien. Bei allen Einkehrtagen, Freizeiten und Kleingruppen ist die Frage, wie die Herkunftsfamilie das Verständnis von Ehe und Familie geprägt hat, bei Weitem die wichtigste.

Bei *New Life* haben wir Menschen aus allen Ecken von Asien, Europa, Afrika und dem Nahen Osten, ganz zu schweigen von den vielen anderen ethnischen Gruppen der Vereinigten Staaten. Manche kommen aus einem hinduistischen Hintergrund, andere aus einem muslimischen oder buddhistischen. Uns ist es wichtig, dass sie sich z. B. darüber klar werden, was in ihrer Kultur Kindern ihren Eltern und Familien schuldig sind. Welches positive Erbe bringen sie in unsere Gemeindefamilie mit, das wir gern integrieren möchten? Welche Teile ihres kulturellen Hintergrundes widersprechen dem Ruf des Evangeliums (Matthäus 10,21)?

Wenn wir allerdings gravierende Störungen wie chronische Depressionen, Borderline Syndrom, Alkoholismus, schwere Persönlichkeitsstörungen oder Missbrauch feststellen, vermitteln wir die Betroffenen an Psychiater und Experten, die ihnen professionell helfen können, so wie wir es als Gemeinde nicht können.

4. Die Gemeinde wie meine eigene Familie leiten

Man braucht großen Mut, um die eigene Herkunftsfamilie einigermaßen objektiv zu betrachten. Ich weiß, dass es für mich extrem schwierig war, nach und nach die Schwachstellen in unserer italoamerikanischen Familie zu bemerken. Es gibt sehr tief greifende, ungeschriebene Familiengesetze, die Generationen zurückreichen. Diese zu hinterfragen kam mir wie Verrat vor. Als ich aber diese Reise antrat, stellte sich heraus, wie meine Vergangenheit die Gemeindefamilie in drei großen Bereichen negativ beeinflusste.

Erstens war ich in meiner Kindheit zusammen mit meinem Bruder der Vertraute meiner Mutter gewesen, die sehr unglücklich mit ihrem Leben und ihrer Ehe war. Viele Jahre lang wollte ich nichts mehr, als dass sie die Freude und das Glück fand, das mein Vater ihr vorzuenthalten schien. Es war beinahe so, als ob ich für sie ein liebevoller Elternteil wäre, der davon träumte, dass sie ganz erwachsen und glücklich wurde. Ich fühlte mich als Kind für die Lösung aller Familienprobleme verantwortlich.

> **Ich suchte Wert und Geltung in der Gemeinde, nicht in Christus.**

An diese Rolle hatte ich mich gewöhnt, und als ich Pastor wurde, war ich die perfekte Besetzung. Jetzt würde ich die Schwierigkeiten aller anderen lösen und dadurch ihr Leben besser und glücklicher machen. Ich lernte durch meine Familie tatsächlich eine Menge darüber, wie man für andere sorgt und ihnen zuhört. Aber ich wusste wenig darüber, wie ich andere für mich sorgen lassen und wie ich mich angemessen um mich selbst kümmern konnte.

Ist es da ein Wunder, dass ich immer damit zu kämpfen habe,

nicht zu viel Verantwortung für die Menschen in meiner Gemeinde zu übernehmen? Wenn jemand persönliche Schwierigkeiten hatte, sah ich es als meine Aufgabe an, dass dieser Mensch sich besser fühlte. Nachdem mir bewusst wurde, dass ich dieses Verhalten aus meiner Kindheit übernommen hatte, wurde es viel leichter für mich, mich zu ändern. Außerdem beschränkte ich dann meine Arbeit auf eine 5-Tage-Woche, mit jeweils 10 Stunden täglich, sodass auch die Arbeitszeiten aller anderen Mitarbeiter in der Gemeinde ausgewogener waren.

Zweitens: Mein Vater war Bäcker und liebte seine Arbeit. Er hatte seine Familie seit seinem zwölften Lebensjahr ernährt, als sein Vater während der Großen Depression plötzlich starb. Seine Arbeit war sein Leben. Er arbeitete mit Leib und Seele und war einer der besten italienischen Bäcker in der Gegend von New York City. Sein Ziel für seine vier Kinder war es, ihnen die Ausbildung am College zu ermöglichen, die ihm versagt geblieben war.

Daher vermittelte er mir eine große Leidenschaft zu arbeiten, der Beste zu sein, es in Amerika „zu schaffen“. Und so startete ich mit wenig Zeit für Erholung und Familie in die Ehe. Meine Arbeit wurde mein Leben, ich trat in seine Fußstapfen. Ich glaube, auch wenn ich Jurist, Mediziner oder Lehrer geworden wäre, wäre es nicht anders gewesen. Ich trat in seine Fußstapfen, egal was ich tat.

Unsere Gemeindeleitung steckte ich mit der Leidenschaft an, jedes Jahr größer, besser und stärker zu werden. Die Geschwindigkeit war aufreibend, ganz ähnlich wie bei meinem Vater. Ich schrieb das der Tatsache zu, dass sich so viele Möglichkeiten boten, das Reich Gottes zu bauen. Tatsächlich aber suchte ich Wert und Geltung in der Gemeinde, nicht in Christus. Dabei vernachlässigte ich die Menschen, die mir am nächsten standen – ganz ähnlich wie mein Vater.

Nur durch die Verpflichtung, im Licht des Evangeliums ernsthaft über meine eigene Familiengeschichte nachzudenken, konnte ich von der „Überholspur“ von Arbeit und Leistung herunterkommen. Stattdessen lerne ich langsam, Gott durch Sabbatruhe, Zufriedenheit, Freude, Frieden (Römer 14,17), Gebet und Nachdenken nachzufolgen.

Drittens – und das ist vielleicht das Wichtigste – habe ich die Angst vor dem Verlassenwerden mit in meine Leitungsaufgabe hineingetragen. Ich hatte als Kind mit Ablehnung zu kämpfen gehabt und daher war diese Angst in das Fundament meiner Persönlichkeit eingebettet. Das Ergebnis war, dass ich immer am Boden zerstört war, wenn andere unzufrieden waren oder die Gemeinde verließen (etwas ganz Normales für jeden Pastor einer Ortsgemeinde).

Diese Macht der Vergangenheit in meinem Leben verursachte eine Menge Chaos in unserer Gemeinde. Die Vision aller wurde meine Vision. Wenn ich ausgesprochen hätte, was ich eigentlich vorhatte, wären einige Leute gegangen. Darum frisierte ich jahrelang die Wahrheit. Schlimmer noch, ich sprach andere so gut wie nie auf ihre Defizite, Unzulänglichkeiten und Sünden an – besonders nicht, wenn ich wusste, dass sie dafür nicht empfänglich waren. Ich zog mich aus Konflikten zurück und nahm alle Schuld auf mich, solange nur alle glücklich waren und wir weitermachen konnten. Mein Verhaltensmuster trug die schrecklichen Früchte, die ich im ersten Kapitel beschrieben habe, als der spanische Pastor uns verließ und damit für viel Zwietracht sorgte.

Konflikte sind ein normaler Teil des Lebens. Die Menschen gehen unterschiedlich mit ihnen um: Bei den einen kommt es zur Eskalation, andere ziehen sich lieber zurück, wieder andere gehen zum Angriff über oder sie versuchen es hintenrum (zum Beispiel geht A nicht zu B, um den Konflikt zu lösen, sondern redet mit C, um sich Luft zu machen). In meiner Herkunftsfamilie neigte ich dazu, mich zurückzuziehen. Ich ging dem Konflikt aus dem Weg und versuchte, die Differenzen zu glätten. Dieses Verhaltensmuster übertrug ich dann auf die Gemeinde. Das war nie Jesu Absicht gewesen.

Gleichzeitig gab mir die Familie, in der ich aufwuchs, etliche Gaben mit, für die ich ihr auf ewig dankbar bin. Durch sie gab Gott mir großes Einfühlungsvermögen. Ich kann mich leicht in den Schmerz anderer einfühlen und echtes Mitgefühl zum Ausdruck bringen. Ich lernte auch, wie man andere tröstet, und zwar nachhaltig und nicht nur oberflächlich. Gott gebrauchte meine Familie auch, um mir die Liebe zum Lesen und Lernen zu vermitteln, Leidenschaft für die Menschen und Liebe zu Musik und Kunst. Gott hat meine ganze Vergangenheit gebraucht – die positiven und die negativen Aspekte –, um mich einzigartig so zu formen, wie ich heute als Pastor diene und leite.

Konflikte sind ein normaler Teil des Lebens.

Gott gebietet uns, unsere Eltern zu ehren. Für einen Erwachsenen bedeutet das, glaube ich, dass wir sie respektieren und Gott für sie danken. Ich würde das ausweiten und ergänzen, dass wir Gott für unsere Geschichte, unsere Vergangenheit und für den Ort, die Zeit und die Familie danken, in die wir hineingeboren wurden.

Jeder, der in Leitungsverantwortung steht, muss sich vor Gott immer wieder die Frage stellen: Welchen Anteil hat mein Familienhintergrund bei der Leitung der Gemeinde, die Gott doch mir anvertraut hat?

5. Wie viele Personen sitzen am Tisch?

Ich werde oft gefragt, warum Reife in Familienangelegenheiten nötig ist, um in einer Gemeinde als Leiter tätig zu sein. Egal, welche Art Arbeitszweig Sie leiten, die meisten daran beteiligten Menschen bringen emotionalen „Ballast" aus ihren Familien mit. Wenn Sie mit sechs anderen in einer Sitzung sind, sind eigentlich noch viele weitere unsichtbare Leute am Tisch anwesend.

Auf der nächsten Seite finden Sie die Skizze einer Gemeindevorstandssitzung, bei der man sich mit der schwierigen Frage befasst, ob für Sie als leitenden Pastor innerhalb des nächsten Monats ein persönlicher Gemeindesekretär eingestellt werden soll. Sie haben den Vorstand gebeten, das Gehalt zu genehmigen. Dadurch wird die finanzielle Situation wegen weiterer finanzieller Verpflichtungen, die der Vorstand eingegangen ist, für den Rest des Jahres eng. Jede der sechs Personen in der Sitzung kommt aus einem Familiensystem mit gewissen ungeschriebenen Gesetzen, Werten und Handlungsweisen.

Tom, der Vorstandsvorsitzende, ist eine dynamische Führungskraft in einer Softwarefirma. Er liebt das Risiko und hat gedanklich schon beschlossen, Überstunden zu machen, um das Budgetdefizit auszugleichen. Er wird dem Rest des Vorstands nichts über diese Entscheidung sagen, damit er nicht stolz wirkt. Seine Frau wird darüber nicht glücklich sein, aber andererseits beschwert sie sich sowieso ständig.

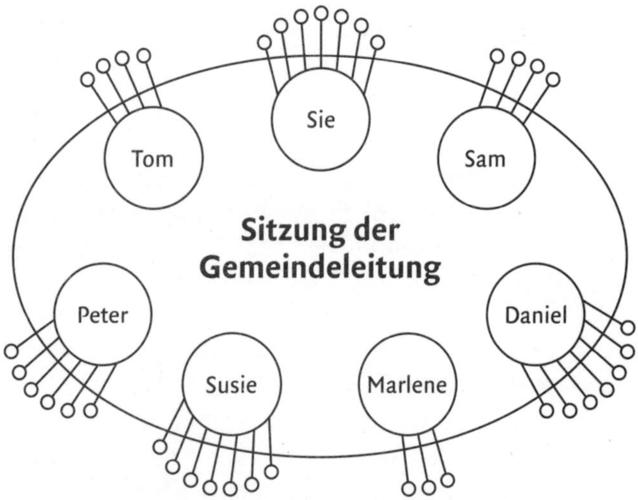

Sieben Familien sitzen beim Meeting zusammen.
Jeder bringt seinen familiären Hintergrund mit ein.

Peter leitet die Eisenwarenhandlung in der Stadt, ein Familienunternehmen, das finanziell zu kämpfen hat. Er glaubt, einen persönlichen Sekretär für den leitenden Pastor einzustellen, sei leichtfertig. Ihm gefällt der Gedanke nicht, dass die Gemeinde keine Rücklagen hat. Sein Unternehmen würde er niemals so führen. Im Moment beschäftigt ihn, dass sich in der Stadt möglicherweise eine große, konkurrierende Baumarktkette ansiedelt und sein Geschäft damit untergeht. Er hat ein seltsames Gefühl in der Magengegend, während er dem Pastor zuhört. Er denkt daran, dass sein Vater sich über eine solche Leichtfertigkeit im Grab umdrehen würde. Peter hat Angst, seine wahren Gefühle ehrlich zu zeigen, also schlägt er vor, dass die Gruppe um ein Wort von Gott für diesen Glaubensschritt betet.

Susie hat einen Abschluss in Jura und ist im Moment Hausfrau und Mutter von zwei Kindern. Sie ist betreten und unsicher. Sie raucht beinahe eine Schachtel Zigaretten pro Tag (keiner im Vorstand weiß davon) und ihr ältester Sohn hat vor Kurzem die Schule geschmissen. Darf so etwas in der Familie eines Gemeindevorstandsmitglieds vorkommen? Sie fühlt sich allein und braucht alle Freunde, die sie kriegen kann. „Wie Sie wollen, Herr Pastor“, rät sie zuversichtlich.

Marlene ist Single und berufstätig – Kinderärztin mit einer gut gehenden Praxis. Im Moment arbeiten drei weitere Ärzte und fünf Schwestern bei ihr. Vor Kurzem haben sie ein Gebäude gekauft und die Praxis erweitert. Letztes Jahr ist sie auf Bitten des Pastors hin dem Vorstand beigetreten, aber sie hat klargestellt, dass sie Wachstum und Veränderung erwartet, wenn sie beitritt. Marlene liebt das Risiko und ist die erste Frau in ihrer Familie, die einen höheren Bildungsabschluss hat. Während sie an der medizinischen Fakultät war, hatte sie einen Prozess wegen sexueller Belästigung gewonnen. Sie ist so froh, dass der Pastor endlich die Initiative ergreift, um diese Gemeinde in Bewegung zu setzen!

Daniel fungiert in einer Doppelrolle. Er ist einer der Hilfspastoren und ebenso Ältester. Das versetzt ihn in eine besonders einflussreiche Lage. Das gefällt ihm. Aber ihn stört der Hauptpastor, dem man alles auf einem Silbertablett serviert. Daniel wurde von seiner alleinerziehenden Mutter großgezogen. Während seines Studiums musste er immer nebenher arbeiten. Er ist wütend, dass der Pastor eine weitere Vergünstigung erhält. Er sitzt am Tisch und denkt: „Gott, läuft nicht ein einziges Mal etwas so, wie ich es will? Warum kriegt dieser Kerl alles, was er will?“

Schließlich sitzt noch Sam am Tisch. Er ist wütend. In einer Predigt vor drei Wochen hatte der Pastor anscheinend einen kritischen Seitenhieb auf Singles losgelassen, besonders auf die

Männer. „Warum hatte er nicht den Mut, mich direkt anzusprechen?", fragt sich Sam. Sam hat nicht mit dem Pastor über seine Gefühle gesprochen. Stattdessen denkt er daran, die Gemeinde zu verlassen. So wurde in seiner Herkunftsfamilie immer mit Konflikten umgegangen. Man „bricht alle Brücken ab" und geht weiter. Sam ist gegen diese Aufwendung von Geldmitteln.

Es versteht sich von selbst, dass Sie als reife Leitungspersönlichkeit mindestens drei Fragen bedenken sollten:

1. Sie müssen einen tief gehenden Blick nach innen werfen, auf Ihre eigenen Motive, Gründe, Ziele, Pläne und Ihre (vergangene und gegenwärtige) Familiendynamik, wenn Sie diesen nächsten Schritt in Richtung Expansion gehen. Sie müssen wissen, was Sie empfinden und denken, und dann in der Lage sein, das dem Vorstand gegenüber deutlich, direkt und respektvoll zu äußern.
2. Sie müssen die Gruppenmitglieder so führen, dass sie ihre Bedenken und Gefühle ehrlich äußern können. Bei dieser Sitzung steckt eine Menge unter der Oberfläche. Ich würde vorschlagen, dass der Vorstand mit der Entscheidung wartet und ein Treffen veranstaltet, bei dem er über das redet, was in jedem von ihnen brodelt.
   In dieser Sitzung muss der Leiter stark führen und Wegweisung geben. Er muss für die Gruppenmitglieder eine sichere Umgebung schaffen, sodass sie sich ehrlich austauschen können. Dazu wird wahrscheinlich gehören, dass gewisse Richtlinien und Grenzen für den Austausch gesetzt werden. Zum Beispiel sollte jeder in der Ich-Form sprechen. Es könnte auch angebracht sein, jedes Gruppenmitglied zu fragen: „Was beeinflusst dein Leben im Moment am meisten?" Geben Sie dann jeder Person zehn Minuten ... und beten Sie füreinander.
3. Sie müssen sich mit dem Vorstand entweder einzeln oder als Gruppe treffen, damit Sie den Vorstandsmitgliedern helfen können, in ihrem Leben mit Gott zu reifen. Denken Sie daran, dass Jesus sich auf drei und dann zwölf Personen konzentrierte, in die er sich investierte. Ich fing an, mich

den Mitarbeitern und den Ältesten unserer Gemeinde zu widmen, um Veränderungen in der ganzen Gemeinde zu bewirken.

Der Gedanke, dass die Gemeinde ein Ort ist, wo all diese einzelnen Personen ihre gesamte Familiengeschichte mitbringen, kann überwältigend sein. Das ist jedoch eine ziemlich zutreffende Darstellung. Sie hilft uns außerdem zu verstehen, wie enorm vielschichtig die Aufgabe der Gemeindeleitung ist.

Ohne dass die Gemeindeleiter reife Persönlichkeiten werden, wird die Gemeinde sich nicht verändern. Sie sollten einen Lebensstil vorleben und unterstützen, bei dem Mitglieder des Leibes zuerst den Balken aus ihrem eigenen Auge ziehen (Matthäus 7,1-5) und an ihren eigenen Angelegenheiten arbeiten.

Gustavo und Nancy

New Life Fellowship tat einen gewaltigen Sprung nach vorn, als wir durchschauten, dass es zwischen unserer Herkunftsfamilie und unserem gegenwärtigen Leben als Christen eine Verbindung gab. Als ich endlich verstanden hatte, wie die Vergangenheit die Gegenwart beeinflusst, habe ich unzählige Menschen reifen sehen. Im Folgenden ein Beispiel:

Gustavo und Nancy waren in den letzten vier Jahren in unserer Kleingruppe. Gustavos Mutter, selbst das jüngste von zehn Kindern, war fest entschlossen, dass jedes ihrer drei Kinder immer Klassenbester sein, immer recht haben und immer das meiste wissen sollte. Die Kinder strengten sich sehr an und gaben das Beste. Gefühle und Schwäche zu zeigen war nicht erlaubt. Wenn man einen Rückschlag oder Misserfolg erlebte (zum Beispiel vom Fahrrad zu fallen), war die Antwort: „Steh auf. Halte dich nicht dabei auf und mach weiter." Über Emotionen wurde wenig geredet.

Außerdem hatte Gustavo seine letzte Arbeitsstelle verloren, weil ihn jemand fälschlicherweise verdächtigt und angezeigt hatte. Er vertraute anderen seitdem sein Innenleben noch weniger an.

Stellen Sie sich vor, wie Gustavo mit dieser Prägung und Vorgeschichte seine Mitarbeit in der Kleingruppe bei *New Life* einbrachte. Er zeigte keine Gefühle und die Liebe und die Einheit in seinem Team waren flach. Er vermittelte die biblische Lehre gut, aber wir sahen ihn nur selten wirklich berührt. Wenn neue Projekte anstanden, konnte er nicht „Nein" sagen, sondern lud sich immer mehr Arbeit auf. Er war erschöpft.

Nancy hingegen kam aus einer liebevollen und großzügigen Familie. Sie arbeitete an Gustavos Seite und erwartete immer das Beste von sich als Ehepaar. Auch sie konnte schlecht Grenzen setzen und „Nein" sagen. Sie war das älteste von drei Kindern und ihrem Vater besonders zugetan. Sie identifizierte sich mit seiner Wut, seinen Schuldgefühlen, Sorgen und Verletzungen. Sie übernahm die Verantwortung dafür, dass ihr Vater sich wohlfühlte. Wenn er seine negativen Gefühle nicht loswerden konnte, fühlte sie sich schuldig. Sie versuchte immer, ihn zu retten, wollte immer „das Richtige tun".

Natürlich übertrug Nancy diese Art, Beziehungen aufzubauen, auf ihre Ehe und ihren Dienst für Christus in der Gemeinde. Sie war die große „Glucke", half immer allen aus der Klemme und stellte sicher, dass es jedem gut ging. Es gab nur wenig Zeit für Nancy, in der sie fühlen, nachdenken oder sie selbst sein konnte. Sie war müde, erschöpft und einsam.

Erst als die beiden einen ehrlichen Blick darauf warfen, wie ihre früheren Familiensysteme die Beziehungen an der Arbeit, zu Hause und in der Gemeinde beeinflussten, konnten sie einige drastische Änderungen vornehmen. Anfangs war das schwierig, weil beide ihre Familien für so ausgeglichen hielten – besonders im Vergleich zu anderen.

Die traurige Wahrheit jedoch ist, dass die Familiendynamik, in der sie aufgewachsen waren, ihr tägliches Leben mehr beherrschte als ihre neue Familie – die Familie von Jesus. Sie lebten, als gelte ihre Loyalität zuerst ihren Eltern und dann Gottes Reich.

Für Gustavo war eine schmerzhafte Selbstverleugnung nötig (Lukas 9,23), damit er bereit war, anderen seine Schwächen zu zeigen. Es war für ihn ein Schritt des Glaubens an Gott, sich zu behaupten, wenn ihn etwas ärgerte – zu fühlen und nicht wie eine Maschine zu funktionieren.

Auch für Nancy war eine schmerzhafte Selbstverleugnung notwendig, damit sie sich nicht mehr für alle und jeden verantwortlich fühlte und andere ihre eigene Last tragen ließ (Galater 6,5). Zudem musste sie erkennen, dass sie nicht die Bedürfnisse aller anderen stillen musste. Auf sich selbst als unendlich wertvolles Kind Gottes achtzugeben, sich auszuruhen und „Spaß" zu haben, löste (zumindest anfangs) bei ihr das Gefühl aus, ein ungeschriebenes, unsichtbares Gesetz ihrer Familie zu verraten. Nancy empfand das als ein Sterben.

Die großartige Nachricht ist jedoch, dass es Leben bringt, wenn wir im Reich Gottes sterben. Wir müssen allerdings sicherstellen, dass wir für die richtigen Dinge sterben.

6. Zurückgehen hört nie auf

Manchmal sagen die Leute zu mir: „Ich habe ein Genogramm gemacht. Jetzt weiß ich genau, was in meiner Familie los ist." Wenn ich das höre, ist mir klar, dass sie es noch nicht richtig verstanden haben. Jeder Mensch ist unendlich komplex und absolut einzigartig. Wir werden die Tiefen unseres Eisbergs nie ganz erfassen.

Wir gehen nicht in die Vergangenheit zurück, nur um in die Vergangenheit zurückzugehen. Wir gehen zurück, wenn wir festsitzen und nicht mehr weiterwissen.

Wie im vorherigen Kapitel erwähnt, war ich in meiner Leiterschaft in der Gemeinde festgefahren. Es wollte mir einfach nicht gelingen, nach vorne zu gehen. Unsere Gemeinde wuchs und ich ging wichtigen Entscheidungen und Angelegenheiten, die mit meiner Position als Leiter zusammenhingen, einfach aus dem Weg. Ich vermied es, persönliche Entscheidungen zu treffen, die Angestellten und Mitarbeiter anzuleiten und zu coachen, mir Zeit für sie zu nehmen, Meetings zu planen und zu kontrollieren, ob bestimmte Projekte auch richtig umgesetzt wurden. Ich wollte, dass jemand mir das abnahm.

„Das ist alles nur Verwaltungskram", sagte ich mir. „Das sollte jemand anders übernehmen. Das liegt mir nicht." Wenn ich ehrlich war, hatte ich Angst davor, bei den anderen auf mangelndes Verständnis zu stoßen, Freundschaften aufs Spiel zu setzen oder Gemeindeglieder zu verlieren.

Schließlich kam bei mir völliger Frust auf. Der interne Alltag unserer Gemeindeleitung spiegelte nicht die Botschaft wider, die ich predigte. Das Problem waren jedoch nicht die anderen, sondern ich selbst. Es gab nämlich zwei Dynamiken aus meiner Herkunftsfamilie, mit denen ich brechen musste, bevor ich weitere Schritte nach vorne unternehmen konnte.

Erstens ist die Familie meiner Mutter seit 1923 im Besitz eines Geschäfts, in dem absolutes Chaos herrscht. Ich ging einfach davon aus, dass es mir genauso wenig lag, mich um den Papierkram zu kümmern und eine große Organisation angemessen zu leiten. Ich nahm mir auch nie die Zeit, es zu lernen. Denn ich hatte Angst, dass ich nicht das Zeug dazu hätte, also überließ ich es anderen. Schließlich zerriss ich jedoch das Skript, das meine Familie für mich geschrieben hatte, und entschied mich, die nötigen Fähigkeiten zu erlernen. Dieser Wachstumsprozess ist wunderbar, für mich genauso wie für unsere Gemeinde.

Zweitens legt meine italoamerikanische Familie großen Wert auf Familienloyalität. Ich kann mich noch gut daran erinnern, wie mir mein Vater wiederholt eine Moralpredigt zu diesem Thema gehalten hat. Deswegen fiel es mir so schwer, Mitarbeiter zu entlassen, verletzte ich damit doch ein Familiengebot, das besagte: „Wenn du einmal für mich arbeitest, bist du Teil der Familie. Du gehörst für den Rest deines Lebens dazu!" Doch als leitender Pastor bin ich dem Ältestenvorstand gegenüber verantwortlich und es gehört zu meinen Aufgaben, gewissenhaft mit den Mitteln umzugehen, die unserer Gemeinde zur Verfügung stehen, um unsere Mission zu erfüllen. Was unsere Gemeinde braucht und sich wünscht, kann sich mit der Zeit ändern. Damit ist unsere Stellung als Angestellte abhängig davon, in welche Richtung Gott unsere Gemeinde führt, und sie hängt von den Mitteln ab, die zur Verfügung stehen, und von der Effektivität des entsprechenden Angestellten.

Ich arbeite nun schon seit 14 Jahren an meinem Genogramm und entdecke immer wieder Erstaunliches, wenn ich neuen Situationen in meiner Lebensreise mit Christus begegne. Denken Sie daran: Zurückgehen hört nie auf.

Das nächste Kapitel führt uns zu dem, was passiert, wenn jemand einen intensiven Blick auf sich selbst wirft, besonders auf die eigene Lebensgeschichte. Wir werden verletzlich, transparent und schwach.

Kapitel 7

Prinzip 3: In Zerbrochenheit und Verletzlichkeit leben

In seelisch gesunden Gemeinden leben und leiten Menschen aus Zerbrochenheit und Verletzlichkeit heraus. Sie begreifen, dass Leiterschaft im Reich Gottes von unten nach oben geschieht und kein Besitzergreifen, Kontrollieren oder Herrschen über andere ist. Es ist Leiten aus Versagen und Schmerz, Fragen und Kämpfen heraus – ein Dienen, das loslässt. Dies ist eine Lebensart, die so ganz anders ist als die, die für gewöhnlich in der Welt – und leider auch in vielen Gemeinden – vorgelebt wird.

Machen Sie Ihr Leben „wetterfest"

Am Wochenende des *Labor Day* im Jahr 1900 suchten viele Einwohner von Galveston Island in Texas beim Waten durch das frische Wasser des Golfs von Mexiko Abkühlung von dem ungewöhnlich warmen Septemberwetter. Niemand vermutete, dass beinahe die Hälfte der 37000 Einwohner bald sterben oder auf einen Schlag obdachlos werden würde, getroffen vom schrecklichsten Hurrikan der Geschichte. An jenem verhängnisvollen Samstagabend steuerte ein Hurrikan mit Windgeschwindigkeiten von über 200 km/h und Böen von bis zu 320 km/h direkt auf Galveston zu. In der Sprache des heutigen Wetterdienstes war das ein „Hurrikan der Kategorie 4".

Die offizielle Wettervorhersage in den Nachrichten von Galveston hatte angekündigt: „Samstag Regen mit starkem nördlichem Wind; Sonntag Regen, danach Aufklaren." Doch dann brach der Sturm los. Nachmittags um 13.00 Uhr war aus dem Regen ein Sturm geworden, bis 17.00 Uhr erreichte der Wind Hurrikan-Geschwindigkeiten und um 20.30 Uhr stand der Wasserspiegel sechs Meter über Normal. Innerhalb dieser kurzen

Zeit waren die meisten Häuser auf der Insel überflutet oder weggeweht worden.

Einige Tage zuvor hatten Berichte von einem weit entfernten tropischen Sturm den Wetterdienst von Galveston erreicht, aber keine große Unruhe ausgelöst. „Die gewöhnlichen Zeichen, die das Nahen von Hurrikans ankündigen, waren in diesem Fall nicht vorhanden", schrieb Isaac M. Cline, Galvestons altgedienter Direktor des Wetterdienstes. Isaac selbst lebte drei Blocks vom Strand entfernt, aber bezeichnenderweise sah er keine Notwendigkeit, seine schwangere Frau (die ertrank), seinen Bruder oder die Kinder beider Familien zu evakuieren.

Ich sehnte mich danach, dass die gleiche Kraft, die Jesus von den Toten auferweckt hatte, jetzt in mir war.

Warum? Isaac Cline selbst hatte vorhergesagt, dass kein Hurrikan der Stadt ernsthaften Schaden zufügen könne. „Ein absurder Irrglaube", so hatte er die Angst bezeichnet, dass ein Hurrikan eine ernste Gefahr für die aufblühende Stadt Galveston darstellen könnte.

Aufgrund von Gutachten hatte Galveston den Vorschlag, einen Seedeich zu errichten, als unnötige, verschwenderische Ausgabe abgelehnt. Als Folge davon vertrauten die Menschen in dieser schönen Stadt immer mehr darauf, dass sie jedem Sturm standhalten würden. Sie erwarteten keine Böen von 320 km/h, die wie ein dreißig Tonnen schweres Gewicht gegen die Häuserwände schlagen und sie zerfetzen würden, als wären die Balken nur Streichhölzer. Sie erwarteten niemals fünfzehn Meter breite und drei Meter hohe Wellen mit einem Gewicht von 36 Tonnen. Das waren Wellen mit einer unermesslichen Zerstörungskraft. Mit einer Geschwindigkeit von knapp 50 km/h entwickelten sie eine Stoßkraft von fast 21000 Tonnen.[13] Es ertranken so viele Menschen, dass noch monatelang Leichen an den Strand gespült wurden. Isaac Cline aber hatte einen so starken Sturm nicht erwartet.

---

13 Erik Larson, *Isaacs Sturm: Ein Mann und sein Kampf gegen den schrecklichsten Hurrikan der Geschichte*. Frankfurt am Main: S. Fischer Verlag GmbH, 2003. Siehe auch http://www.1900storm.com.

Isaac glaubte, er hätte ein stabiles, fest verankertes Haus gebaut, das Stürmen standhalten konnte. So auch ich. Ich bemühte mich sehr, mich gut auf meine Rolle als Leiter vorzubereiten. Ich sammelte Wissen, Können und Erfahrungen. Ich hoffte, dass kein Mensch, keine Belastungsprobe, keine Schwierigkeit und kein Umstand mich zerbrechen würden, egal, wie stark der Hurrikan war. Ich sehnte mich danach, dass die gleiche Kraft, die Jesus von den Toten auferweckt hatte, jetzt in mir war (Epheser 1,19-23). Ich erinnerte mich selbst daran, dass der, der in mir ist, größer als der ist, der in der Welt ist (1. Johannes 4,4). Ich betete wie David: „Mit dir kann ich ganze Heere zerschlagen, mit dir überwinde ich jede Mauer" (2. Samuel 22,30).

Ich war dazu entschlossen, krisenfest, standhaft, konsequent und treu zu bleiben. Gott hatte mir Eifer, Talent und viel Erfahrung geschenkt. Ich wollte ein Kämpfer sein, ein Streiter für Gott und seine Gemeinde.

Bei meiner Vorbereitung jedoch vernachlässigte ich einen der *wichtigsten biblischen Wege* hin zum Wachstum in geistlicher Vollmacht und Leiterschaft – Zerbrochenheit und Schwäche. Die Folge war, dass ich, als die wirklich großen Stürme kamen, nicht bereit war.

1. Eine Theologie der Schwäche entwickeln

Nachdem Adam und Eva im Garten Eden gesündigt haben, geht Gott ihnen liebevoll nach und schafft für sie einen Weg, zurück zu ihm und zueinander zu kommen. Er geht hinaus und sucht nach ihnen (1. Mose 3,8). Er versorgt sie mit Kleidung, um ihre Blöße zu bedecken (1. Mose 3,21). Er verspricht ihnen, dass er eines Tages die Schlange besiegen wird, deren Lügen sie geglaubt haben (1. Mose 3,15).

Wegen des Sündenfalls baut Gott auch den Fluch der „Dornen und Disteln" (1. Mose 3,18) in das Leben ein, so wie wir es heute noch kennen. Gott erklärt, dass das Leben von diesem Augenblick an schmerzhaft, schwierig und frustrierend wird. Er teilt den Fluch in zwei Hauptbereiche auf: unsere Beziehungen (1. Mose 3,16) und unsere Arbeit (1. Mose 3,17-19).

Die Beziehungen werden jetzt, sagt Gott, durch Schmerz und Missverständnisse gekennzeichnet sein. Wir werden von den Menschen in Ehe, Familie, Gemeinde und Beruf enttäuscht sein. Vertrautheit wird ersetzt durch Manipulation, Machtkämpfe, Herabsetzungen, Verführungen, Abwehrhaltungen und Beziehungsentzug. Die Einsamkeit wird regieren.

Gott spricht den Fluch aus, damit wir auf die Knie gehen und ihn suchen; damit wir erkennen, dass wir einen Retter brauchen.

Wir wurden wohl dazu geschaffen, die Erde in Besitz zu nehmen und zu arbeiten, aber jetzt sind Enttäuschung und Versagen unser Schicksal. Im Wesentlichen ist der Boden hart. Dornen und Disteln kennzeichnen unsere Arbeit. Wir mögen unsere Ziele erreichen und Dinge vollbringen, aber wir werden niemals völlig zufrieden sein. Ein Gefühl der Rastlosigkeit und Unvollständigkeit begleitet unsere Arbeit auf der Erde. In diesem Leben bleiben alle Sinfonien unvollendet.

Warum tut Gott das? Gott spricht den Fluch aus, damit wir auf die Knie gehen und ihn suchen; damit wir erkennen, dass wir einen Retter brauchen (Galater 3,21-25). Das Problem besteht darin, dass wir, statt an den Dornen und Disteln des Lebens zu zerbrechen und dadurch zu Christus zu finden, entweder fliehen oder kämpfen und uns verstecken.

a. Fliehen. Einige von uns fliehen, indem sie ihren Schmerz in irgendeiner Form der Sucht begraben. Damit gehen sie dem Leben aus dem Weg, indem sie sich auf nur einen kleinen Teil davon konzentrieren. Viele Christen erleiden Schmerzen, aber sie laufen davor weg oder betäuben sie. Wie viele Pastoren betäuben den Schmerz des Lebens, indem sie süchtig danach werden, ihre Gemeinde aufzubauen? Wie viele Menschen stecken ihre Energie eifrig in einen Gemeindearbeitszweig, um gewissen unangenehmen Beziehungen zu Hause aus dem Weg zu gehen? Wie viele Frauen vergraben sich in der Fürsorge für die Kinder, um nicht andere, zerbrochene Bereiche ihres Lebens ehrlich anschauen zu müssen? Wie viele Männer stecken ihre

Lebensenergie in den beruflichen Erfolg, während sie zu Hause jämmerlich versagen?

b. Kämpfen. Andere werden wütend, verbittert oder gewalttätig, weil das Leben nicht nach ihrem Kopf geht. Wie viele Christen müssten sie sich mit der Wut auseinandersetzen, die immer wieder aufbricht, doch stattdessen übertünchen sie sie mit „Geistlichkeit" – „gerechte Entrüstung wie bei Jesus", wie sie es fälschlicherweise beschreiben. Sie entladen ihre Wut auf fehlgeleitete Politiker und unvollkommene Christen. Ich lerne in unseren Kirchen und Gemeinden viele kennen, die – statt sich von den Schwierigkeiten des Lebens zerbrechen zu lassen – wütend auf Gott sind, weil er ihre Gebete nicht beantwortet oder die Welt nicht so regiert, wie es ihnen vernünftig erscheinen würde.

c. Verstecken. Wieder andere bauen ihr Leben so auf, dass vertuscht wird, wie geschädigt, zerrissen, zerbrochen, gebrechlich, begrenzt und unvollkommen sie sind. Genau das habe ich jahrelang getan. Das schmerzlichste Beispiel hierfür ereignete sich vor einigen Jahren, als ich für kurze Zeit in verschiedene Teile des Landes reiste und auf Konferenzen für Gemeindewachstum Vorträge hielt. Ich sprach über den Erfolg unserer Gemeinde und konzentrierte mich dabei auf das, was ich richtig machte. Ich vermittelte ein Gefühl der Überlegenheit und Kontrolle. Ich war der Mittelpunkt der Aufmerksamkeit und ließ in Pausen und bei Mahlzeiten jeden großzügig an meinem Sachverstand teilhaben.

Allerdings beschönigte ich Enttäuschungen und Rückschläge, sowohl zu Hause als auch in der Gemeinde. Ich stellte zudem fest, dass ich mehr übertrieb, als ich zugeben möchte. Oberflächlich schien es so, als wäre ich erfolgreich. Einige der „Heldentaten" entsprachen auch der Wahrheit. Aber die Konzentration auf meinen Erfolg war, wie ich später feststellen sollte, mein Mittel, um zu vermeiden, mir ehrlich anzusehen, wie geschädigt, zerrissen, unvollkommen und begrenzt ich eigentlich war. Es vermittelte mir auch ein falsches Gefühl von Wert und Geltung, das mich leer zurückließ.

Ich erinnere mich daran, dass ich eine Einladung zu einem Vortrag bei einer Konferenz für Gemeindewachstum bekam, weil ein Plenumssprecher krank geworden war und sie jemanden als Ersatz brauchten. Das Honorar war bestechend. Aber ich wusste, dass ich nicht mehr hinfahren konnte. Etwas in meiner Seele starb bei diesen Konferenzen, wenn ich Vorträge hielt. Ich hatte das ungute Gefühl, dass ich nicht die ganze Wahrheit sagte. Gott hatte viele große Dinge getan, aber es gab noch eine andere Seite an dieser Geschichte und an mir.

Jeder ist zerbrochen, geschädigt, zerrissen und unvollkommen. Das zieht sich wie ein roter Faden durch die ganze Menschheit – selbst bei den Menschen, die diese Wirklichkeit in ihrem Leben leugnen.

Zwei Arten von Gemeinden

Die folgende Darstellung beschreibt zwei sehr verschiedene Wege, wie in einer Gemeinde Spiritualität ausgelebt wird. Den ersten habe ich in Ermangelung besserer Begriffe mit „stolz und verteidigend" bezeichnet, der zweite ist durch Zerbrochenheit und Verletzlichkeit gekennzeichnet. Welche der beiden Spalten beschreibt Sie am besten?

stolz & verteidigend	**zerbrochen & verletzlich**
1. Ich bin reserviert und vorsichtig, wenn es um meine Unvollkommenheiten und Schwächen geht.	1. Ich bin transparent und schwach; ich teile mich den richtigen Personen mit.
2. Ich konzentriere mich auf die „positiven", starken, erfolgreichen Teile meiner Persönlichkeit.	2. Ich bin mir der schwachen, bedürftigen, begrenzten Teile meiner Persönlichkeit bewusst und gebe Versagen offen zu.
3. Ich bin schnell beleidigt und abwehrend.	3. Ich bin zugänglich und offen für die Meinung anderer.

stolz & verteidigend	**zerbrochen & verletzlich**
4. Ich richte den Blick normalerweise zuerst auf die Schwächen, Fehler und Sünden anderer.	4. Ich weiß um meine eigene Zerbrochenheit. Ich habe Mitgefühl und verurteile andere nicht schnell.
5. Ich sage oft meine Meinung, auch wenn ich nicht gefragt werde.	5. Ich sage nicht so schnell etwas und höre bereitwillig zu.
6. Ich komme Menschen nicht nahe.	6. Ich bin offen, warmherzig und an anderen interessiert.
7. Ich halte Menschen davon ab, wirklich zu sehen, was in mir vorgeht.	7. Ich habe Freude daran, Verletzlichkeit und Schwäche zu zeigen, damit die Macht von Christus sichtbar wird.
8. Ich kontrolliere gern die meisten Situationen.	8. Ich kann loslassen und Menschen die Gelegenheit geben, sich mein Vertrauen zu verdienen.
9. Ich muss recht haben, um mich gut und stark zu fühlen.	9. Ich verstehe, dass Gottes Kraft sich darin zeigt, dass ich Fehler und Schwächen zugebe und sagen kann: „Ich hatte unrecht."
10. Ich gebe anderen die Schuld.	10. Ich übernehme Verantwortung für mich und sende vor allem Ich-Botschaften.

stolz & verteidigend	**zerbrochen & verletzlich**
11. Ich bin anderen oft böse und bitte selten um Verzeihung.	11. Ich halte Menschen nicht in einer Schuldnerposition mir gegenüber und kann andere, wenn nötig, um Verzeihung bitten.
12. Wenn ich angegriffen werde, will ich mit den Leuten nichts mehr zu tun haben.	12. Wenn ich angegriffen werde, frage ich nach, um herauszufinden, was geschehen ist.
13. Ich leugne oder umgehe schmerzhafte Realitäten oder ziehe mich vor ihnen zurück.	13. Ich betrachte ehrlich die Wahrheit unter der Oberfläche, selbst wenn es wehtut.
14. Ich gebe Menschen, die leiden, Antworten und Erklärungen und hoffe, sie „in Ordnung zu bringen“ oder zu verändern.	14. Wenn Menschen leiden, bin ich bei ihnen und habe kein Problem mit ungelösten Fragen oder auch zu sagen: „Ich weiß es nicht.“
15. Ich muss beweisen, dass ich recht habe, wenn mir Unrecht geschieht.	15. Ich kann Dinge loslassen.
16. Ich bin fordernd.	16. Ich setze mich respektvoll und freundlich durch.
17. Ich bin sehr unsicher und besorgt darüber, wie andere mich wahrnehmen.	17. Gott und andere Menschen sind mehr in meinem Bewusstsein als der Eindruck, den ich hinterlasse.
18. Ich sehe Menschen als Ressourcen an, die für Gott genutzt werden können.	18. Ich sehe Menschen als Geschenke an, die man lieben und genießen kann.

Die geistliche Autorität und Schwäche von Paulus

Der Apostel Paulus ist wohl der größte Christ, der je gelebt hat. Er schrieb beinahe die Hälfte aller neutestamentlichen Bücher und breitete das Christentum im ersten Jahrhundert auf bis heute unübertroffene Art und Weise aus. Trotzdem wurde Paulus' Autorität und Stellung als Apostel mehr als nur einmal ernsthaft infrage gestellt. Der Hauptgrund dafür hing mit seinem Verständnis von Schwäche und Zerbrochenheit zusammen.

Ein typisches Beispiel ist Korinth. „Super-Apostel" waren mit Zeichen und Wundern in die Gemeinde gekommen, die Paulus übertrumpften. Sie sprachen außerdem von Offenbarungen und Erfahrungen mit Gott, die die von Paulus ganz gewöhnlich aussehen ließen. Sie kamen mit einer außergewöhnlichen Redegabe. Sie behaupteten, eine besondere, einzigartige Vollmacht von Gott zu haben, und zogen so nach und nach die Loyalität der Gemeinde auf sich selbst und weg von Paulus. Schwäche und Unvollkommenheit anzunehmen war ihnen fremd, wenn es darum ging, die Stärken eines Leiters zu entwickeln.

Paulus argumentiert für die Gültigkeit seiner Leitungsposition, indem er sich auf seine Schwäche beruft!

Die Menschen in Korinth sind uns heute sehr ähnlich. Diese Stadt in Griechenland war strategisch günstig an der Ägäis gelegen. Sie hatte sich explosionsartig ausgedehnt und war nun eine der größten und mächtigsten Städte der Welt. Die Menschen kamen dorthin, um ihr Glück zu machen. Dicht besiedelt, multiethnisch, zügellos, war Korinth eine Kombination aus New York City, Las Vegas und Los Angeles.

Die Kultur des 21. Jahrhunderts misst Stärke an Macht. Wenn man eine Berühmtheit ist, körperlich schön oder wohlhabend, ein professioneller Sportler oder versierter Rechtsanwalt, Arzt oder erfolgreicher Politiker, wird man für stark gehalten. Geniale Menschen blenden uns mit ihren intellektuellen und verbalen Fähigkeiten. Die gegenwärtige Gemeindekultur hat mehr oder weniger die Definition der Welt von Macht und Stärke übernommen. Wir wollen Gebäude, Finanzen, Mitgliederzahlen und große Budgets, um die Stärke und den Erfolg unserer Gemeinden und Werke nachzuweisen.

Doch in 2. Korinther 12 argumentiert Paulus für die Gültigkeit seiner Leitungsposition, indem er sich nicht auf seine Visionen und Offenbarungen von Gott, nicht auf seine Erfolge und Gaben, sondern stattdessen auf seine Schwäche beruft! Er schreibt davon, wie Gott zugelassen hat, dass es in seinem Leben einen „Dorn im Fleisch" gibt, um ihn demütig zu machen.

Die Gelehrten wissen nicht genau, was dieser „Dorn" war: eine körperliche Krankheit (zum Beispiel ein Augenproblem, ein Sprachfehler oder Epilepsie), die schmerzliche Erfahrung, dass man sich ihm ständig entgegenstellte und ihn missverstand, oder eine geistliche Versuchung (vielleicht eine Tendenz zur Verbitterung oder ein schrecklich aufbrausendes Temperament). In der Antike wurden Dornen während einer Schlacht als Pflöcke im Boden verwendet, um das Vordringen des Feindes zu verlangsamen. Dieser Pflock durchdrang Paulus bis ins Zentrum seines Wesens hinein.

Egal, was es war, es „quälte" ihn. Es entmutigte ihn. Trotzdem bezeichnete Paulus diesen Dorn als Gabe. Er schrieb:

> „Dreimal habe ich zum Herrn gebetet, dass er mich davon befreie. Jedes Mal sagte er: ‚Meine Gnade ist alles, was du brauchst. Meine Kraft zeigt sich in deiner Schwäche.' Und nun bin ich zufrieden mit meiner Schwäche, damit die Kraft von Christus durch mich wirken kann. Da ich weiß, dass es für Christus geschieht, bin ich mit meinen Schwächen, Entbehrungen, Schwierigkeiten ... versöhnt. Denn wenn ich schwach bin, bin ich stark" (2. Korinther 12,8-10).

Für Paulus war seine große Schwäche das Abzeichen seines Apostel-Seins und seiner Vollmacht – so sehr, dass er sich ihrer rühmte. Er behauptete, dass genau dann die wahre Kraft und Herrlichkeit von Jesus durch ihn fließt. Der „Dorn im Fleisch" ließ ihn sich so schwach fühlen, dass er gezwungen war, von Gott abhängig zu sein.

Wenn Paulus bei einer Pastorenkonferenz predigen würde und die Gelegenheit erhielte, über seine Arbeit als apostolischer Leiter zu sprechen, wäre sein Thema nicht in erster Linie, wie er in Kleinasien einundzwanzig Gemeinden gründete. Sein Eröffnungsvortrag hätte auch nicht den Titel: „Sechs Schritte, wie man sich in der Gemeinde Leiter heranzieht". Vielleicht würde er zuerst davon sprechen, wie Gott seine Gebete um persönliche Heilung nicht erhört hat. Er würde beschreiben, wie schwach, schwierig, gebrochen und zerrissen er war. „Freunde, darin steckt eine Botschaft", würde er vielleicht hinzufügen. „Wenn Gott mich gebrauchen kann, kann er jeden gebrauchen! Es geht wirklich nur um Jesus in uns, nicht um unsere eigenen Fähigkeiten und Talente. Im Reich Gottes geht es um seine Macht, seine Stärke, nicht um die unsere! Fasst Mut!"

Es geht wirklich nur um Jesus in uns, nicht um unsere eigenen Fähigkeiten und Talente.

Paulus wollte nicht aus Schwäche heraus leiten. Er sagte Gott immer wieder: „Ich kann das nicht ertragen." Gott wusste, dass Paulus ohne diesen „Dorn" unerträglich wäre. Können Sie sich vorstellen, wie er sonst gewesen wäre? Zweifellos wäre Gottes Kraft in Paulus ernsthaft eingeschränkt worden, wenn er arrogant oder von sich selbst eingenommen gewesen wäre.

2. Akzeptieren Sie ein Handicap als Gabe

Was könnte Ihr Handicap sein, das Gott Ihnen als Gabe mit auf den Weg gibt? Ein Kind mit besonderen Bedürfnissen? Der Kampf mit einer Sucht, die Sie dazu zwingt, jeden Tag wachsam zu sein und regelmäßig an Treffen teilzunehmen? Emotionale Anfälligkeit mit der Tendenz zu Depressionen, Angst, Einsamkeit als alleinstehender oder verwitweter Mensch? Narben in Ihrer Seele von einer verkorksten Vergangenheit? Beziehungsmuster aus der Kindheit, die in Ihnen immer wieder das verzweifelte Bedürfnis nach Veränderung wecken? Eine körperliche Behinderung? Krebs? Echte Versuchungen hin zu Wut, Hass, Groll oder Verurteilung?

Unsere Welt behandelt Schwäche und Versagen als etwas Endgültiges. Sie sagt: „Du bist ein Versager." Gott sagt: „Das ist eine allgemein menschliche Erfahrung, quer durch alle Altersgruppen, Kulturen, Rassen und gesellschaftlichen Schichten hindurch. Es ist mein Geschenk, ganz speziell für dich gemacht, damit du aus der Schwäche und Zerbrochenheit heraus leiten kannst statt aus deiner eigenen Stärke und Kraft heraus."

Mein Verständnis war, dass Gott meine Zerbrochenheit und Verletzlichkeit vollkommen heilen wollte. Nur wenige Menschen betrachten Zerbrochenheit als Gottes Entwurf und Willen für unser Leben!

Paulus' Wachstum in Christus entspricht dem zunehmenden Bewusstsein seiner Schwäche und Sündhaftigkeit.

- Im Jahr 49 n. Chr., als er schon vierzehn Jahre Christ ist, schreibt er in Galater 2,6 folgendermaßen über die Apostel: „Die Angesehenen in der Gemeinde – was auch immer sie früher gewesen sind, ist für mich unwichtig." Er erscheint stolz und eigenwillig.
- Sechs Jahre später, im Jahr 55 n. Chr., schreibt er den Korinthern etwas demütiger: „Ich bin der geringste der Apostel" (1. Korinther 15,9).
- Fünf Jahre danach, etwa 60 n. Chr. und fünfundzwanzig Jahre nach seiner Bekehrung, verkündet er: „Ich [bin] der Geringste unter denen ..., die zu Christus gehören" (Epheser 3,8).
- Schließlich, zwei Jahre vor seinem Tod, als er etwa dreißig Jahre mit Christus gelebt hat, kann er klar sehen: „Ich bin der schlimmste [Sünder] von allen" (1. Timotheus 1,15).

Was war geschehen? Paulus war in seinem Verständnis der Liebe Gottes im Evangelium gewachsen. Er war in Christus stärker geworden, indem er schwächer geworden war. „Denn wenn ich schwach bin, bin ich stark" (2. Korinther 12,10).

Als rissiges Gefäß leben

Eine Geschichte, die ich einmal gehört habe, veranschaulicht diese Wahrheit.

In Indien lebte einst ein Wasserträger. Für seine Aufgabe benutzte er zwei große Krüge. Er legte eine Stange über seinen Nacken und befestigte an jedem Ende der Stange einen Krug. Einer der Krüge hatte einen großen Riss, während der andere vollkommen in Ordnung war. In dem unversehrten Krug kam immer die vollständige Portion Wasser beim Haus seines Herrn an, während der rissige Krug jeden Tag nur halb voll ankam.

Zwei Jahre lang ging dieser Wasserträger denselben Weg. Der unversehrte Krug wurde stolz auf seine Leistungen. Der rissige Krug schämte sich seiner Unvollkommenheit und fühlte sich elend, weil er nur die Hälfte von dem schaffen konnte, wofür er gemacht war. Schließlich, eines Tages am Fluss, sprach der rissige Krug mit seinem Besitzer über sein bitteres Versagen. „Ich schäme mich und ich möchte mich entschuldigen, dass ich nur die Hälfte meines Wassers zu deinem Haus bringen konnte. In meiner Seite ist ein Riss, durch den das Wasser heraussickert. Wegen meines Mangels kannst du nicht den vollen Nutzen deiner Anstrengungen genießen."

Da erwiderte der Wasserträger lächelnd: „Wenn wir zum Haus meines Herrn zurückgehen, möchte ich, dass du auf die schönen Blumen am Weg achtest."

Auf diesem Gang vom Fluss zurück schaute der rissige Krug sich um.

„Hast du bemerkt, dass es nur auf deiner Seite des Weges Blumen gibt, aber nicht auf der Seite des anderen Kruges?", bemerkte der Wasserträger. „Der Grund ist, dass ich schon immer von deinem Mangel gewusst habe, und ich habe ihn mir zunutze gemacht. Ich habe auf deiner Seite des Weges Samen ausgesät und jeden Tag, wenn wir hier entlanggegangen sind, hast du sie bewässert. Jetzt konnte ich schon zwei Jahre lang diese schönen Blumen pflücken, um den Tisch meines Herrn zu schmücken.

Wenn du nicht so wärst, wie du bist, hätte ich nicht diese schönen Blumen, um sein Haus zu zieren."[14]

So handelt Gott.

Lous Abstieg zur Demut

Viele Menschen lesen Bücher über Demut, aber sie sind nicht demütig. Andere predigen und halten Bibelkurse über das Thema, aber sie bleiben unzugänglich. Wie ich gehörte auch Lou, einer meiner Pastoren, zu diesen Menschen.

Ich saß mit meiner Frau am Küchentisch und wir versuchten, den freien Fall der Ehe von Lou und seiner Frau Susan aufzuhalten. Wir wollten ihnen helfen, einander respektvoll zuzuhören. An einem Punkt des Gesprächs platzte Lou sehr frustriert heraus: „Ich verstehe, dass es nicht nur an Susan liegt und dass ich auch Probleme habe. Aber meine Probleme sind eher wie ein gebrochenes Bein, während Susans Probleme wie Krebs sind."

> **Ich begann, offen über meine Fehler, meine Verletzlichkeit und mein Versagen zu sprechen.**

Für Lou war es ganz einfach, fast normal, nur auf die Charakterschwächen seiner Frau zu sehen und sich darauf zu konzentrieren. Es war für ihn beinahe unmöglich, einen Blick für seine eigenen Schwächen und Fehler zu bekommen. Die verhängnisvolle Kombination aus Lous angeborenem Temperament, seinem Familienhintergrund und einem frühen Jüngerschaftskurs, bei dem ihm die angeblichen Grundlagen vermittelt wurden, machten es ihm anscheinend unmöglich, seine eigene Zerbrochenheit zu sehen. Lou liebte Bücher und hatte immer geglaubt, dass Wissen die Antwort auf alles war.

Wir versuchten erfolglos, Lou dazu zu bringen, seiner Frau zuzuhören. Er konnte so etwa alles in Ordnung bringen, lösen, arrangieren und kontrollieren. Wenn man ein Problem hatte,

---

14 Diese Geschichte ist im Internet nachzulesen. Z. B. auf www. lovethissite. com/cracked pot

konnte Lou einem die Lösung präsentieren. Aber er konnte nicht mit Susans Verzweiflung und Not in ihrer Ehe umgehen. Ich empfahl ihm, einen professionellen Eheberater aufzusuchen.

Wer? Ich?, dachte sich Lou. Das ist ja lächerlich! Er war beschämt und am Boden zerstört. Nach und nach wurde er zum ersten Mal in seinem Leben mit seiner völligen Unfähigkeit konfrontiert, die Probleme mit seiner eigenen Frau zu lösen. Langsam begann er sich den Teilen seiner Persönlichkeit zu öffnen, die grundlegend zerbrochen waren.

Lou hat nicht mehr so viele Antworten wie früher. Er sagt viel öfter: „Ich weiß es nicht." Seine Lehrtätigkeit ist nicht mehr so von Stolz erfüllt wie früher und es wirkt nicht mehr, als hätte er „alles im Griff". Korrektur von anderen nimmt er demütig an. Am wichtigsten aber ist vielleicht, dass Menschen ihn aufsuchen, wenn ihr Leben zusammenbricht. Zu seinen einzigartigen Stärken gehört es inzwischen, verletzten Menschen zuzuhören und sie zu beraten. Seine persönliche Zerbrochenheit ist mit ein Bestandteil seiner Lehrtätigkeit geworden.

3. Der Übergang zu einer Gemeinde der Schwäche

Es begann bei mir

Als ich nach beinahe acht Jahren, in denen ich aus meinen „Stärken" und „Erfolgen" heraus Leiter gewesen war, vor der Gemeinde (und nicht nur vor dem Vorstand) zugab, dass mein persönliches Leben und meine Ehe nicht in Ordnung waren, begann eine richtungsweisende Veränderung. Damals traf ich zusammen mit meiner Frau die Entscheidung, dass wir mit unserem Versagen und unserem Weg der Heilung an die Öffentlichkeit gehen wollten.

Ich sprach frei und offen über meine Fehler, Verletzlichkeit und Misserfolge. Jetzt konnte ich bei Sitzungen sagen: „Ich weiß nicht, was wir machen sollen." Ich sprach offen über meine Unsicherheiten, Enttäuschungen und geplatzten Träume. Ich sprach über Gefühle, derer ich mich vorher eher geschämt hatte – Wut, Eifersucht, Depression, Traurigkeit, Verzweiflung.

Wenn Sie sich die Aufzeichnungen meiner Predigten vor und

nach 1996 anhören, werden Sie einen krassen Unterschied bemerken. Vor 1996 habe ich vielleicht eine meiner Schwächen erwähnt oder von einer Schwierigkeit erzählt. Ich tat es, weil es gut klang und gut auf die Kernaussage meiner Predigt hinführte. Noch war meine Leiterschaft von Täuschung und Selbstschutz gekennzeichnet.

Während einer dreimonatigen Dienstpause 1996 traf ich die Entscheidung, dass ich aus meinem Versagen, meinen Schwächen und Kämpfen heraus predigen wollte, nicht aus meinen Erfolgen heraus. Diese Verletzlichkeit, auch wenn sie mir anfangs etwas unbehaglich war, revolutionierte meinen Predigtdienst und unsere Gemeinde. Ich begann, mit Texten zu kämpfen und mit meinen eigenen Schwierigkeiten, ihnen zu gehorchen, bevor ich sie allen anderen mitgab. Jetzt sprach ich in meinen Predigten offen über diese Kämpfe. Wir waren jetzt gleichberechtigt und rangen darum, Gottes Wort in unserem Leben zu gehorchen.

Ich begann, Gottes Liebe in Christus und die Kraft des Heiligen Geistes auf völlig neue Art zu spüren.

Ich erinnere mich daran, wie Geri und ich unsere ersten Ehe-Einkehrtage hatten und über schmerzliche Einzelheiten unserer Geschichte als Ehepaar redeten. Eine Frau verließ den Raum und sagte: „Ich habe nie erwartet, irgendjemanden – und schon gar nicht meinen Pastor – so nackt, so verletzlich zu sehen!" Unser Leben war so zerbrochen, dass wir nichts mehr zu verstecken hatten.

Und ich fühlte mich – trotz anfänglicher Befürchtungen – lebendiger und ehrlicher als je zuvor. Meine Trugbilder von Täuschungen und Selbstschutz lösten sich auf. Und ich begann, Gottes Liebe in Christus und die Kraft des Heiligen Geistes auf völlig neue Art zu spüren.

Es zog Kreise in der Leitung

Heute gehört es wie selbstverständlich zu unserer Gemeinde dazu, dass Leiter auf allen Ebenen frei und offen über ihre Schwächen sprechen und oft von Gottes Gnade reden. Einer unserer Pastoren sagte vor Kurzem: „Es ist wirklich schwer, hier gefeuert zu werden, es sei denn, man weigert sich, gebrochen und demütig zu sein." Es besteht die Erwartung, offen für Korrektur zu sein und kontinuierlich an den eigenen Problemen zu arbeiten. Hier gibt es keine christlichen Helden. Nur Menschen.

Die Verantwortlichen werden dazu ermutigt, in ihrer Leitungsposition ihre Geschichte von Schwäche und Zerbrochenheit zu erzählen. Vielleicht ist dies eine der unaufgebbaren Qualitäten im Dienst von *New Life*.

Leiter zu sein heißt nicht, immer der Starke zu sein; es heißt, der Schwache zu sein, den Gott allein stark macht.

Adam ist ein junger, begabter Leiter, der vor einigen Jahren nach New York zog. Hier folgt in seinen eigenen Worten sein Bericht von seinem Kulturschock und seiner Reise:

„Ich hatte das Leben im Griff. Dienst für Gott? Den hatte ich auch im Griff. Ich war jung, ich war selbstbewusst, ich war unbesiegbar. Ich war seit etwas mehr als zehn Jahren Christ und theoretisch war keine Frage zu komplex und kein Umstand zu ernüchternd, als dass sie mich von den Höhen des Christseins hätten herunterstoßen können (eine ziemlich hochmütige Einstellung, da bin ich mir sicher). Man sagte mir, dass ich viele Gaben, eine Reihe natürlicher Führungsqualitäten und Organisationstalent habe. Auch wenn ich solche verfrühten Lobeshymnen rasch beiseiteschob, konnte ich nicht anders, als den ganzen Wirbel insgeheim zu glauben.

Als Folge davon war ich ein abwehrender, streitsüchtiger und oft unbelehrbarer Christ, der sich als bescheidener Held verkleidete. Ich hörte den Leuten zu, aber ich hörte nicht richtig zu. Ich war oft ungeduldig mit anderen und neigte dazu, allen und jedem einen Rat zu erteilen, einfach nur, weil ich glaubte, dass dies meine Pflicht und meine „Gabe" sei. Ich schätzte Stärke mehr als Schwäche, Dogma mehr als Gnade, Perfektion mehr als Zerbrochenheit. Ich vertraute auf alle Fähigkeiten, die Gott mir geschenkt hatte.

Ich lebte den Rat meiner Eltern aus, den sie mir schon früh gegeben hatten: ‚Du kannst chaotisch sein, aber zeig es anderen bloß nicht.'

Zu *New Life* zu kommen und von Verletzlichkeit und Zerbrochenheit zu hören war niederschmetternd. Es schien zu riskant zu sein – zwar klang es ganz nett, gut und idealistisch, aber gleichzeitig war es gefährlich und unwahrscheinlich. Um ehrlich zu sein, es war furchterregend.

Aber es war befreiend. Es schenkte mir eine erfrischend neue Sicht auf das Evangelium, ein neues Verständnis von Gnade und eine neue Wertschätzung und Anbetung des demütigen Königs, wie ich sie nie zuvor gekannt hatte. Ich lernte, ihm auch dann zu vertrauen, wenn ich nicht die Antwort auf alles hatte, und ich lernte zuzuhören. Ich lernte zu sagen: ‚Ich weiß es nicht', wenn ich es wirklich nicht wusste. Ich lernte, die Menschen durch eine neue Brille zu sehen, die Brille der Gnade und der Sympathie, die Brille des Mitgefühls und der Demut.

Ich lernte, dass Leiter zu sein nicht heißt, immer der Starke zu sein; es heißt, der Schwache zu sein, den Gott allein stark macht. Ich habe erkannt, dass ich viel von anderen lernen kann, wenn ich nicht darauf beharre, dass ich recht habe.

Kurz und gut, ich lernte, dass ich nicht so ‚heil' war, wie ich geglaubt hatte. Auf seltsame und geheimnisvolle Weise lernte ich, dass ich als Leiter, Freund und Lernender nur heil werden konnte, wenn ich vor Gott zerbrochen, schwach und verletzlich war ... ja, und auch vor anderen.

Auch das war befreiend."

Es sickerte in die ganze Gemeindekultur hinein

Wir nutzen jede Gelegenheit, Menschen Zeugnis davon geben zu lassen, wie Gott ihnen in ihrem Versagen und ihrer Schwäche begegnet. Wir möchten, dass die Menschen die Risse in ihrer Seele anerkennen – egal, ob sie als Folge von Schuld oder wegen Sünden, die an ihnen begangen wurden, in die Gemeinde kommen. Daher gibt es jeden Sonntag im Gottesdienst und in anderen Gemeindeveranstaltungen die Gelegenheit zum persönlichen Zeugnis.

Es ist nichts Außergewöhnliches, im gleichen Gottesdienst eine Geschichte von einem ehemaligen Drogenabhängigen zu hören, der jetzt Lobpreisleiter ist, und von einem selbstgerechten, angesehenen Vater von drei Kindern, der mit dem Konsum von Pornografie zu kämpfen hat. Wir luden einen ehemaligen Transvestiten ein, an einem Sonntagmorgen seine Geschichte zu erzählen. Er zeigte uns Fotos von seinem Leben, bevor er Christ wurde. Durch jede dieser Geschichten verläuft der gleiche rote Faden. Wir sind alle zerbrochen; wir alle kompensieren das auf unterschiedliche Weise.

Wir erinnern in unseren Versammlungen laufend daran, dass Gott gerade die Menschen gebraucht, die sich nicht auf ihre eigenen Gaben oder Fähigkeiten verlassen:

- Mose stotterte.
- David passte die Rüstung nicht.
- Johannes Markus ließ Paulus im Stich.
- Timotheus hatte Magengeschwüre.
- Hoseas Frau war Prostituierte.
- Amos' einzige Ausbildung war die als Bauer.
- Jakob war ein Lügner.
- David hatte eine Affäre, mordete und missbrauchte seine Macht.
- Naomi war Witwe.
- Paulus war ein Christenverfolger.
- Mose war ein Mörder.
- Jona lief vor Gott davon.
- Gideon und Thomas waren Zweifler.
- Jeremia war depressiv und selbstmordgefährdet.
- Elia hatte einen Burn-out.
- Johannes der Täufer war ein Großmaul.
- Marta war ständig besorgt.
- Noah betrank sich.
- Salomo war zu reich und Jesus war zu arm.

- Abraham war zu alt und David war zu jung.
- Petrus hatte Angst vor dem Tod und Lazarus war tot.
- Mose war jähzornig (ebenso wie Petrus, Paulus und viele andere Bibelhelden).

Gott hat schon immer rissige Gefäße gebraucht, um zu zeigen, „dass unsere Kraft ganz von Gott kommt und nicht unsere eigene ist“ (2. Korinther 4,7).

Wir vergessen, dass David, einer der engsten Freunde Gottes, seine Macht als König benutzte, um sicherzugehen, dass sein kolossales Versagen (Ehebruch und Mord) für zukünftige Generationen in den Geschichtsbüchern veröffentlicht wurde! Mehr noch, David hat ein Lied über sein Versagen verfasst, das in Israels Anbetungsgottesdiensten gesungen und in seinem Liederbuch, den Psalmen, mit aufgenommen wurde. David wusste: „Das Opfer, das dir gefällt, ist ein zerbrochener Geist. Ein zerknirschtes, reumütiges Herz wirst du, Gott, nicht ablehnen“ (Psalm 51,17; NLB).

Das bedeutet nicht, dass wir die Menschen darin bestärken, so zu bleiben, wie sie sind. Die Wahrheit über uns selbst zuzugeben ist jedoch der Ausgangspunkt für Veränderung. Meine Frau und ich sagen oft: Der Tag, an dem wir uns eingestanden, dass wir die Menschen nicht liebten, war der Tag, an dem wir anfingen, anderen gegenüber liebevoll zu sein.

4. Dem Vorbild des verlorenen Sohns folgen

Ein Wendepunkt in der Veränderung unserer Gemeindekultur trat ein, als ich eine siebenteilige Predigtreihe über die verlorenen Söhne aus Lukas 15,11-32 hielt. Ich benutzte dafür Rembrandts Gemälde „Die Rückkehr des verlorenen Sohnes“ und projizierte es an eine große Leinwand, während ich über den Text predigte. Dabei begegnete Gott uns auf ganz außergewöhnliche Weise.

Der jüngere Sohn ist das Bild für ein zerbrochenes Leben.

Rembrandts Gemälde ist an das Gleichnis von Jesus in Lukas 15 angelehnt und bietet uns eine großartige visuelle Entscheidungshilfe für den Weg zu Zerbrochenheit, Schwäche, Demut und Verletzlichkeit. Der jüngere Sohn kniet und sein Kopf ruht an der Brust des Vaters. Er ist kahl, offensichtlich erschöpft und ausgemergelt, ohne Mantel, trägt nur einen ramponierten Schuh und ist völlig ungepflegt. Er ist das Bild für ein zerbrochenes Leben.

Rembrandts Gemälde zeigt die unglaubliche Liebe des Vaters

Dem Gleichnis zufolge verlangte der jüngere Sohn seinen Anteil am Vermögen seines Vaters (ein Drittel) und lief von zu Hause weg. In der traditionellen Kultur des Nahen Ostens kam die Bitte eines jüngeren Sohnes um sein Erbe, während der Vater noch lebte, der Aussage gleich: „Vater, ich kann's kaum erwarten, dass du stirbst. Ich will jetzt schon leben, als wärst du tot."

Er beschämt seinen Vater und blamiert seine Familie. Aber es läuft schlecht für ihn, bis er schließlich Schweine hütet. Für einen jüdischen Zuhörer zur Zeit von Jesus ist der jüngere Bruder in die Jauchegrube der Jauchegruben gefallen. Juden, die Schweine anfassten, waren viermal unreiner als solche, die zu einer Prostituierten gingen.

Schließlich geht er in sich (Lukas 15,17) und wendet sich wieder seinem Zuhause zu. Er steht auf und dreht sich um. Als er voller Scham nach Hause läuft, rennt der Vater ihm entgegen (für den Sprint des Vaters wird das griechische Wort verwendet, das die Athleten für Rennen benutzen). Der Vater klopft nicht mit dem Fuß auf die Erde und sagt: „Ich hoffe, er hat dafür eine gute Erklärung", und er wartet auch nicht einfach auf der Veranda. Er rennt und stürzt sich auf seinen Sohn, bevor der Sohn seine Rede zu Ende bringen kann. Er schneidet ihm das Wort ab und erklärt: „Du bist mein Sohn" (Lukas 15,20-22).

Dann geschieht das Unvorstellbare: „Er küsste ihn" (Lukas 15,20). Keine andere Religion beschreibt so einen Gott. Der Vater stellt die Autoritätsposition des Sohnes wieder her, indem er ihm die alten, zerrissenen, stinkenden Kleider auszieht, ihm das beste Gewand anlegt, ihm einen Siegelring als Zeichen der Rechtsvollmacht gibt und ihn mit den Schuhen eines freien Mannes, der ins Haus gehört, ausstattet. Dann veranstaltet der Vater ein fröhliches Fest mit Musik und Tanz.

Die Botschaft ist gewaltig, weil der Vater unseren himmlischen Vater darstellt. Gott tanzt mit seinem am Boden zerstörten, gebrochenen Kind.

Der jüngere Sohn – er kennt seine Bedürftigkeit

Nehmen Sie sich noch einmal einen Augenblick Zeit und schauen Sie sich das Gemälde auf Seite 162 an. Die Zerbrochenheit des jüngeren Sohnes ist ein Bild für das Leben als Christ. Ich muss es bewusst leben. Andernfalls ende ich wie der ältere Bruder, der aufrecht an der rechten Seite steht.

Das Schlüsselwort ist „bewusst". Der kniende ungepflegte Sohn, der an der Brust des Vaters ruht und auf dem die großen Hände des Vaters liegen, ist der Ruf an Sie und mich, gegen die Kräfte anzugehen, die uns mit aller Macht davon abhalten wollen, diesen Weg zu wählen. Er kniet da, weil er das Leben allein nicht bewältigen kann. Er ist ernstlich abhängig. Er ist sehr, sehr bedürftig. Das sind wir alle. Diese Wahrheit vergessen wir oft, wenn die Dinge so laufen, wie wir es wollen.

Henri Nouwen beschreibt in seinem Klassiker über das Rembrandt-Gemälde *Die Rückkehr des verlorenen Sohnes* den Auszug von zu Hause als den Auszug von dem Ort, wo die Liebe des Vaters herrscht, wo ich in meinem tiefsten Inneren hören kann: „Du bist mein geliebter Sohn, an dir habe ich große Freude." Nouwen schreibt:

> „Dennoch habe ich immer wieder mein Zuhause verlassen. Ich bin vor den Händen des Segens geflohen und auf der Suche nach Liebe an weit entfernte Orte gelaufen! Das ist die große Tragödie meines Lebens und des Lebens so vieler Menschen, die ich auf meiner Reise treffe. Irgendwie bin ich taub für die Stimme geworden, die mich ‚geliebter Sohn' nennt. ... Es gibt viele andere Stimmen. Die dunklen Stimmen der mich umgebenden Welt versuchen mich davon zu überzeugen, dass ich nichts wert bin und dass ich nur dadurch wertvoll werde, dass ich mir meinen Wert verdiene, indem ich es auf der Erfolgsleiter bis nach oben ‚schaffe'."[15]

Infolgedessen versuchen viele von uns angestrengt, es allen recht zu machen, Erfolge zu erzielen und anerkannt zu werden. Am Ende verirren wir uns.

Wenn ich deprimiert bin, weil jemand eine Bemerkung aus meiner letzten Predigt kritisiert, oder wenn ich mich dabei ertappe, dass ich auf den Erfolg anderer neidisch bin, oder wenn ich nicht „Nein" sagen kann, ohne mich schuldig zu fühlen, wird mir klar, dass ich mich verirrt habe. Ich habe mein Zuhause verlassen, wo ich in der Liebe Gottes ruhen und baden kann. Ich suche bedingungslose Liebe dort, wo sie nicht zu finden ist.

Wenn ich mich in einem Netz von Spielchen, Manipulationen,

---

15 Henri J. M. Nouwen, *Nimm sein Bild in dein Herz: geistliche Deutung eines Gemäldes von Rembrandt*. Freiburg im Breisgau; Basel; Wien: Herder, 1995.

Selbsttäuschungen, Machtkämpfen und Zerrbildern verfangen habe und die Stimme des Vaters vergesse, der zu mir sagt: „Du bist mein Sohn, Pete, den ich liebe“, dann weiß ich, dass ich mein Zuhause verlassen habe. Ich habe mich verirrt und muss die lange, beschwerliche Rückreise antreten.

Wenn ich versuche, Kontrolle und Macht auszuüben, indem ich ein Gemeindemitglied, das mich beleidigt hat, nicht grüße, bin ich aus der Umarmung des Vaters weggelaufen.

Wenn ich meine Kinder deshalb bestrafe, weil sie mich vor meinen Freunden blamiert haben, habe ich mich verirrt.

Wenn ich versuche, Kontrolle und Macht auszuüben, bin ich aus der Umarmung des Vaters weggelaufen.

Wenn meine Ansichten infrage gestellt werden und ich mich bedroht fühle und mich dann energisch verteidige, statt zu sagen: „Du hast mir einige gute Denkanstöße gegeben“, habe ich mich verirrt.

Wenn ich einen Arbeitszweig mit einer bestimmten Größe brauche, eine bestimmte Position oder ein bestimmtes Gehalt, um mich wertvoll zu fühlen, habe ich mich verirrt.

Ich habe zwei Kopien von Rembrandts Bild. Eines hängt in meinem Haus über dem Klavier, das andere hängt in unserem Gemeindebüro. Ich erkenne, dass ich der jüngere Bruder bin und immer wieder von zu Hause weglaufe. Dieses Bild hilft mir, das Zentrum, das Wesentliche, im Blick zu behalten.

Ich möchte so leben wie der jüngere Bruder, der auf dem Boden kniet, dessen Kopf an der Brust des Vaters ruht und der von den abgearbeiteten Händen des Vaters eine warmherzige Umarmung empfängt. Wenn ich so lebe und mir dabei vollkommen im Klaren bin, wie zerbrochen und zerbrechlich ich bin, erhalte ich einen winzigen Einblick in die grenzenlose Liebe Gottes, „die alle Erkenntnis übertrifft“ (Epheser 3,18f.).

Der jüngere Bruder kommt nach Hause und empfängt die Liebe des Vaters. Er wird nicht hingerichtet oder weggeschickt. Er wird nicht beschämt. Er empfängt Leben.

Im gleichen Maß, wie ich meine „Verirrung“ und Zerbrochenheit zulasse, kann ich auch die Herrlichkeit des Evangeliums begreifen und in der Liebe des Vaters schwelgen.

Der ältere Bruder – das Bild der Verirrung

Wie sieht es aus, wenn ich vor der Schwäche und Zerbrochenheit davonlaufe? Der ältere Bruder zeigt es uns. Für die, denen Jesus dieses Gleichnis erzählt, liegt der Schwerpunkt bei ihm. In Rembrandts Gemälde ist er, wie sein Vater, in ein goldbesticktes Gewand gekleidet. Seine Haltung ist verurteilend. Er ist verärgert und blickt darauf hinab, wie überschwänglich der Vater seinen jüngsten Sohn, der solche Schande über die Familie gebracht und das Familienvermögen verschleudert hat, in Empfang nimmt.

Dennoch hat er sich mehr verirrt als sein jüngerer Bruder. Warum? Weil er seine Verirrung nicht sehen kann! Seine Selbstgerechtigkeit und Moral haben ihn blind gemacht.

Er lebt beim Vater, aber er ist weit vom Vater entfernt. Er dient mir als Warnung, dass es möglich ist, Gottes Geboten zu gehorchen und trotzdem verloren zu sein. Ich kann in der Gemeinde Leiter sein, beten, die Bibel lesen, mitarbeiten oder Zeugnis geben und trotzdem verloren sein. Bei meiner Arbeit für Gott kann es so scheinen, als sei ich Gott sehr nahe, und trotzdem bin ich in Wirklichkeit weit weg von ihm.

Die Reaktion des älteren Bruders auf die überschwängliche Liebe des Vaters zu dem jüngeren Sohn ist folgende: „All die Jahre habe ich schwer für dich gearbeitet" (Lukas 15,29). Er versteht nicht, was sein Vater da tut.

Woran merke ich, ob ich der ältere verlorene Bruder bin?

Es ist wichtig, dass wir uns bei diesem Gleichnis den älteren Bruder immer vor Augen halten. Wenn ich meine Leitungsaufgabe nicht bewusst und entschlossen aus Schwäche und Zerbrochenheit heraus ausübe, werde ich wie er.

Ich persönlich halte nach drei Zeichen Ausschau.

Erstens, wenn ich mich an meiner Wut festhalte, statt sie zu verarbeiten, bin ich der verlorene ältere Bruder. Im Herzen des älteren Bruders ist kein Raum für Tanz. Er ist wütend. Das ist auch verständlich. Sein jüngerer Bruder hat die Familie gedemütigt, große Mengen Geld verschleudert und wahrscheinlich dafür gesorgt, dass der ältere Bruder über all die Jahre hin mehr Arbeit hatte. Die Frage ist, was er mit seiner Wut macht.

Er übernimmt nicht die Verantwortung für seine Wut oder bringt sie demütig vor seinen Vater. Manche von uns fressen ihre Wut in sich hinein und explodieren schließlich. Sie sparen sich alles Mögliche an Verletzungen auf, bis sie es nicht mehr ertragen können und Türen zuknallen, mit Gegenständen werfen, sich rächen oder es dem anderen heimzahlen. Andere nehmen ihre Wut von einem Ort zum anderen mit und lassen sie an Unbeteiligten aus. Wie oft habe ich meine Wut über einen Stau auf den Straßen New Yorks an meinen Kindern ausgelassen, die so lange brauchten, um ins Bett zu gehen!

Wut ist ein wichtiges, vielschichtiges Gefühl, besonders für diejenigen von uns, die Leitungsaufgaben haben.

Manchmal richten wir unsere Wut so sehr nach innen, dass unsere Seele gezwungen ist, unsere Wut so lange zu „schlucken", bis sie sich in Depressionen, Magengeschwüre, Schlaflosigkeit oder chronische Kopfschmerzen verwandelt. Wieder andere von uns sind passiv-aggressiv. Sie versuchen unbewusst, den anderen, über den sie wütend sind, zu verletzen, indem sie zu spät kommen, seinen Geburtstag vergessen oder ihm Liebe oder Respekt vorenthalten.

Wut ist ein wichtiges, vielschichtiges Gefühl, besonders für diejenigen von uns, die Leitungsaufgaben haben. Auf uns stürmen so viele Menschen und Situationen ein, dass wir hin und wieder nicht einmal mehr wissen, warum wir überhaupt wütend oder ärgerlich sind. Für mich liegt der Schlüssel darin, niederzuknien und demütig zu fragen: „Weswegen bin ich so wütend? Wo kommt diese Wut her? Erinnert sie mich an etwas aus der Vergangenheit?

Was könnte es für mich bedeuten, bestimmt, aber nicht aggressiv, überlegt, aber nicht impulsiv, sofort, aber nicht übereilt mit demjenigen zu sprechen, der diese Wutgefühle bei mir ausgelöst hat?"

Zweitens, wenn ich feststelle, dass ich oft unzufrieden bin und mich beklage, bin ich wie der ältere verlorene Bruder. Der ältere Bruder beschwert sich bei seinem Vater: „Dieser dein Sohn." Er will nicht gelten lassen, dass der jüngere Sohn sein Bruder ist und wieder zur Familie gehört. Er ist herablassend, stolz und überkritisch. Wenn mein Herz und meine Haltung Menschen gegenüber nicht wie bei dem Vater auf dem Gemälde sind, weiß ich, dass ich von zu Hause weggelaufen bin.

Es gibt einen Ort, wo der ältere Bruder seine Traurigkeit und Enttäuschung über den jüngeren Bruder verarbeiten kann. Aber in diesem Gleichnis spüren wir, dass er nur aufgebracht und wütend ist.

Der ältere Bruder hört die Musik und fragt sofort: „Warum hat mir niemand Bescheid gesagt? Was soll das alles?" Er hat Angst davor, ausgeschlossen zu werden. Ihm fehlt jeder Sinn für Unbeschwertheit und Spontaneität. Er ist nervös, bedrückt, mürrisch und unzufrieden.

Wenn ich feststelle, dass ich griesgrämig bin und andere beneide, ist das ein Zeichen dafür, dass ich mich aus der demütigen Position des jüngeren Sohnes in die stolze Position des älteren Sohnes begeben habe.

Drittens, wenn es mir schwerfällt, Verletzungen loszulassen, ist das ein sicheres Zeichen dafür, dass ich der ältere verlorene Bruder bin. Vergebung ist ein Prozess, über den ich im nächsten Kapitel ausführlicher sprechen will. Die Basis für den nächsten Schritt auf dem Weg ist jedoch, das ungeheure Ausmaß meiner Schuld zu begreifen, die größer ist, als ich mir je vorstellen könnte. Und wieder laufe ich los, um vor dem Vater niederzuknien.

Werden wie der Vater

Wenn wir uns dafür entscheiden, den unpopulären Weg der Zerbrochenheit und Schwäche zu wählen, werden Menschen von uns angezogen, so wie sie von Jesus angezogen wurden. Was seine Heiligkeit, seinen Glauben und seine Werte betraf, so ging er nie Kompromisse ein. Er nahm kein Blatt vor den Mund und er sündigte nie. Dennoch wusste der Abschaum der Gesellschaft, zum Beispiel Prostituierte und Wirtschaftskriminelle (genannt Steuereintreiber), dass Jesus sie schon liebte, als sie noch in ihrer Sünde lebten. Sie wollten bei Jesus sein. Sie waren ihm willkommen.

Nehmen Sie sich einige Minuten Zeit, über den Vater auf dem Gemälde nachzudenken. Achten Sie auf seine Hände, seinen Gesichtsausdruck, seine bedingungslose Liebe und was ihn das alles an Tränen und Liebe gekostet hat. Dieses Gleichnis lehrt mich viel über die Liebe Gottes, der jeden von uns als sein Lieblingskind behandelt. Aber es deutet auch an, welche Art Männer und Frauen Gott beruft.

Wenn wir uns dafür entscheiden, den unpopulären Weg der Zerbrochenheit und Schwäche zu wählen, werden Menschen von uns angezogen, so wie sie von Jesus angezogen wurden.

Die Gemeinde ist voller jüngerer Söhne, die jedes Mal weglaufen, wenn Gott oder andere nicht ihre Erwartungen erfüllen. Sie ist auch voller älterer Brüder, die wütend und unzufrieden sind. Ich weiß das, weil ich beides in mir trage. In unserer Zeit ist es jedoch überaus notwendig, dass Sie und ich zu Müttern und Vätern des Glaubens heranwachsen.

Die Menschen möchten unbedingt mit anderen zusammen sein, die Gottes Liebe praktisch umsetzen, die das können, was der Vater auf diesem Gemälde tut – umarmen, lieben, mitfühlen, da sein und freimütig vergeben. Das ist eine Liebe ohne Bedingungen – etwas, von dem die Welt nur träumen kann. Sie ist übernatürlich.

Als ich aus meiner Verletzlichkeit heraus zu reden und zu leiten bereit war, stellten viele Menschen fest, dass sie mir vertrauen konnten. Warum? Sie konnten nichts sagen, das mich wirklich überraschte. Das spürten sie.

Ich habe nicht mit meiner sexuellen Orientierung zu kämpfen, doch ich kann mich in diejenigen in unserer Gemeinde einfühlen, für die das ein Problem ist. Ich habe kein geistig behindertes Kind, aber ich kann mich mit denen identifizieren, die ein solches Kind haben. Ich habe nicht jahrelang heroinabhängig auf der Straße gelebt und mir Aids geholt, doch ich verstehe das. Ich habe nicht vergewaltigt oder gemordet oder körperlich Ehebruch begangen, aber ich kenne den Mord und Ehebruch meines eigenen Herzens (Matthäus 5,22-27).

Ein Gebet

Dies ist ein Gebet, das Gott gebraucht hat, um mich auf dieser neuen Reise zu ermutigen:

„Ich bat Gott um Stärke, um etwas zu erreichen,
aber er machte mich schwach, damit ich Bescheidenheit und Demut lernte.
Ich bat um Gesundheit, um große Taten zu vollbringen,
aber er machte mich kleinmütig, damit ich gute Taten vollbrächte.
Ich bat um Reichtum, um glücklich zu werden.
Er machte mich arm, damit ich weise würde.
Ich bat um Kraft, als ich noch jung war, um Anerkennung zu bekommen.
Er gab mir Schwachheit, damit ich spürte, wie sehr ich Gott brauchte.
Ich bat um alles, um das Leben genießen zu können.
Ich bekam das Leben, um alles genießen zu können.
Ich erhielt nichts von dem, worum ich bat –
aber alles, was ich mir erhofft hatte.
Trotz meiner Person wurden meine unausgeprochenen Gebete erhört.
Ich bin unter allen Menschen ein gesegneter Mensch.“[16]

16 Dies ist das bekannte Gebet eines unbekannten Soldaten.

Bejahen Sie Ihr Menschsein

Wenn wir uns dazu entscheiden, in Zerbrochenheit und Verletzlichkeit zu leben, sind wir dazu aufgefordert, nicht mehr an dem festzuhalten, was andere über uns denken, sondern uns Gottes Liebe und Gnade anzuvertrauen. Ich neige zum Perfektionismus und mache nicht gerne Fehler. Ich ziehe es vor, etwas gleich beim ersten Mal richtig hinzubekommen.

Das Problem ist, dass ich menschlich bin. Sehr menschlich. Ich mache Fehler. Ich bin nicht über den Rest der Menschheit erhaben. Teilweise bin ich ehrlich und vertrauensvoll und lege große Integrität an den Tag. Teilweise bin ich ein Lügner, ziehe nicht durch, was ich sage, und verletze im Handumdrehen meine eigene Integrität. Beides trifft auf mich zu. Ich bin ein Heiliger und ich bin ein Sünder. Genau wie Sie.

Seit 30 Jahren folge ich Jesus nach und mir steht meine eigene Sündhaftigkeit klarer denn je vor Augen. Der Abgrund in meiner Seele ist viel tiefer und furchterregender, als mir bisher bewusst gewesen war. Doch aus diesem Loch heraus blühen Samen des Potenzials und neuen Lebens.

Heute weiß ich, dass so wenige von uns in dieses schwarze Loch heruntersteigen, weil wir Angst davor haben, wir könnten nie wieder herauskommen. Mir wäre es lieber gewesen, wenn Gott mich als Engel erschaffen hätte, fern vom Durcheinander meiner Menschlichkeit. Ich vermute, viele von Ihnen wünschen sich das auch.

Doch unser Licht als Leiter strahlt gerade vor dem Hintergrund unserer eigenen Zerbrochenheit und Verletzlichkeit am hellsten. Das ist das größte Geschenk, das wir den Menschen, denen wir dienen, geben können. Wir schaffen ein sicheres Umfeld für andere, in dessen Schutz sie aus ihrem Versteck herauskommen und sie selbst sein können. Dadurch werden unsere Gemeinden zu wahren Gemeinschaften der Gnade. Dann können wir, wie der Apostel Paulus, uns dessen rühmen, dass sich Gottes Kraft gerade in unserer Schwäche zeigt (siehe 2. Korinther 12,9). Diese Zerbrochenheit führt uns dazu, die Gabe unserer Begrenzung anzunehmen, das Thema des nächsten Kapitels.

Kapitel 8

Prinzip 4: Die Gabe der Begrenzung annehmen

Seelisch gesunde Menschen verstehen die Grenzen, die Gott ihnen gesetzt hat. Sie nehmen fröhlich die ein, zwei, sieben oder zehn Talente an, die Gott so gnädig ausgeteilt hat. Infolgedessen verspüren sie keine Panik und Begehrlichkeiten und versuchen nicht, ein Leben zu führen, das Gott niemals für sie vorgesehen hatte. Sie zeichnen sich durch Zufriedenheit und Freude aus.

Seelisch gesunde Gemeinden nehmen ebenfalls ihre Grenzen an, mit der gleichen Freude und Zufriedenheit, und versuchen nicht, wie eine andere Gemeinde zu sein. Sie spüren die Gewissheit, dass Gottes gute Hand in einer Zeit wie dieser auf ihrer Gemeinde liegt (Esther 4,11-14).

Das Dilemma auf der Brücke

Rabbi Edwin Friedman erzählt die Geschichte eines Mannes, der sich eingehend darüber Gedanken gemacht hatte, was er vom Leben wollte. Nachdem er vieles ausprobiert hatte und ihm einiges gelungen und anderes missglückt war, entschied er schließlich, was er wollte.

Eines Tages ergab sich die Gelegenheit, dass er genau das erreichen konnte, was er sich erträumt hatte. Aber die Gelegenheit würde sich nur kurze Zeit bieten. Eile war geboten.

Voller Eifer trat der Mann seine Reise an. Mit jedem Schritt ging er schneller. Das Ziel hatte er fest im Visier, sein Herz schlug schneller. Wenn er sich vorstellte, was vor ihm lag, fand er neue Kraft.

Als er so dahineilte, kam er an eine Brücke, die mitten durch eine Stadt führte. Die Brücke überspannte einen gefährlichen Fluss in großer Höhe.

Als er die Brücke betreten hatte, bemerkte er, dass jemand von der anderen Seite der Brücke kam. Als der Fremde näher kam, konnte der Mann erkennen, dass sie sich nicht kannten, und dennoch sahen sie sich erstaunlich ähnlich. Sie waren sogar gleich gekleidet. Der einzige Unterschied bestand darin, dass der Fremde mehrmals ein Seil um seine Taille geschlungen hatte. Abgewickelt wäre das Seil vielleicht neun Meter lang.

Der Fremde begann, noch im Gehen das Seil abzuwickeln. Kurz bevor die beiden Männer sich begegneten, sagte der Fremde: „Entschuldigen Sie bitte, wären Sie so gut, das Seilende für mich festzuhalten?"

Der Mann stimmte, ohne nachzudenken, zu, streckte die Hand aus und nahm das Seil.

„Danke", sagte der Fremde. Dann fügte er hinzu: „Jetzt beide Hände nehmen und denken Sie daran, gut festhalten." Und dann sprang der Fremde von der Brücke.

Der Mann auf der Brücke spürte unvermittelt einen starken Zug von dem jetzt ganz abgewickelten Seil. Automatisch hielt er es fest und wurde beinahe über den Brückenrand gezerrt.

„Was haben Sie vor?", rief er dem Fremden unten zu.

„Halten Sie einfach fest", sagte der Fremde.

Das ist doch lächerlich, dachte der Mann. Er versuchte, den anderen hochzuziehen. Aber ihm fehlte die Kraft.

Wieder brüllte er über den Brückenrand: „Warum haben Sie das gemacht?"

„Denken Sie daran", sagte der andere, „wenn Sie loslassen, bin ich verloren."

„Aber ich kann Sie nicht hochziehen", rief der Mann.

„Sie haben Verantwortung für mich", sagte der andere.

„Ich habe nicht darum gebeten", sagte der Mann.

„Wenn Sie loslassen, bin ich verloren", wiederholte der Fremde.

Der Mann sah sich nach Hilfe um. Niemand war in Sicht.

Er begann, über die Situation nachzudenken: Er steckte in der Klemme. Eigentlich verfolgte er sein eigenes Ziel, aber nun wurde er für unbestimmte Zeit aufgehalten.

Vielleicht kann ich das Seil ja irgendwo anbinden, dachte er. Er schaute sich die Brücke genau an, aber es gab keine Möglichkeit, seine neue Last loszuwerden.

Also brüllte er noch einmal über den Rand: „Was wollen Sie?"

„Nur Ihre Hilfe", kam die Antwort.

„Wie kann ich helfen? Ich kann Sie nicht hochziehen und ich kann das Seil nirgendwo anbinden, während ich Hilfe hole."

„Halten Sie einfach fest", erwiderte der Mann, der an dem Seil baumelte. „Das reicht schon."

Aus Angst, dass seine Arme das nicht mehr lange aushalten könnten, band sich der Mann das Seil um die Taille.

„Warum haben Sie das gemacht?", fragte er noch einmal. „Was in aller Welt wollen Sie denn damit bezwecken?"

„Denken Sie nur daran", sagte der andere, „mein Leben liegt in Ihrer Hand."

Jetzt war der Mann verdutzt. Er überlegte. *Wenn ich loslasse, werde ich mein Leben lang wissen, dass ich diesen Mann habe sterben lassen. Wenn ich bleibe, riskiere ich, den Antrieb für meine eigene Rettung zu verlieren, nach der ich so lange gesucht habe. So oder so, es wird mich für immer verfolgen.*

Die Zeit verging und es kam niemand. Dem Mann wurde nur allzu klar, dass es beinahe zu spät war, seine Reise wieder aufzunehmen. Wenn er nicht sofort ging, würde er nicht pünktlich ankommen.

Schließlich entwickelte er einen Plan. „Hören Sie", erklärte er dem Mann, der dort unten hing, „ich glaube, ich weiß, wie ich Sie retten kann." Er erklärte seine Idee. Der Fremde konnte wieder nach oben klettern, indem er das Seil um sich wickelte. Schlinge um Schlinge würde das Seil so kürzer werden.

Aber der baumelnde Mann hatte an dieser Idee kein Interesse.

„Ich glaube nicht, dass ich Sie noch viel länger festhalten kann", warnte der Mann auf der Brücke.

„Sie müssen es wenigstens versuchen", bat der Fremde eindringlich. „Wenn Sie versagen, sterbe ich."

Plötzlich kam dem Mann auf der Brücke eine neue Idee. Sie war ganz anders und seiner normalen Denkweise sogar völlig fremd. „Ich möchte, dass Sie gut zuhören", sagte er, „denn ich meine das, was ich gleich sagen werde, ernst."

Der Mann am Seil gab zu erkennen, dass er zuhörte.

„Ich werde die Entscheidungsfreiheit für Ihr Leben nicht übernehmen, sondern nur für mein eigenes. Hiermit gebe ich Ihnen die Entscheidungsfreiheit über Ihr Leben zurück."

„Was meinen Sie damit?", fragte der andere ängstlich.

„Ich meine, dass Sie entscheiden, wie das hier ausgeht. Ich bilde das Gegengewicht. Sie ziehen und befördern sich hoch. Ich ziehe sogar von hier aus ein bisschen mit."

Er band das Seil von seiner Taille ab und stellte sich darauf ein, das Gegengewicht zu bilden. Er war bereit zu helfen, wenn der Mann am Seil anfing zu handeln.

„Das können Sie nicht ernst meinen", kreischte der andere. „Sie werden doch nicht so selbstsüchtig sein! Sie haben Verantwortung für mich! Was könnte so wichtig sein, dass Sie jemanden sterben lassen würden? Tun Sie mir das nicht an."

Nach einer langen Pause äußerte der Mann auf der Brücke endlich langsam: „Ich akzeptiere Ihre Entscheidung." Mit diesen Worten befreite er seine Hände und setzte seinen Weg über die Brücke fort.

Wie man Menschen, die von Brücken springen wollen, am besten hilft

Diese Geschichte erinnert mich an das Dilemma von christlichen Leitern. Sie und ich sind Pastor, Gemeindevorstand, Kleingruppenleiter oder aktives Mitglied in der eigenen Gemeinde geworden, weil wir Menschen helfen wollen, die von der Brücke gefallen sind. Jahrelang habe ich Menschen hochgezogen, nur um festzustellen, dass sie im nächsten Moment absichtlich von einer anderen Brücke gefallen (oder gesprungen) sind.

Jahrelang habe ich widerstrebend das Seil ergriffen. Als ich das Seil hatte und sie daran baumelten, fühlte ich mich schuldig, wenn ich losließ. Wie konnte ich nur? Ich war doch Christ. Würde Jesus sie nicht hochziehen? Wenn ich sie nicht hochzog, war ich dann egoistisch? Wie lange würde ich meine Träume, Wünsche, Hoffnungen und Pläne auf Eis legen müssen? Spielten die überhaupt eine Rolle, da ich ja ein Diener von Christus war? Und wo waren alle anderen?

Ich war dem Rest der Gemeinde gegenüber nachtragend und bitter geworden, weil sie nicht für Gott „litten“. Es war eine Menge Arbeit nötig, bis ich die Verantwortung für meine Entscheidung übernahm, die Brücke zu betreten.

Im Gleichnis Jesu traf der barmherzige Samariter auf nur einen Menschen am Straßenrand (Lukas 10,29-37). Ich fühlte mich, als ob sich bei mir fünfzehn in einer Reihe auf der Brücke aufgestellt hätten, und jeder von ihnen legte mir ein Seil in die Hand.

Ich war dem Rest der Gemeinde gegenüber nachtragend und bitter geworden, weil sie nicht für Gott „litten“.

Es gab viele Augenblicke, in denen ich mir wünschte, ich würde nicht all die Leute sehen, die an der Brücke herunterhingen. Allein sie zu kennen vermittelte mir schon das Gefühl, als läge das Seil in meinen Händen. Wenn ich doch nur vermieden hätte, ihre Probleme zu sehen oder zu hören – dann würde ich mich nicht so schuldig fühlen!

Vor einigen Jahren wohnte uns gegenüber eine alleinerziehende Mutter mit sechs kleinen Kindern von fünf verschiedenen Vätern. Meine Frau und ich verschafften ihr manchmal eine Atempause und passten auf ihre Kinder auf. Aber was war mit dem nächsten Tag? Und dem Tag danach? Was war mit der Schule? Ihren Finanzen? Sollten wir sie betreuen? Ihr helfen, eine Zukunft zu finden? Wo war es angemessen aufzuhören? War das nicht meine Nachbarschaft? Ich brauchte lange, um zu lernen, dass wir an jedem einzelnen Tag die Entscheidung treffen konnten, was wir im Namen von Christus für sie tun würden und was nicht.

Vier Häuser entfernt von uns wohnte ein Gemeindeleiter mit seiner Familie. Aus Mitgefühl nahmen sie eine alleinerziehende Mutter mit einem Baby auf. Die Mutter bezahlte weder Miete noch Lebensmittel. Langsam begann ihr Vermieter ihr das übel zu nehmen. Sie ließ ihr Baby manchmal zwölf Stunden allein im

Haus, während sie mit ihren Freunden ausging. Die Vermieter waren außer sich. Sie konnten doch unmöglich die Frau und ihr Baby auf die Straße setzen!

Die eigenen Grenzen und Begrenzungen zu verstehen und zu respektieren ist eine der wichtigsten Charaktereigenschaften und Fähigkeiten, die Leiter brauchen, um auf lange Sicht Gott und andere Menschen lieben zu können. Das ist für das ganze Leben wichtig – sei es am Arbeitsplatz, als Eltern, in der Ehe oder in Beziehungen von Singles mit dem anderen Geschlecht –, aber besonders in dieser „neuen Familie", unserer Gemeinde, in die wir durch Gottes Gnade aufgenommen wurden.

Aus diesem Grund liegt vielen Problemen in unseren Gemeinden ein Konflikt zugrunde, der mit dem Respektieren und Verstehen von Grenzen in dieser neuen „Familie", der Gemeinde, zu tun hat.

1. Die Gemeinde ohne Grenzen infrage stellen

Eine Gemeinde braucht große Reife, um Gelegenheiten zu erkennen und zu entscheiden, sie nicht zu nutzen. Jede Gemeinde, jede Kleingruppe, jeder Arbeitszweig und jeder Mensch hat von Gott gegebene Grenzen. Wie viele Gottesdienste sollten wir sonntags haben? Wie wär's mit einem Samstagabend-Gottesdienst? Andere praktizieren das erfolgreich und wachsen. Wenn wir zweihundert Leute sind, warum sollten wir nicht vierhundert oder achthundert oder zehntausend werden?

Ich hatte immer angenommen, dass kontinuierliches zahlenmäßiges Wachstum stets Gottes Wille war. Das stimmt aber nicht.

Kleingruppen multiplizieren

In den ersten Jahren erwarteten wir, dass jede Kleingruppe sich innerhalb eines Jahres multiplizierte. Jeder Leiter musste mindestens einen Praktikanten in der Ausbildung haben. Entsprechende Ziele wurden festgelegt. Zusätzlich wurde von jeder Gruppe Lobpreis, Bibelstudium, Gebet, Gemeinschaft und der

Aufbau von Nachbarschaftskontakten erwartet. Die Gruppen trafen sich wöchentlich. Die Leiter und ihre Praktikanten sollten an monatlichen Fortbildungstreffen teilnehmen. Neben frühmorgendlichen Gebetstreffen an drei Wochentagen trafen wir uns einmal monatlich für eine halbe Gebetsnacht. Die Geschwindigkeit war aufreibend.

Ich erinnere mich an eine der Gruppen, die wir leiteten. Ich war dauernd gestresst und in Eile, hatte zu wenig Zeit für die viele Arbeit. Die Frau unseres Praktikanten schien immer ärgerlich über ihren Mann zu sein und machte in der Gruppe sarkastische Bemerkungen über ihn. Eine andere Frau machte während des Bibelgesprächs kritische, zynische Bemerkungen über andere. Die Gastgeberin war es leid, uns alle jede Woche in ihrem Haus zu haben. Es war vorhersehbar, dass zwei bestimmte Teilnehmer immer das Gespräch an sich rissen.

Zusätzlich schätzten wir nicht richtig ein, welche Auswirkungen es haben würde, dass in unserer Gruppe ein psychisch kranker Mann war. Seine Begrenzung war etwas, das wir überwinden mussten, kein Geschenk, das wir annehmen konnten. Das einzige Problem war, dass wir nicht wussten, wie wir ihm seine Geschichte entlocken konnten. Also behandelten wir ihn, als ob alles normal sei – als ob er nicht psychisch krank sei.

Etwas stimmte nicht. Die meisten von uns kamen jede Woche, weil sie sich verpflichtet fühlten. Uns allen war unbehaglich zumute. Aber wir wussten nicht, wie wir bei unseren Treffen unter die Oberfläche gehen sollten (Prinzip 1). Wir kannten nicht die Geschichte des jeweils anderen – wie die Vergangenheit sich auf unsere Gegenwart auswirkte (Prinzip 2). Und wir wussten nicht, dass es biblisch war, zerbrochen zu sein und unser Versagen als Gruppe zuzugeben (Prinzip 3). Schließlich betrachteten wir Begrenzungen als ein Hindernis, das überwunden werden musste, nicht als Geschenk, das man annehmen konnte (Prinzip 4). Wir spürten den Druck, wie die anderen Kleingruppen in der Gemeinde zu wachsen und uns zu multiplizieren.

Glücklicherweise ging die Gruppe ein.

Müde Arbeiter in der Gemeinde

Frauke war eine alleinstehende, begabte und fesselnde Leiterin. Sie war ein Magnet für bedürftige Menschen und schien auf vielen Gebieten begabt zu sein – Verwaltung, Lehre, Evangelisation, Seelsorge und Gastfreundschaft. Die Gemeinde wuchs rasch und die Gelegenheiten, Menschen zu erreichen, schienen endlos. Nein zu sagen wurde als nicht gottgefällig angesehen. Frauke sagte selten Nein.

Was geschah? Wie der Rest von uns, der in der Gemeinde mitarbeitete, konnte sie diese Geschwindigkeit nur eine gewisse Zeit durchhalten, bis sie ganz aus der Leiterschaft aussteigen musste, um ihr Leben wieder ins Gleichgewicht zu bekommen. Sie ging, aber wir behielten die fieberhaften Aktivitäten bei und ignorierten, was die Bibel über Begrenzungen und Grenzen lehrt. Dafür zahlten wir einen hohen Preis, sowohl wir persönlich als auch unsere Familien.

2. Erkennen, dass Jesus die menschlichen Grenzen annahm

Ich verbrachte viele Jahre als Leiter mit dem Versuch, jemand zu sein, der ich nicht war. Ich nahm an Konferenzen teil und las Bücher, in denen mir die perfekte Gemeinde vorgestellt wurde. Die besten Programme und Führungskräfte wurden ins Rampenlicht gestellt. Wenn ich so wäre und handelte wie sie, wäre unsere Gemeinde ebenso groß und erfolgreich.

Ich verbrachte viele Jahre als Leiter mit dem Versuch, jemand zu sein, der ich nicht war.

Das Problem war, dass Gott mich nicht mit den Fähigkeiten und dem Leistungsvermögen ausgestattet hatte, das er diesen anderen Leitern geschenkt hatte. Ich bringe andere Stärken mit. Aber das wollte ich nicht wahrhaben. Jahrelang versuchte ich, ein „Drehbuch“ für mein Leben nachzuspielen, das nicht zu mir gehörte. Obwohl das Drehbuch einen Darsteller brauchte, war ich die falsche Person, die für diese Rolle vorsprach.

Gott hat mir zwei oder drei, vielleicht fünf Talente geschenkt, nicht acht oder zehn. Meine Eltern hatten mir gesagt, dass ich im Leben alles werden konnte – Arzt, Musiker, Professor, Schriftsteller, Profisportler. Ich versuchte in der Highschool, wie Michael Jordan Basketball zu spielen. Das konnte ich nicht. Wir verloren die meisten unserer Spiele.

Dennoch verstand ich die Botschaft nicht. Ich konnte nicht alles tun, was ich wollte. Ja, ich hatte Gaben und Potenzial. Aber ich hatte auch Grenzen, die Gott mir als Geschenk gegeben hatte.

Jesus, Begrenzungen und geistlicher Kampf

Soweit wir wissen, hat Jesus in den ersten dreißig Jahren seines Lebens keine Wunder getan. Er war ein treuer Sohn, Angestellter und Teil seiner Nachbarschaft und Synagoge. Er nahm offenbar fröhlich die Begrenzungen an, die sein Vater im Himmel ihm gegeben hatte.

Bei seiner Taufe wurde er von Gott, dem Vater, bestätigt: „Du bist mein geliebter Sohn, an dir habe ich große Freude" (Markus 1,11). Nach etwa dreißig Jahren der Anonymität wurde ihm zugesichert, dass er einen kurzen, dreijährigen öffentlichen Dienst beginnen durfte.

Unmittelbar danach wurde er in die Wüste geschickt, um vom Teufel versucht zu werden. Das Wesen der Versuchung bestand darin, die Grenzen, die Gott ihm gesetzt hatte, zu übertreten oder zu überschreiten. Das ist auch weiterhin ein zentrales Problem des geistlichen Kampfes für die meisten von uns, die aktiv Gottes Werk in ihrem Leben tun wollen.

Jesus musste durch das, was er erlitt, Gehorsam lernen (Hebräer 5,8). Das beinhaltete auch, Grenzen zu setzen und zuzusehen, wie Bedürfnisse nicht gestillt wurden.

Bei seiner Versuchung beginnt der Teufel mit dem Satz: „Wenn du Gottes Sohn bist, befiehl diesen Steinen, dass aus ihnen Brot werden soll" (Matthäus 4,3). Jesus ist an einem Schwachpunkt angelangt. Er hat seit vierzig Tagen nichts gegessen. Es ist so, als sage Satan: „Tu etwas. Wenn du nicht isst, wirst du sterben und niemand wird gerettet. Schau dir doch dein Leben an – in einer

Höhle geboren, als Flüchtling in Afrika, unklare Familienverhältnisse, viele andere Nöte. Du hast Bedürfnisse und Wünsche, die nicht von Gott erfüllt werden. Wie kannst du der Sohn Gottes sein und so viele Probleme haben? Du bist ein Verlierer."

Jesus akzeptierte die Gabe der Begrenzungen und die Steine blieben Steine. Kein Manna vom Himmel erscheint, auch wenn es in seiner Macht steht, das zu veranlassen.

Bei der zweiten Versuchung nimmt Satan Jesus mit zum höchsten Punkt der Heiligen Stadt und fordert ihn auf herunterzuspringen. Damit sollte er den Massen beweisen, dass Gott wirklich bei ihm ist. „Zeig dich den Leuten. Lass sie sehen, dass du etwas zu bieten hast. Sie glauben, dass du ein Nichts bist, ein Niemand." Jesus muss die Entscheidung treffen, auf Gottes Zeitplan zu warten.

Jesus nahm offenbar fröhlich die Begrenzungen an, die sein Vater im Himmel ihm gegeben hatte.

Jesus akzeptiert die Grenzen, die Gott ihm geschenkt hat, und geht die Treppenstufen vom Tempel hinunter. Er tut nichts Sensationelles, um sich selbst oder anderen etwas zu beweisen.

Die dritte Versuchung ist, glaube ich, jedem von uns, der als Leiter arbeitet, vertraut. Satan nimmt Jesus auf einen hohen Berg mit und zeigt ihm die ganze Erde: die Menschenmassen und den Glanz von Athen, die Herrlichkeit Roms, die Schätze von Ägypten, ganz Jerusalem, das glorreiche Korinth sowie alle Königreiche dieser Welt. Wenn Jesus nur die Grenze überschreitet und sich einen einzigen Augenblick (danach kann er ja Buße tun) vor Satan verneigt, wird die Welt gerettet und Millionen von Menschen wäre schon *jetzt* geholfen.

Wenn Jesus einfach die von Gott gesetzte Grenze von Leiden und Kreuz übersprungen hätte, würde Gottes Werk so viel schneller zustande kommen! Die beängstigende Wahrheit ist, dass wir manchmal unsere von Gott gesetzten Grenzen überschreiten und am Ende Gottes Werk ohne Gott tun!

Ich weiß das.

Einschränkungen als tiefes geistliches Thema

Die Gabe der Einschränkung und der Begrenzung anzunehmen, berührt den Kern unserer Beziehung zu Gott.

Bei Adam und Eva im Paradies ging es um die Rebellion gegen Gott, um das Überschreiten von Grenzen. Gott schenkte ihnen im Garten Eden eine große Freiheit. Doch dann setzte er ihnen ohne weitere Erklärung eine Grenze: „Von allen Bäumen des Gartens darfst du essen, doch vom Baum der Erkenntnis von Gut und Böse darfst du nicht essen; denn sobald du davon isst, wirst du sterben" (1. Mose 2,16-17). Der Baum konfrontierte sie mit Gottes Autorität. Sie sollten der Güte Gottes vertrauen und sich ihr fügen. Sie sollten sich demütig vor seinen unbegreiflichen Wegen beugen. Die negativen Folgen ihrer Weigerung wirken sich bis auf den heutigen Tag auf uns aus.

Johannes der Täufer lebt uns hingegen wunderbar vor, was es heißt, unsere Begrenzungen anzunehmen. Große Menschenmengen, die bis dahin Johannes gefolgt waren und von ihm getauft wurden, änderten ihre Gefolgschaftstreue und folgten Jesus nach, als er seinen Dienst begann. Sie drehten Johannes den Rücken zu, sodass einige von Johannes' Nachfolgern über diese dramatische Wende der Ereignisse bestürzt waren.

Johannes konnte aber mit Begrenzungen umgehen und erwiderte: „Ein Mensch kann sich nichts nehmen, wenn es ihm nicht vom Himmel her gegeben wird" (Johannes 3,27). Er war in der Lage zu sagen: „Ich nehme meine Einschränkungen, meine Begrenzungen, meine Menschlichkeit, meine abnehmende Beliebtheit an. Ich bin nicht der Mittelpunkt des Universums. Ich bin nicht Gott."

Grenzen inmitten großer Not

Jesus heilte nicht jeden kranken und besessenen Menschen. Er baute in Kapernaum keine große Gemeinde auf, als man ihn bat, in der Stadt zu bleiben (Markus 1,21-45). Er verwehrte gewissen Menschen, ihm zu folgen, wie dem besessenen Gadarener, den er befreit hatte. Er betete die ganze Nacht lang und wählte nur zwölf Männer als seine engsten Begleiter aus (Lukas 6,12-

16). Andere waren zweifellos enttäuscht. Jesus rannte nicht den Menschenmassen nach, als sie ihm abtrünnig wurden, nachdem er ihnen etwas Schwieriges über seinen Leib und sein Blut gesagt hatte (Johannes 6,22-71).

Jesus ging nicht persönlich los, um die Not der Menschen in Europa, Afrika, Asien oder Amerika zu stillen. Doch am Ende seines Lebens betete er: „Ich habe alles getan, was du mir aufgetragen hast“ (Johannes 17,4).

Warum habe ich dann ständig das Gefühl, dass ich zu wenig Zeit und zu viel zu tun habe? Warum fühle ich mich innerlich chronisch unter Druck und ruhelos? Warum gibt es in meinem Leben so wenig Freiräume oder Flexibilität? Warum habe ich das Gefühl, dass ich nie damit „fertig“ werde, Bedürfnisse zu befriedigen? Ich betete und las die Bibel. Ich arbeitete an meinen Prioritäten und meiner Zeiteinteilung. Ich nahm an zahllosen Seminaren teil, um noch besser zu managen und zu delegieren. Worin bestand das Problem?

Ich begriff nicht das gewaltige Prinzip, dass Grenzen ein Geschenk Gottes sind.

Mein Mangel an Verständnis, wie Grenzen und Begrenzungen sich auf den Dienst für Christus anwenden lassen, führte fast dazu, dass wir den Pastorendienst ganz aufgaben. Ich kenne viele andere, die sich mit Begeisterung in den Dienst an anderen Menschen gestürzt, später aber aufgegeben haben, weil sie nicht wussten, wie sie über jene Brücke gehen sollten, auf der Menschen versuchten, ihnen Seile in die Hand zu drücken, oder unter der andere, die schon heruntergesprungen waren, laut schrien. Also entschieden sie sich für „Ohrstöpsel“, um überhaupt nicht mehr zuhören zu müssen, während sie ihr eigenes Leben weiterlebten. Oder sie beschlossen, nie wieder notleidenden Menschen zu vertrauen oder zu dienen, weil die Kirche ohnehin voller Heuchelei steckt.

Mein Mangel an Verständnis, wie Grenzen und Begrenzungen sich auf den Dienst für Christus anwenden lassen, führte fast dazu, dass wir den Pastorendienst ganz aufgaben.

Begrenzungen – unsere Freunde

Obwohl unsere Kultur sich der Vorstellung von Grenzen widersetzt, ist es enorm wichtig, dass wir sie annehmen. Sie sind wie ein umzäunter Garten, der kleine Kinder schützt. Sie sind die Hände eines Freundes, der uns auf dem Boden der Tatsachen hält, sodass wir uns selbst, anderen oder Gottes Werk nicht schaden.

Parker Palmer erzählte einmal, wie er gebeten wurde, Rektor eines Colleges zu werden. Anfangs war er ganz begeistert und sammelte eine Gruppe vertrauter Freunde um sich, die ihm helfen sollten zu erkennen, ob das Gottes Wille war. Im Laufe des Abends fragte ihn jemand: „Was würde dir daran gefallen, Rektor zu sein?“ Er antwortete: „Nun ja, mir würde es nicht gefallen, dass ich meine Autoren- und Lehrtätigkeit aufgeben müsste. Mir würde die Politik nicht gefallen, die mit der Rektorenstelle einhergeht, und dass ich dabei nie wüsste, wer meine echten Freunde sind. Mir würde nicht gefallen ...“

Die Person, die die Frage gestellt hatte, wiederholte sie noch einmal: „Was würde dir am meisten daran gefallen, Rektor zu sein?“ Palmer stotterte: „Mir würde nicht gefallen, meinen Sommerurlaub aufgeben zu müssen. Es würde mir nicht gefallen, dass ich ständig Anzug und Krawatte tragen müsste. Mir würde nicht gefallen ...“

Schließlich gab er die ehrliche Antwort: „Am meisten würde mir gefallen, dass mein Bild in der Zeitung erscheinen würde und man darunter das Wort *Rektor* lesen könnte.“ Am Ende wurde ihm klar, dass es für ihn und das College eine Katastrophe wäre, wenn er die Stelle annahm. Er zog seinen Namen von der Vorschlagsliste zurück.

Palmer zitiert die alte chassidische Erzählung, in der es darum geht, dass wir so oft lieber das Leben eines anderen führen wollen, anstatt unser eigenes, und darum, dass wir wir selbst werden. Rabbi Susja sagte als alter Mann: „In der zukünftigen Welt wird man mich nicht fragen: ‚Warum warst du nicht Mose?‘ Man wird mich fragen: ‚Warum warst du nicht Susja?‘“[17] Die wahre

---

17 Martin Buber, *Die Erzählung der Chassidim*. Zürich: Manesse-Verlag, 1996.

Berufung eines jeden Menschen ist, wie Kierkegaard sagte, „der Wille, man selbst zu sein".

3. Meine Grenzen erkennen lernen

Schauen Sie sich Ihre Persönlichkeit an. Beziehen Sie größere Energie aus dem Kontakt mit Menschen (extrovertiert) oder aus der Erledigung von Aufgaben (introvertiert)? Sind Sie eher spontan und kreativ oder kontrolliert und systematisch? Sind Sie eher gelassen und entspannt oder verkrampft und ängstlich? Auf einer Skala von eins bis zehn (mit zehn als höchstem Wert) für Mut und Risikobereitschaft erzielte ich eine Zehn. Ich war bereit, Robin Hood zu sein, und träumte davon, Nottingham zu übernehmen. Gleichzeitig bekam ich eine Zehn für Sensibilität. Letzteres qualifizierte mich eher für die Arbeit als Seelsorger oder Sozialarbeiter, nicht als Geschäftsführer oder Gewerkschaftsvorsitzender. Viel davon entwickelte sich in meiner Kindheit und der Familie, in der ich aufwuchs. In unserer Gemeinde greifen wir regelmäßig zu sogenannten Gabentests. Z. B. ist der DISG-Test sehr zu empfehlen.

Schauen Sie sich Ihre Lebensphase an. Die Lebensphase, in der Sie sich gerade befinden, ist auch eine von Gott gesetzte Grenze. Der Prediger lehrt uns, dass es für alles unter dem Himmel eine Zeit oder Frist gibt: „Pflanzen hat seine Zeit, wie auch das Ausreißen des Gepflanzten ... Weinen hat seine Zeit, wie auch das Lachen ... Schweigen hat seine Zeit, wie auch das Reden" (Prediger 3,1-8).

Elternschaft hat verschiedene Abschnitte. Es gibt Zeiten, in denen wir zu Hause bei den kleinen Kindern bleiben müssen. Dann werden diese Kinder Teenager und ziehen von zu Hause aus und schicken uns damit in eine andere Lebensphase. Es gibt Zeiten, in denen uns unsere Familie aus gesundheitlichen Gründen braucht. Es gibt Zeiten von finanziellem Wohlergehen und finanziell schwierige Zeiten. Es gibt Zeiten, in denen man intensiv studiert und sich vorbereitet. Es gibt Zeiten großer Aktivität. Es gibt Zeiten, in denen wir Verluste betrauern und warten müssen.

Es ist wichtig, dass wir die Lebensphasen anderer nicht verurteilen oder anderen unsere Lebensphasen aufzwingen. Nur sehr wenige Dinge im Leben sind von Dauer.

Schauen Sie sich Ihre Lebenssituation an. Ihre Lebenssituation ist ebenfalls eine Begrenzung. Wenn wir älter werden, stellen wir fest, dass unser Körper nicht mehr das kann, was er einmal konnte. Wenn wir jung sind und noch nicht viel Lebenserfahrung haben, bleiben uns gewisse Türen verschlossen. Wenn wir eine körperliche oder psychische Behinderung oder Krankheit haben, können wir nicht jeden Weg einschlagen, den wir gehen wollen.

Wenn man verheiratet ist, betrachtet Paulus das als Begrenzung (1. Korinther 7,32-35). Jedes Kind, obwohl es ein Geschenk Gottes ist, bildet jetzt eine Grenze, wofür, wo und wie wir unser Leben einsetzen, um Gott zu dienen. Wenn man ein Kind mit besonderen Bedürfnissen oder pflegebedürftige Eltern hat, beeinflusst das ebenfalls den Verlauf des eigenen Lebens.

Schauen Sie sich Ihre emotionale, körperliche und intellektuelle Belastbarkeit an. Ihre emotionale, körperliche und intellektuelle Belastbarkeit ist auch ein Geschenk von Gott. Wenn ich arbeite, bin ich sehr aufnahmebereit für Menschen und komplizierte Situationen. Gleichzeitig habe ich gemerkt, dass ich teilnahmslos und deprimiert werde, wenn ich mehrere Tage hintereinander mit Menschen arbeite. Ich brauche dann Zeit zum Lesen, Beten und Nachdenken. Um wieder voll konzentriert zu sein, brauche ich zwischen zwei Sitzungen eine kurze Pause von drei bis fünf Minuten.

Ein Freund von mir, auch Pastor, kann problemlos siebzig bis achtzig Stunden pro Woche arbeiten, und zwar sechs Tage lang. Möge Gott ihn in seiner Arbeit segnen, aber ich kann das weder körperlich noch emotional oder geistlich. Für mich als Leiter ist es so befreiend, die Worte „Ich kann nicht" auszusprechen. Wenn wir Gottes Grenzen in unserem Leben nicht respektieren, merken wir schnell, dass wir überarbeitet, gestresst und erschöpft sind.

Schauen Sie sich Ihre zwiespältigen Gefühle an. Wut, Depression und Zorn wirken in unserem Leben oft als „Ölwarnleuchten" und teilen uns mit, dass etwas im Inneren des „Motors“ unseres Lebens nicht in Ordnung ist. So bremst Gott mich oft und zieht meine Aufmerksamkeit auf sich.

Schauen Sie sich die Narben und Verletzungen aus Ihrer Kindheit an. Auch sie sind von Gott gegebene Grenzen und Gaben. Wenn wir danach Ausschau halten, wie Gottes Hand in unserer Kindheit – selbst in den schmerzlichsten Augenblicken – gewirkt hat, können wir in dieser steinigen Erde Goldstücke finden. Missbrauch, Vernachlässigung, Verlassenwerden, Armut, Unterdrückung können bei uns das Gefühl hervorrufen, dass wir den Anschluss verloren haben und immer den verpassten Gelegenheiten hinterherjagen. Aber Gott sieht das anders.

Meine persönlichen Begrenzungen stellen sich als Geschenke heraus, sobald ich sie annehme. Ich merke, dass ich mehr von Gott abhängig und sensibler bin und andere nicht so schnell verurteile. Ich bringe anderen echtere Liebe entgegen, indem ich sie ermutige, fröhlich innerhalb ihrer von Gott abgesteckten Grenzen zu leben.

Nikolaus – Zar von Russland

Im Alter von sechsundzwanzig Jahren wurde Nikolaus II. Zar von Russland, damit war er Herrscher über beinahe ein Sechstel der Welt. Nikolaus war ein zurückhaltender Anführer, der durch den Tod seines Vaters in eine Rolle gezwungen wurde, für die er schlecht ausgerüstet war. Er schien das genaue Gegenteil seines aggressiven, starken Vaters zu sein, den er als unvergleichlich bezeichnete. Ihm fehlte die Erfahrung, das gebieterische Auftreten und die körperlich majestätische Erscheinung seines Vaters.

Stattdessen hatte Gott Nikolaus ein sanftes Temperament, eine tiefe Liebe zu seiner Familie und ein sensibles Wesen geschenkt. Man warf ihm ständig vor, dass sein Wesen nicht einem Zaren entsprach, weil er leise sprach und gütig war. Ein Historiker merkte an: „Im Amt des Herrschers waren seine Sanftheit und sein Mangel an Selbstbehauptung Schwächen ... Im Umgang mit seiner Familie ... waren sie Stärken.“[18]

---

18 Dominic Lieven, *Nicholas II: Twilight of the Empire*. New York: St. Martin's, 1993, Seite 236 (siehe auch Seite 261).

Die Anforderungen, die die Zarenherrschaft mit sich brachten, passten nie zu seiner Persönlichkeit. Er war zum Schneider geeigneter als zum Herrscher. Er zog es vor, mit seiner Frau und seinen Kindern allein zu Hause oder in einer ihrer Sommerresidenzen zu sein. Mittlerweile umwirbelten ihn die Sturmwolken des Ersten Weltkriegs ebenso wie Lenins bolschewistische Revolution von 1917.

Reife im Leben ist, wenn jemand fröhlich innerhalb seiner von Gott abgesteckten Grenzen lebt.

Aus Pflichtgefühl bemühte er sich beharrlich, aber am Ende zerfiel das zaristische Russland. Wenn Nikolaus es gewagt hätte, mit dem „Drehbuch" für sein Leben zu brechen und einem anderen die Führungsrolle übergeben hätte, wäre die Geschichte vielleicht anders verlaufen.

Dem eigenen, wahren Wesen treu sein

Ich möchte folgende Fragen stellen: Passt die Art, wie ich mein Leben führe, zu meinem von Gott gegebenen Wesen? Entspricht sie meinem wahren Wesen? Bin ich meinen von Gott geschenkten Talenten, meiner einzigartigen Geschichte, meinen Schwächen treu?

Reife im Leben ist, wenn jemand fröhlich innerhalb seiner von Gott abgesteckten Grenzen lebt. Die meisten von uns ärgern sich über Grenzen – bei sich selbst und bei anderen. Wir erwarten viel zu viel von uns selbst und anderen und werden permanent enttäuscht. Viele Burnouts sind eine Folge davon, dass wir anderen geben, was wir nicht besitzen. Henri Nouwen fasst gut zusammen, worin unsere Herausforderung besteht:

> „Keine zwei Leben sind gleich. Wir vergleichen unser Leben oft mit dem von anderen und versuchen herauszufinden, ob wir besser oder schlechter dran sind, aber solche Vergleiche helfen uns nicht viel. Wir müssen unser eigenes Leben leben, nicht das eines anderen. Wir müssen *unseren eigenen* Kelch trinken. Wir müssen wagen zu sagen: ‚Das ist

mein Leben, das Leben, das mir geschenkt wurde, und es ist das Leben, das ich leben muss, so gut ich kann. Mein Leben ist einzigartig. Kein anderer wird es jemals leben. Ich habe meine eigene Geschichte, meine eigene Familie, meinen eigenen Körper, meinen eigenen Charakter, meine eigenen Freunde, meine eigene Art zu denken, zu reden und zu handeln – ja, ich habe mein eigenes Leben zu leben. Niemand sonst steht vor den gleichen Herausforderungen. Ich bin allein, weil ich einzigartig bin. Viele Menschen können mir helfen, mein Leben zu leben, aber schließlich und endlich muss ich meine eigenen Entscheidungen treffen, wie ich mein Leben lebe.'"[19]

Gott lädt uns ein, aus der Stille und Ruhe heraus unser Leben zu führen und unsere Arbeit zu tun. Ich achte genau auf Zeichen dafür, dass ich von meinem gottgegebenen Leben abschweife. Folgendes weist darauf hin, dass ich vom eigentlichen Weg abgekommen bin:

- Ich bin besorgt.
- Ich hetze oder eile.
- Mein Körper ist verkrampft.
- Ich tue zu vieles gleichzeitig.
- Meine Gedanken überschlagen sich.
- Ich fahre zu schnell Auto.
- Ich bin nicht in der Lage, Menschen meine volle Aufmerksamkeit zu schenken.
- Mich überfordern die simpelsten Aufgaben im Alltag, wie z. B. im Supermarkt an der Kasse Schlange stehen müssen.
- Ich bin in meiner Stillen Zeit zu oberflächlich.

Das sind nur ein paar meiner Warnsignale. Sie können vielleicht einige streichen und dafür andere hinzufügen, je nachdem, mit welchen Versuchungen Sie zu kämpfen haben und

19 Nouwen, Henri J. M., *Der Kelch unseres Lebens: ganzheitlich Mensch sein*. Freiburg im Breisgau; Basel; Wien: Herder, 1997. Hervorhebungen von Nouwen.

wofür Sie besonders anfällig sind. Am wichtigsten ist, dass wir schonungslos ehrlich mit uns selbst sind, wenn wir uns vom Willen Gottes und dem einzigartigen Leben, zu dem er uns berufen hat, entfernen.

4. Die Gabe der Begrenzungen in die Gemeinde integrieren

Dieses Prinzip ist in der Gemeinde schwer umzusetzen. Trotzdem haben wir in mindestens vier Punkten die Gabe der Begrenzung bewusst in den Dienst von *New Life* eingearbeitet: Wir legen Wert auf die Selbstfürsorge der Leiter, wir setzen Störern Grenzen, wir geben Menschen die Freiheit, „Nein zu sagen", und lehren in der gesamten Gemeindearbeit, Grenzen zu setzen.

Auf die Selbstfürsorge der Leiter Wert legen

Als Leiter bemühen wir uns darum vorzuleben, dass unser persönliches Leben und unsere Familie an erster Stelle kommen und nicht die Gemeinde. Wir erwarten von Angestellten, Gemeindevorstandsmitgliedern und Leitern, dass sie angemessen für ihre eigene Person sorgen und Grenzen setzen, und zwar entsprechend ihrer Persönlichkeit und ihrer speziellen Familiensituation.

Wenn wir die Gabe der Begrenzung verstehen, befähigt uns das, die Fürsorge für die eigene Person ernst zu nehmen. Dies ist eine der größten Herausforderungen für diejenigen, die anderen dienen. Die Fürsorge für die eigene Person ist niemals etwas Egoistisches. Jedes Mal, wenn wir auf unser wahres Wesen hören und ihm die notwendige Fürsorge zukommen lassen, tun wir das nicht nur für uns selbst, sondern auch für die vielen anderen, deren Leben wir berühren.

Das ist so lebenswichtig für unsere Gemeinde, dass wir eine „Lebensregel" für unser Pastorenteam aufgestellt haben. Dazu gehört: den Feiertag heiligen, jeden Monat einen Tag allein mit Gott verbringen und mehrmals täglich für das „Tageszeitengebet" (teilweise auch als „Stundengebet" oder „Tageszeitenliturgie“ bekannt) innehalten. Gott hat für jeden von uns eine einzigartige Kombination von Aktivität und Stille. Er hat uns alle unterschiedlich geschaffen. Die Frage ist, wie viel Zeit jeder von uns allein mit Gott braucht, damit Christi Leben aus uns herausfließen kann. Wenn wir in der Lage sind, uns selbst und unseren Mitmenschen zu helfen, dieses empfindliche Gleichgewicht zu halten, stellen wir fest, dass wir so tief in Gott verwurzelt sind, dass unsere Aktivitäten für ihn von einem reichen Frieden und einer tiefen Freude bestimmt sind.

> **Die Fürsorge für die eigene Person ist eine der größten Herausforderungen für diejenigen, die anderen dienen.**

Wenn wir bei einem Leiter den Eindruck haben, dass seine Familie oder sein persönliches Leben aus dem Gleichgewicht geraten ist, versteht es sich von selbst, dass wir ihn aus Liebe zu ihm darum bitten, von seiner Leitungsaufgabe zurückzutreten. Das Ergebnis davon ist, dass sich Menschen jetzt nur noch selten ausgenutzt fühlen.

Störern Grenzen setzen

Ein kritisches Thema für eine Gemeinde ist, für jeden in der Gemeinschaft ein Klima der Liebe und des Respekts zu schaffen. Das erfordert eine bewusste Abgrenzung gegenüber Störern. Störer sind Menschen, die auf Kosten anderer zu viel Raum einnehmen, die anderen nicht gestatten, sich zu äußern, die Menschen für ihre eigenen Zwecke manipulieren und benutzen oder die der Gemeinschaft schaden, indem sie unbiblisch an Situationen und Menschen herangehen.

Oft bestimmen in Gemeinden diejenigen die Tagesordnung, die am lautesten jammern. Wie Krebszellen töten sie gesunde „Zellen“, indem sie in den Freiraum von anderen Menschen eindringen. Sie sind anscheinend unfähig, aus ihren Erfahrungen zu lernen, und nicht bereit, sich zu verändern.

Eine seelisch gesunde Gemeinde hat bezüglich ihrer Einzigartigkeit und Berufung eine Vision von Gott. Sie versucht nicht, eine andere Gemeinde zu imitieren. Sie hat ihre eigenen Werte und Ziele. Sie strebt danach, so zu arbeiten wie Jesus. Er konnte sich in seine zwölf Jünger und in Menschenmassen einfühlen, aber er behielt ein klares Bewusstsein von Gottes Plan für sein Leben. Konflikte zu vermeiden war nicht seine oberste Priorität, sondern Gottes Willen zu tun.

Menschen die Freiheit zum Neinsagen geben

Wir schulen unsere Mitglieder, ihre geistlichen Gaben in der Gemeinde einzusetzen und in mindestens einem Arbeitszweig außerhalb ihrer Begabung mitzuarbeiten. Gleichzeitig akzeptieren wir, wenn sie „Nein“ sagen, besonders bei denen, die unermüdlich arbeiten. Diejenigen von uns, die sich schuldig fühlen, wenn ein Bedürfnis unerfüllt bleibt, brauchen großen Mut und große Kraft, sich einmal nicht für etwas freiwillig zu melden. Für uns bedeutet das, unser sündiges Ich zu verleugnen (das wie Gott sein will) und Jesus nachzufolgen. Es bedeutet, darauf zu vertrauen, dass Gott dieses Bedürfnis durch andere stillt.

Ist es heute schwieriger als vor ein paar Jahren, Menschen bei *New Life* als Mitarbeiter zu gewinnen? Ja. Den Menschen steht es frei, ohne Schuldgefühle oder Druck „Nein“ zu sagen. Aber die Mitarbeiter sind weniger launisch und sie arbeiten tendenziell über einen längeren Zeitraum hinweg mit, weil sie innerlich motiviert sind. Sie lieben und geben ihre Liebe freiwillig.

Vielleicht das Wichtigste dabei: Sie fühlen sich geliebt und nicht dazu benutzt, die Gemeinde aufzubauen.

Grenzen setzen

Adam und Eva waren die ersten Grenzübertreter. Sie übertraten die Grenze, die Gott ihnen gesetzt hatte, aßen von dem verbotenen Baum und liefen dann vor Gott weg. Seit dieser Zeit übertreten wir Grenzen, die Gott und andere uns setzen, und verletzen Regeln. Der Sündenfall hat unser Empfinden für Eigenständigkeit, Grenzen und Verantwortung verzerrt.

Grenzen sind die Erkenntnis, dass man ein eigenständiger Mensch und von anderen abgegrenzt ist. Sie stehen für das, was man ist und was man nicht ist. Grenzen zeigen, wo man selbst aufhört und ein anderer beginnt. Mit geeigneten Grenzen weiß man, wofür man verantwortlich ist und wofür nicht.

Menschen mit einem schwach ausgeprägten Bewusstsein für Grenzen fühlen sich gezwungen zu tun, was andere wollen, auch wenn sie selbst es eigentlich nicht tun wollen. Sie haben Angst davor, jemanden zu enttäuschen oder kritisiert zu werden. Sie möchten, dass andere sie mögen, und sie möchten ganz sicher nicht als egoistisch angesehen werden. Folgende Aussagen sind typisch für sie:

- „Ich habe gesagt, dass ich den Ordnerdienst übernehme, weil der Pastor mich gefragt hat. Ich weiß, dass ich dafür jetzt nicht die Zeit habe, bei dem ganzen Druck in meinem Beruf und den Bedürfnissen meiner Familie, aber ich konnte einfach nicht ‚Nein' sagen."
- „Ich muss Mittwochabend zu dem Gebetstreffen gehen. Die Leute erwarten von mir, dass ich komme. Ich will doch den Pastor nicht enttäuschen."
- „Schatz, wir müssen zum Abendessen zu den Schneiders. Ich weiß, dass wir nicht gehen wollen, und unsere Kinder werden jammern, weil sie keine Kinder haben, mit denen sie spielen können, aber was sollen wir denn machen? Weißt du, wie enttäuscht sie sonst wären? Sie versuchen doch nur, nett zu sein."

Das Problem bei jeder der beschriebenen Szenen ist, dass die Betroffenen nicht wissen, wo jeweils die Grenzen liegen. Sie ziehen keine genaue Grenze zwischen ihrem Leben und dem ihres Gegenübers. Das ist der Kernpunkt, worum es bei Grenzen geht: „Wo ist meine Grenze und wo beginnt die des anderen?"

Ich muss meine Grenzen bestimmen und schützen, und zwar vehement. Unsere Grenzen werden täglich mehrfach auf die Probe gestellt – durch Ehepartner, Freunde, Kollegen, Gemeindemitglieder, Verkäufer und Kinder. Menschen wollen einfach, was sie wollen. Daran ist an sich nichts auszusetzen. Man wird immer etwas von Ihnen und mir wollen: Zeit, emotionale Unterstützung, Geld. Das ist normal.

Das Problem ist nur, dass die Bedürfnisse anderer bei Weitem meinen persönlichen Vorrat übersteigen. Und ich muss bestimmen, wie ich auf lange Sicht am besten damit umgehe, statt nur darauf zu schauen, was im Moment gerade am leichtesten ist. Kürzlich wurde ich beispielsweise gebeten, in einem großen internationalen Missionsprojekt eine bedeutende Führungsrolle zu übernehmen. Der Leiter dieser Initiative kam in mein Büro und legte mir überzeugende Argumente vor, warum ich auf sein Angebot eingehen sollte. Mein persönlicher Vorrat an Kraft und Zeit ist jedoch aufgrund meiner Verpflichtungen gegenüber Gott, meiner Frau Geri, meinen Töchtern und *New Life Fellowship* beschränkt. Hätte ich Ja gesagt, hätte sich das auf mindestens einen dieser Bereich negativ ausgewirkt.[20]

Keine Grenzen zu setzen führt oft zu zahlreichen anderen Problemen, wie zum Beispiel Angst, Depression, Wut, Panik und Gefühlen der Machtlosigkeit. Am zerstörerischsten zeigt sich das, wenn Menschen zulassen, dass sie körperlich, sexuell, emotional oder geistlich missbraucht werden.

Grenzen setzen: zusammen und doch eigenständig. Die folgende Grafik ist einfach zu verstehen, aber extrem schwer zu leben. Jeder Kreis steht für zwei unterschiedliche Menschen. Jeder hat Gedanken, Ansichten, Gefühle, Werte, Hoffnungen, Ängste, Überzeugungen, Fähigkeiten, Wünsche, Vorlieben und Abneigungen. Beide sind in einem Kreis und doch ist jeder innerhalb seiner eigenen „Grenze“. Deshalb ist es so wichtig, dass wir auf das achten, was wir denken, fühlen und wünschen, und dass uns immer klarer wird, wer wir sind.

20 Michael D. Yapko, *Breaking the Patterns of Depression*. New York, 2001, Seite 282-286.

Die Bibel beruft uns als Familie dazu, miteinander so liebevoll in Beziehung zu stehen, dass die Welt erkennt, dass Jesus real und lebendig ist (Johannes 13,34f.) Diese Verbindung zu anderen soll jedoch bestehen, ohne dass wir unsere Individualität oder Eigenständigkeit verlieren.

Zusammen und doch eigenständig

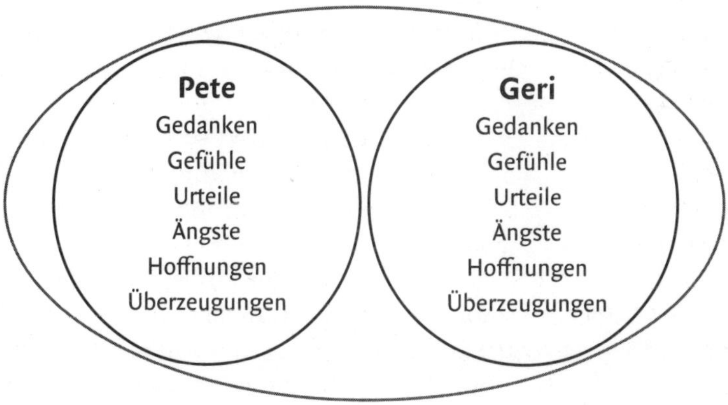

Jeder von uns ist ein einzigartiges Individuum, das nach dem Bild Gottes erschaffen ist. Er hat uns mit Ehre und Herrlichkeit gekrönt (Psalm 8,6). Er hat uns seine Einzigartigkeit, Heiligkeit, Kostbarkeit und seinen Wert aufgeprägt. Jedes einzelne Leben ist ein Wunder.

Wenn wir uns in unseren Kleingruppen, Gesprächskreisen und Seminaren darüber unterhalten, wie wir es lernen können, Grenzen zu setzen, wird immer wieder deutlich, dass die meisten von uns die Grenzen anderer überschreiten. Wir finden uns nicht immer gleich damit ab, dass uns ein anderer mal mit einem Nein konfrontiert, sondern erwidern dann: „Das solltest du aber unbedingt machen!" oder: „Sieh die Sache doch mal so wie ich!"

Grenzen setzen: Respekt in unserem Zusammensein und unserer Eigenständigkeit. Das Problem in vielen Gemeinden (und auch Ehen) ist, dass es nicht genug Eigenständigkeit gibt.

Mehr als einmal habe ich die Grenzen von Menschen überschritten, indem ich drüber geurteilt habe, warum sie nicht mehr in unsere Gemeinde kamen oder keine Leitungsaufgabe übernehmen wollten. Ich habe sie nie genug respektiert, um sie nach dem Grund zu fragen.

Viele von uns, die Leitungsaufgaben wahrnehmen, müssen auch sich selbst mehr respektieren und deutlich erklären, was sie denken und empfinden. Wenn jemand zu uns kommt und sagt: „Herr Pastor, es ärgert mich, dass wir keinen Gottesdienst mitten in der Woche haben. Ich brauche das wirklich!“, dann könnte eine Antwort sein: „Es tut mir leid, aber wir haben keinen Gottesdienst mitten in der Woche. Schauen Sie doch einmal in unseren Kleingruppen vorbei. Die sind klasse!“

Christliche Leiter lassen nur allzu oft zu, dass sie respektlos behandelt werden.

Christliche Leiter lassen nur allzu oft zu, dass sie respektlos behandelt werden. Sie gestatten anderen, unangemessen mit ihnen und über sie zu sprechen. Sie glauben, dass das die „feine christliche“ Art ist. Aber damit eine gesunde Gemeinschaft gedeihen kann, muss es ein Fundament des Respekts geben. Mit Respekt meine ich die Art, wie man einander behandelt, nicht, wic man füreinander empfindet. Wir haben das Recht, unterschiedlich zu sein, das Recht, ernst genommen zu werden, das Recht, gehört zu werden, und das Recht, anderer Meinung zu sein. Wenn man diese Rechte einschränkt, dann hat man Beziehungen, die von einem oder mehreren dominiert werden. Und das auf Kosten anderer.

5. An unseren Grenzen wachsen

Gleichzeitig müssen wir uns regelmäßig fragen: Sind mir Grenzen gesetzt, die ich mit Gottes Hilfe durchbrechen sollte, da sie auf einer gewissen Charakterschwäche beruhen?

Wie bereits erwähnt saß ich jahrelang fest, was mein Organisationstalent als Pastor betraf. Persönliche Entscheidungen treffen, ein Budget aufstellen, die detaillierte Umsetzung von Entscheidungen kontrollieren und Aufgabenbeschreibungen erstellen, das alles fiel mir schwer. Visionen aufzeigen und lehren, das konnte ich vorzüglich. Mir wurde gesagt: „Du hast diese Begabungen eben nicht, also konzentriere dich lieber auf deine Stärken und such dir jemanden, der sich um das kümmert, was du nicht so gut kannst. Du solltest viel Zeit im Gebet und mit dem Wort Gottes verbringen, lass andere die Gemeinde managen."

Wir probierten einiges aus, holten uns fremde Hilfe und verteilten die Aufgaben auf mehrere Schultern. Doch jedes Mal stießen wir an Grenzen. Nichts schien auf lange Sicht zu funktionieren. Die Spannungen blieben, bis ich bereit war, meine eigenen Charakterschwächen in Angriff zu nehmen.

Es stimmt zwar, dass das Managen der Gemeinde nicht meine Hauptberufung war, aber das Kernproblem hatte mit meinem Charakter zu tun. Ich zog die leichten Tätigkeiten (predigen und beten) der schweren Arbeit der Menschenführung vor. Mir war es lästig, die nötige Zeit zu investieren, mich sorgfältig auf Mitarbeitertreffen vorzubereiten und mir um strategische Planzahlen Gedanken zu machen. Impulsiv und „visionsgetrieben" zu agieren fiel mir leichter, als den nüchternen Tatsachen ins Auge zu sehen. Wer will schon einen Mitarbeiter für seine mangelnde Leistung zur Rede stellen, wenn man die Zeit mit Predigen verbringen könnte und dafür die Anerkennung der Gemeinde erntet?

Genau wie bei vielen anderen Leitern und Hauptamtlichen ging es bei mir nicht um meine von Gott gegebenen Begrenzungen, sondern um meine Charakterschwäche. Inzwischen haben wir ein Team gebildet, das einen Teil dieser Arbeit übernimmt. Der Unterschied zu früher ist jedoch, dass ich mich nicht mehr dagegen sträube, in Christus zu wachsen und dabei der unangenehmen Aufgabe, Menschen zu führen, aus dem Weg gehe.

6. Gott durch unsere Begrenzungen wirken sehen

Bevor ich dieses Kapitel schließe, muss ich betonen, dass Gott uns manchmal auf wundersame Weise über unsere Begrenzungen hinausträgt.

- Sara war neunzig Jahre alt und Abraham „so gut wie tot" (Römer 4,19). Dennoch machte Gott sie zu Mutter und Vater von Nationen.
- Elia und Jeremia waren anfällig für Depressionen und wurden dennoch machtvoll von Gott gebraucht.
- Mose war achtzig Jahre alt, als Gott ihn an eine Aufgabe stellte, die die körperliche und emotionale Kondition eines 40-Jährigen erforderte. Er hatte auch eine schwere Sprachbehinderung, die ihn seiner Meinung nach disqualifizierte. Gott sah das anders.
- Timotheus, der anscheinend von Natur aus ängstlich und schüchtern war, wurde von Gott berufen, die große, schwierige Gemeinde in Ephesus zu leiten. Sie war von Spaltungen, Problemen und Konflikten heimgesucht. Paulus erinnerte ihn daran, dass Gott ihm nicht einen Geist der Furcht gegeben hatte (2. Timotheus 1,7).

Hebräer 11 liefert uns eine kleine Auswahl biblischer Helden, die durch ihren Glauben Königreiche bezwungen und hungrigen Löwen das Maul gestopft haben, im Kampf Stärke gewonnen und ganze Armeen in die Flucht geschlagen haben (siehe Hebräer 11,32-33). Wir sollten uns also regelmäßig fragen: Was sind die Begrenzungen, die ich durch meinen Glauben durchbrechen muss, damit andere Gott kennenlernen und ich die Person werde, die Gott sich vorgestellt hat? Und welche Begrenzung, äußere und innere, sollte ich als Gabe Gottes annehmen, als seine Einladung, mich ihm auszuliefern und ihm zu vertrauen?

Manchmal kann es so aussehen, als ob das Akzeptieren von Grenzen nicht im Interesse der Gemeinde ist. Es hat den Anschein, als würde der Gehorsam Gott gegenüber ins Chaos führen, uns und die anderen. Man stellt sich die Frage: Wird auch nur irgendeine Arbeit erledigt werden? Wird die Gemeinde je wachsen? Wird jeder zu einem selbstsüchtigen Egoisten, der isoliert von den anderen lebt?

König David war Gott unermesslich dankbar für all seine Güte. Alles lief gut. Seine Macht war gefestigt. Jerusalem war als Hauptstadt etabliert und die Bundeslade war im Zentrum der Stadt. David segelte auf einer Welle der Beliebtheit und veröffentlichte regelmäßig starke Lieder und Kompositionen zur Anbetung Gottes.

Er wollte Gott unbedingt einen Tempel bauen, damit die Nationen Gott kennenlernen sollten. Der Prophet Nathan bestärkte ihn, ans Werk zu gehen. Gott jedoch sagte „Nein". Gott setzte eine klare Grenze.

Das war einer der kritischsten Augenblicke in König Davids Leben. Er würde David als wahren König nach dem Herzen Gottes entweder qualifizieren oder auch nicht. Auch für uns sind solche Momente äußerst entscheidend.

Ich kann mir kaum vorstellen, wie tief enttäuscht oder beschämt David gewesen sein muss. Was würden all die heidnischen Könige in seiner Umgebung denken? Sie alle hatten prachtvolle Tempelanlagen für ihre Götter erbaut. Im Vergleich dazu stand David schwach da.

Die Bibel erzählt, dass David sich hinsetzte und betete. Am Ende seines Gebetes hatte er sich Gottes „Nein" unterworfen und vertraute einem göttlichen Plan, den er nicht sehen konnte. „Unser Gott ist im Himmel und er tut alles, was er will" (Psalm 115,3). „Was noch kommen wird, weiß allein der Herr, unser Gott" (5. Mose 29,28). David erkennt, dass Gott Gott ist.

David kämpfte mit dem zentralen geistlichen Problem, das wir haben, wenn wir treu in unseren von Gott abgesteckten Grenzen leben wollen: Ist Gott gut und ist Gott wirklich souverän?

Gott ist so überwältigend, dass wir – wie David – uns nicht einmal vorstellen können, was er vorhat und was er in und durch unser Leben tut. David akzeptierte, dass sein Wissen zu begrenzt war, um Gottes Absicht wahrzunehmen. Nur die Zeit würde sein oberflächliches Verständnis von dem, was vor sich ging, und warum Gott zu seinen Plänen „Nein" sagte, ausräumen. Gott malte über eine lange Zeitspanne hinweg auf einer riesigen Leinwand. Erst in der Ewigkeit würde David das verstehen.

Inzwischen sollte er – wie wir – innerhalb seiner von Gott gesetzten Grenzen treu weitermachen und das Baumaterial für seinen Sohn Salomo vorbereiten, der in der nächsten Generation den Tempel erbauen sollte. Das erforderte einen radikalen Glauben und Vertrauen zu Gott. Ebenso vertrauen Menschen in seelisch gesunden Gemeinden Gottes Güte, indem sie seine Grenzen als Geschenke und Ausdruck seiner Liebe annehmen. Manchmal gehört dazu, dass wir den Verlust von Träumen und Erwartungen betrauern, die wir vielleicht für unser Leben hatten. Diese Tatsache führt uns zu dem nächsten Merkmal seelisch gesunder Gemeinden und Gemeindeglieder: die Fähigkeit, Trauer und Verlust anzunehmen.

Kapitel 9

Prinzip 5: Trauer und Verlust annehmen

In seelisch gesunden Gemeinden nehmen die Menschen die Trauer an und sehen darin einen Weg, Gott ähnlicher zu werden. Sie begreifen, wie entscheidend die Trauer um unsere Verluste zur Jüngerschaft dazugehört. Warum? Das ist der einzige Weg, ein mitfühlender Mensch wie unser Herr Jesus zu werden.

Viele, viele Jahre lang versteckte ich meine Verluste und mir war nicht klar, wie sie meine gegenwärtigen Beziehungen und meine Leiterschaft prägten. Gott wollte meine Seele weiter machen und mich reifen lassen, während ich nach einem schnellen Ende für meinen Schmerz suchte. Er hat gewonnen. Gerade Pastoren und Leiter müssen oft wegen ihrer einzigartigen Verbundenheit mit dem Leib Christi herbe Verluste hinnehmen. Wenn wir manchmal meinen, es würde geistlich bergab gehen, ist das Gottes Gelegenheit, um uns grundlegend zu verändern.

Durch Leid wird unsere Seele weiter

Im Herbst 1991 waren Gerald und Lynda Sittser mit ihren vier Kindern zwischen zwei und acht Jahren in ihrem Minivan auf einer einsamen Landstraße im ländlichen Idaho unterwegs. Geralds Mutter saß ebenfalls mit im Auto. Sie hatten ein nahe gelegenes Indianerreservat besucht, ein Schulprojekt der beiden ältesten Kinder. Sie waren eine richtige Bilderbuchfamilie. Es lief alles so gut.

Sie waren gerade zehn Minuten unterwegs, als ihnen auf ihrer Fahrbahnseite ein Fahrzeug entgegenkam. Gerald bremste zwar, aber das andere Fahrzeug raste mit über 130 km/h auf sie zu und stieß frontal mit ihnen zusammen. Der Fahrer war betrunken. In diesem Moment verlor Gerald drei Generationen – seine Mutter, seine Frau und seine vierjährige Tochter. Er schreibt: „In einem Augenblick war meine Familie, wie ich sie gekannt und geliebt hatte, ausgelöscht.“ Gerald Sittser saß auf jener einsamen Landstraße und sah sie sterben.

Der Fahrer des anderen Wagens wurde schließlich freigesprochen, weil im Gerichtsprozess nicht zweifellos nachgewiesen werden konnte, ob er oder seine schwangere Frau, die bei dem Unfall ums Leben kam, das Auto gefahren hatte.

Sittser schrieb ein Buch über seinen Abstieg in einen Abgrund der Trauer und des unbegreiflichen Schmerzes, der sein Leben veränderte. Unter dem Titel *Trotzdem will ich das Leben lieben: Wie ein großer Verlust zum Segen werden kann* schreibt er:

> „*Ein katastrophaler Verlust schließt per definitionem aus, dass man sich davon erholt. Er wird uns verändern oder zerstören, aber er lässt uns nicht so, wie wir waren.* Es gibt kein Zurück in die Vergangenheit ... Daher ist es nicht wahr, dass wir durch Verlust kleiner werden – es sei denn, wir lassen zu, dass der Verlust uns kleiner macht und unsere Seele zermalmt, bis nichts mehr übrig ist. *Verlust kann uns auch größer machen.* Ich bin nicht über den Verlust meiner Lieben hinweggekommen; vielmehr habe ich den Verlust in mein Leben aufgenommen, bis er ein Teil meiner selbst wurde. Der Kummer zog dauerhaft in meine Seele ein und *machte sie weiter* ... Man lernt den Schmerz anderer kennen, indem man seinen eigenen Schmerz erleidet, indem man sich nach innen wendet, indem man seine eigene Seele findet ... So schmerzhaft er auch ist, Kummer ist gut für die Seele ... Die Seele ist elastisch, wie ein Ballon. *Sie kann durch Leid wachsen*“[21] (Hervorhebung des Autors).

Zur gleichen Zeit, als ich mich mit diesem seltsamen Trauerprozess und seinem Bezug zum geistlichen Leben auseinandersetzte, bekam ich ein Buch in die Hand mit dem Titel *Klage um einen Sohn* von Nicholas Wolterstorff[22], einem Yale-Professor

21 Sittser, Gerald L., *Trotzdem will ich das Leben lieben: Wie ein großer Verlust zum Segen werden kann*. Gießen; Basel: Brunnen Verlag, 2006.

22 Nicholas Wolterstorff, *Klage um einen Sohn*. Göttingen: Vandenhoeck und Ruprecht, 1988.

und Theologen. Das kleine Buch ist voller Gedanken und innerer Kämpfe darüber, dass Gott den Tod seines 25-jährigen Sohnes Eric bei einer Bergtour in Österreich zugelassen hatte.

Er hat keine Erklärungen oder Antworten, warum Gott solch eine Tragödie zulassen sollte. Wer hat die schon? An einem Punkt schließt er jedoch mit einer tief greifenden Erkenntnis: „Durch das Prisma meiner Tränen habe ich einen leidenden Gott gesehen. Man sagt von Gott, dass keiner sein Gesicht sehen und leben kann. Ich habe immer geglaubt, das bedeutet, dass niemand seine Herrlichkeit sehen und leben kann. *Ein Freund von mir sagte, vielleicht bedeutet es, dass niemand seine Trauer sehen und leben kann.* Oder vielleicht ist seine Trauer Herrlichkeit.“[23]

Durch Trauer entwickelt sich Reife

Je mehr wir lernen, eigene Verluste zu betrauern, desto tiefer wird unsere Beziehung zu Gott und das Mitgefühl, das wir anderen schenken können.

Denken Sie einen Moment lang mit mir über die riesige Anzahl von Verlusten nach, die wir über ein Leben hin ansammeln. Es gibt vernichtende Verluste, wie zum Beispiel den Tod von Kindern, den viel zu frühen Tod eines Ehepartners, eine Behinderung, Scheidung, Vergewaltigung, emotionalen oder sexuellen Missbrauch, unheilbaren Krebs, Unfruchtbarkeit, das Zerbrechen eines Lebenstraumes, einen Selbstmord, den Verrat eines geliebten Menschen oder die Entdeckung, dass eines unserer Vorbilder ein verdorbener Mensch war.

Manchmal ist unser Verlustgefühl eine Folge von verheerenden Ereignissen, die sich in unserem Umfeld ereignen. Als am 11. September 2001 zwei Flugzeuge in das World Trade Center flogen und dabei fast 3000 Menschen in den Tod rissen, waren die Menschen in New York mehr als ein Jahr lang traumatisiert. In solch extremen Situationen gestatten wir es uns normalerweise zu trauern – zumindest eine Zeit lang.

23 Ebd.

Andere Verluste werden als „unbedeutend“ betrachtet, und doch ist es ebenso wichtig, über sie zu trauern. Wenn sie unterdrückt und geleugnet werden, sammeln sie sich in unserer Seele an wie schwere Steine, die uns herunterziehen. Wenn man sich lange Zeit nicht mit ihnen befasst, halten sie uns davon ab, frei und ehrlich mit Gott und anderen zu leben.

Ich spreche von dem, was manche „natürliche Verluste“ nennen. Sie machen einen Schul- oder Studienabschluss und müssen sich von Schul- oder Studienfreunden verabschieden. Ihre jugendliche Haut beginnt faltig zu werden und zu altern. Sie ziehen um und Ihre früheren Freundschaften verlieren sich. Beziehungen lassen sich nicht so gestalten, wie Sie sich das erhofft hatten. Ihre Kinder werden immer unabhängiger von Ihnen, je älter sie werden. Sie haben einen Pastorenwechsel in der Gemeinde. Ihr Hauskreis löst sich auf. Ein Brand zerstört lieb gewordene Erinnerungen. Ein treues Haustier wird von einem Auto überfahren.

Wir alle erleben Kummer und sind aufgefordert, ihn zu betrauern und durch ihn zu wachsen.

Andere Verluste wie eine Tot- oder Fehlgeburt sind verborgener und schwer einzuordnen, Verluste gehören zum Leben dazu. Sie sind nicht die Ausnahme, sondern die Regel.

Gott hat uns alle einzigartig und unterschiedlich erschaffen. Unser Temperament und unser Hintergrund sind unterschiedlich. Was für Sie ein unbedeutender Verlust ist, kann für mich katastrophal sein. Jeder von uns reagiert unterschiedlich. Wenn zum Beispiel ein Haustier stirbt, ist das für ein Familienmitglied ein großer Verlust, während ein anderes davon kaum berührt wird.

Wenn jemand verärgert die Gemeinde verlässt, ist die Reaktion der einzelnen Pastoren in unserem Team bemerkenswert unterschiedlich. Einige von uns trifft das tief. Andere können es akzeptieren und rasch zur Tagesordnung übergehen. Wir alle sind verschieden veranlagt.

Dass andere von dem Verlust nicht in der gleichen Weise betroffen sind wie Sie, ändert nichts an der Tatsache, dass Sie es so erleben. Geri zum Beispiel trauert darüber, dass unsere Kinder in New York City aufwachsen, einer Stadt mit über acht Millionen Einwohnern. Obwohl es viele Vorteile hat, dass wir mit unseren Kindern in dieser dicht besiedelten, multikulturellen Stadt leben, weiß Geri, dass ihnen die reiche Erfahrung des Lebens in einer Kleinstadtgemeinschaft entgeht, die sie selbst als Kind gemacht hat. Ich empfinde diesen Verlust nicht so.

Zwei ehemalige Mitglieder unserer Gemeinde (die jetzt in Florida leben), Martin und Carol, waren verlobt und wollten heiraten, als Martins einzige Tochter, elf Jahre alt, am helllichten Tag ermordet wurde. Sie war unterwegs, um sich mit einigen Freunden auf einer Rollschuhbahn zu treffen. Das war vor siebzehn Jahren und erst jetzt wurde der Mörder vor Gericht gestellt. Das Leben der beiden wurde durch den explosiven Einschlag dieser sinnlosen Tat hart getroffen.

Ich habe in meinem Leben keinen Verlust erlebt, der auch nur annähernd so groß war. Dennoch kann ich mich – jedenfalls zu einem gewissen Grad – in ihre Erfahrung einfühlen, weil ich mich entschieden habe, mich in meinen eigenen Kummer und meine eigene Trauer einzufühlen.

Allgemein gilt, dass wir alle Kummer erleben und aufgefordert sind, ihn zu betrauern und durch ihn zu wachsen.

Trauer ist keine Störung

Ich hatte immer geglaubt, dass Trauer eine Störung sei, ein Hindernis auf meinem Weg des Dienstes für Christus. Ich betrachtete das Innehalten als Zeitverschwendung, die mich davon abhielt, die Zeit für Gott „auszukaufen" (Epheser 5,16). „Komm einfach drüber hinweg", murmelte ich dann immer leise.

„Vergib und vergiss, wie es in der Bibel steht!", sagte ich immer.

Eines der großen Hindernisse für die Trauer, zumindest für mich, war, dass ich selbst die Situationen herbeigeführt hatte, die mir und anderen in der Gemeinde jetzt solchen Kummer bereiteten. Ich erntete, was ich gesät hatte. *Was bringt es also noch, traurig darüber zu sein?*, erinnerte ich mich immer selbst. *Bringen wir es in Ordnung und gehen wir weiter.* Welches Recht hatte ich schließlich, Traurigkeit über das Chaos zu empfinden, das ich verursacht hatte?

Ich fühlte mich auch deswegen ein wenig unbehaglich dabei, den Mangel an Kontrolle zuzulassen, der sich vielleicht eingestellt hätte, wenn ich die Niedergeschlagenheit, die Wut, die Trauer und die Zweifel an Gott gefühlsmäßig an mich herangelassen hätte. Teilweise kam es mir so vor, als hätte Gott das Lenkrad losgelassen, während mein Lebensauto einen Abhang hinunterraste. Also ergriff ich wieder das Steuer. Unfähig zu trauern, überspielte ich jahrelang meine Verluste. Ich hasste das Gefühl, die Kontrolle zu verlieren und hilflos auf Gott warten zu müssen. Das war auch mit ein Grund, warum ich dauernd aktiv war und keine Pause einlegen wollte. Ich wollte mich nicht mit der Traurigkeit auseinandersetzen, die auf mich wartete.

Wir lassen uns auch nicht gern von Gott unsere Kreise stören, vor allem, wenn er uns Verlust zumutet.

Ein Beispiel: Die Gemeinde zieht an einen neuen Ort und in ein neues Gebäude um, doch es gibt einige, die mit dem Umzug zu kämpfen haben. Sie fühlen sich nicht wohl und interpretieren das als ein Zeichen von Gott, dass sie nicht hätten umziehen sollen. In Wirklichkeit jedoch brauchen sie Zeit und eine Gelegenheit, darüber zu trauern, dass sie den einen Ort verlassen haben, wo Gott viele wunderbare Dinge getan hatte. Statt im alten Gebäude von Raum zu Raum zu gehen und sich an die Jugendlichen zu erinnern, die in einem bestimmten Hinterzimmer Erfahrungen mit Gott gemacht haben, an die Babys, die hier getauft und gesegnet wurden, und an die Hochzeiten, die in dem kleinen Altarraum gefeiert wurden, werden ihre Gefühle als Rebellion betrachtet oder als Mangel an Bereitschaft, an diesem nächsten „Schritt Gottes" teilzunehmen. Vielmehr brauchen diese Menschen die Gelegenheit zu beten, Gott für all die guten Dinge, die er getan hat, zu danken und sich zu verabschieden.

Wir feiern den Muttertag und vergessen, den Ehepaaren gegenüber, die keine Kinder bekommen können, oder den alleinstehenden Frauen gegenüber sensibel zu sein, für die dieser Sonntag der schwerste im Jahr ist, weil ihr Traum von einem Kind jedes Jahr mehr und mehr schwindet.

Ehepaare verlieren ein Kind durch eine Fehlgeburt und wir ermahnen sie, so schnell wie möglich ins „normale" Leben zurückzukehren.

Gute, treue Mitglieder unserer Gemeinde ziehen weit weg und wir fühlen uns wegen unserer Traurigkeit und unseres Kummers schuldig. Wir reden in unserer Kleingruppe darüber und es wird Philipper 4,4 zitiert („Freut euch im Herrn. Ich betone es noch einmal: Freut euch!") oder 1. Thessalonicher 5,18 („Was immer auch geschieht, seid dankbar").

Mir war der Mangel an Kontrolle unangenehm, den ich vielleicht verspüren würde, wenn ich mir gestattete zu fühlen.

Jemand durchlebt eine schmerzhafte Scheidung und findet schnell einen neuen Partner. Dabei denkt sie: „Ist es nicht wunderbar, dass alle Dinge zum Guten führen?" (Römer 8,28), ohne jemals den ungeheuren Verlust zu betrauern. Und wir stehen daneben und wissen nicht, was wir sagen sollen.

Ein junger Mann in den Zwanzigern beginnt, seine Vergangenheit zu erforschen (Prinzip 2) und stellt sich zum ersten Mal der Tatsache, dass er als Pflegekind achtzehn Jahre lang im Fürsorgesystem der Stadt missbraucht und im Stich gelassen wurde. Man ermutigt ihn, das alles zu vergessen und sich auf die vertraute Gemeinschaft mit seinem himmlischen Vater und seine „Adoption" in Gottes Familie zu konzentrieren. Aber dadurch verpasst er die Gelegenheit, in seinem geistlichen und emotionalen Leben eine Blockade zu entfernen.

Oberflächliche Vergebung vermeiden

Vergebung ist kein „kurzer Prozess“. Ich glaube nicht, dass es möglich ist, einem Menschen von Herzen zu vergeben, bis wir uns gestatten, den Schmerz über das zu spüren, was wir verloren haben. Menschen, die sagen, es sei einfach ein Willensakt, verstehen nicht, was Trauer ist.

Wenn Jesus uns vergibt, dann sagt er nicht: „Nun, sie haben sich zwar Mühe gegeben, aber es hat halt nicht geklappt.“ Er ist nicht distanziert und emotionslos. Vielmehr spürt Jesus sehr genau unsere Rebellion, unseren Eigensinn und unsere mangelnde Bereitschaft, ihn anzunehmen, als er dort allein am Kreuz hängt und schreit: „Vater, vergib ihnen, denn sie wissen nicht, was sie tun“ (Lukas 23,34).

Der Prozess der Vergebung beinhaltet vor dem Loslassen immer Trauer – ob man nun derjenige ist, der vergibt, oder derjenige, der um Vergebung bittet.

Ich erinnere mich noch deutlich daran, als die spanische Gemeinde, deren Pastor ich war, sich spaltete und zweihundert Mitglieder, deren Hirte ich jahrelang gewesen war, die Gemeinde verließen. Ich hatte jede Menge Liebe, Schweiß, Energie und Gebet in die Gründung der Gemeinde investiert. Nicht nur, dass mir die Zeit oder der Freiraum oder das Verständnis fehlten, um meinen Verlust zu betrauern, sondern ich stellte fest: Je mehr ich versuchte, dem entsprechenden Leiter durch reine Willenskraft zu vergeben, desto mehr verstärkte sich meine Wut. Ich machte weiter, predigte, lehrte, leitete, baute die Gemeinde auf, aber innerlich quälte mich die Schuld, dass ich ihm nicht vergeben konnte.

Vergebung ist kein „kurzer Prozess“.

Ich erinnere mich daran, wie eines unserer Gemeindemitglieder mich zur Rede stellte und sagte: „Pastor, Sie haben uns gelehrt, dass Gott im Himmel uns nicht vergibt, wenn wir nicht unseren Feinden vergeben. Warum vergeben Sie ihm nicht einfach und machen weiter?“

Ich war so verzweifelt! Ich begriff nicht, dass Vergebung ein

Prozess war. Ich begriff nicht, dass ich zuerst den Schmerz anerkennen musste, damit ich wirklich vergeben konnte und nicht nur oberflächlich. Ich begriff nicht, dass das eine Reise war und dass die Reise umso länger dauerte, je tiefer die Wunde war. Ich begriff nicht, dass Vergebung, die von Herzen kommt, sehr, sehr schwierig ist und dass dafür oft ein Wunder Gottes nötig ist. Die schmerzhafte, schreckliche Realität dessen zu leugnen, was geschehen war, kam in einem zunehmenden Groll der Gemeinde und Gott gegenüber zum Vorschein.

Lewis Smedes fasst die Gefahren oberflächlicher Vergebung folgendermaßen zusammen: „Wir werden keine heilsamen Maßnahmen gegen den ungerechten Schmerz unternehmen, bis wir nicht den Schmerz anerkennen, den wir heilen wollen. Es reicht nicht, Schmerz zu spüren. Wir müssen uns den Schmerz aneignen, den wir verspüren: Seien Sie sich des Schmerzes bewusst, nehmen Sie ihn an und betrachten Sie ihn als Ihren eigenen ... Ich mache mir um die Menschen Sorgen, die schnell vergeben. Sie neigen dazu, schnell zu vergeben, um ihrem Schmerz aus dem Weg zu gehen."[24]

Heute kann ich verstehen, warum manche Trauernden rücksichtslos sündigen. Sie wissen nicht, was sie sonst tun sollen, um dem Schmerz zu entrinnen. Wirklich Trauern haben sie nie gelernt.

Phase eins: Beachtung als Teil des Trauerprozesses

Nach Elisabeth Kübler-Ross gibt es fünf Phasen der Trauer um den Tod eines Menschen: Nicht-wahrhaben-wollen, Zorn, Verhandeln, Depression und Akzeptanz.[25] Dieses Modell ist sehr hilfreich, aber ich empfehle, dass wir uns David und seine Reaktion auf Trauer und Verlust zum Vorbild nehmen. Dabei teilen wir den Prozess in drei verschiedene Phasen ein: Beachtung, Leben in dem verwirrenden Zwischenzustand und aus dem Alten Neues entstehen lassen. Jede dieser Phasen muss im Bezug zu den

24 Lewis Smedes, *Vergeben und Vergessen*. Marburg: Verlag der Francke-Buchhandlung GmbH, 2001.

25 Elisabeth Kübler-Ross: Über den Tod und das Leben danach.

anderen und als Teil von etwas Größerem und Komplexerem begriffen werden, als wir es je verstehen können.

David, der klagende Psalmist: ein Mann nach Gottes Herzen

David war ein Mann nach dem Herzen Gottes (1. Samuel 13,14; Apostelgeschichte 13,22). Nur wenigen ist allerdings klar, wie eng diese Eigenschaft damit verbunden ist, dass er immer wieder Verlusten, Enttäuschungen und Todesdrohungen Beachtung schenkte. Anders als ich mit meiner Trauer über den Vertrauensbruch meiner Mitarbeiter umging, sprach und sang David ständig über die verschiedenen traurigen Situationen, die er erlebte.

David empfand tiefe Liebe und Respekt für König Saul, auch wenn Saul sich durch Davids Beliebtheit beim Volk bedroht fühlte und ihn zehn bis zwölf Jahre lang verfolgte. David war außerdem der beste Freund von Sauls Sohn Jonathan. Sie hatten lange Zeit eine schöne Freundschaft, die auf ihrer beider Liebe zu Gott und der Wahrheit beruhte.

Während Davids Zeit in der Wüste werden Saul und Jonathan in einer Schlacht mit den Philistern getötet. Das kennzeichnet das Ende von Sauls Herrschaft als König und den Anfang von Davids Königtum. Als David von Sauls und Jonathans Tod hört, geht er nicht einfach zum nächsten Ereignis in Gottes Plan über (den Thron Israels einzunehmen). Stattdessen trauert er. Er kann den Gedanken nicht ertragen, dass die Philister triumphieren.

Also schreibt er ein Lied, ein Gedicht – eine bewegende, wunderbare Klage über das Schreckliche, das geschehen ist. „Die Edelsten in Israel sind auf deinen Höhen erschlagen. Wie sind die Helden gefallen! ... Saul und Jonathan, geliebt und einander zugetan ...“ Dreimal beklagt er die Katastrophe: „Wie sind die Helden gefallen ...!“ David, überwältigt von Trauer, spricht Jonathan direkt an: „Es ist mir leid um dich, mein Bruder Jonathan“ (2. Samuel 1,17-27 LÜ).

Gottes Volk das Klagen lehren

David weist tatsächlich das Volk an, mit ihm das Klagelied zu singen, das er geschrieben hat: „Ihr Töchter Israels, weinet über Saul." Können Sie sich das vorstellen? David erwartet, dass andere ebenfalls Tränen der Trauer über den gewaltigen Verlust vergießen, dem Israel jetzt gegenübersteht. Er erkennt, dass etwas Wertvolles aus Israel verschwunden ist und nie zurückkehren wird.

David ordnet außerdem an, dass dieses Klagelied den Tausenden Männern von Juda beigebracht wird (2. Samuel 1,18). Er möchte, dass sie es auswendig lernen und aus ihrer eigenen Erfahrung heraus singen, nicht nur aus seiner.

Wann wurde in Ihrer Gemeinde zum letzten Mal ein Klagelied wie dieses im Gottesdienst gesungen? Wurde Ihnen überhaupt jemals beigebracht, wie wichtig Trauer und Verlust sind und wie man beides in die Anbetung Gottes einbinden kann? Wann haben Sie zum letzten Mal über Trauer oder Klagen gepredigt oder eine Predigt darüber gehört?

> **David erwartet, dass andere ebenfalls Tränen der Trauer über den gewaltigen Verlust vergießen, dem Israel jetzt gegenübersteht.**

Warum zwingt David das Volk, innezuhalten und aufmerksam zu sein? Warum möchte er, dass sie ihre Trauer über den Tod von Saul und Jonathan zum Ausdruck bringen? Gibt es jetzt nicht viel zu tun, wo doch der Übergang zu einer neuen Regierung ansteht?

David versteht, wie unentbehrlich Trauer für die geistliche Reife ist. David weiß, dass wir tiefgründiger werden, wenn wir uns die Zeit nehmen, unsere Verluste zu betrauern, bevor wir zur Tagesordnung übergehen. Er weiß, wie wichtig es für das Volk ist, dass es mit der Realität verbunden bleibt und nicht vor dem Schmerz wegläuft.

Bei *New Life* bedeutete dies, dass wir das Tempo verringern mussten. Als meine Position als Leiter der Pastorenschaft an einen anderen überging, dachte ich mir nichts dabei. Er hatte größeres Talent zum Leiten und Organisieren. Ich war mir absolut sicher, dass das Team begeistert sein würde. Ich vergaß, dass sie sich nach so vielen Jahren an meinen Führungsstil gewöhnt hatten. Es war ein Verlust – für einige größer als für andere, je nachdem, wie lange wir uns gekannt und zusammengearbeitet hatten.

Wir haben gelernt, dass es wichtig ist, innezuhalten und den Verlust zu spüren, wenn Menschen die Gemeinde verlassen oder wegziehen. Wenn der Traum von einem bestimmten Arbeitszweig oder eine Chance nicht Wirklichkeit wird, ist es äußerst wichtig, dass wir vor Gott unsere Enttäuschung empfinden. Wenn die Menschen etwas Neues ins Leben rufen wollen, wenn sie eine Vision haben, sie aber nicht umsetzen können, dann sollten sie über ihren Verlust und ihre Begrenztheit vor Gott klagen dürfen.

Die Psalmen aufmerksam lesen

Im Lauf der Geschichte waren die Psalmen schon immer das beliebteste Buch der Bibel. Aus gutem Grund, denn es gibt „einen Psalm für jeden Seufzer". Dieses längste Buch der Bibel enthält Lobpsalmen, Dankpsalmen, Weisheitspsalmen, Bußpsalmen und sogar Psalmen, die Zweifel zum Ausdruck bringen.

Der größte Teil der Psalmen ist alles andere als fröhlich. Mehr als die Hälfte der 150 Psalmen werden als Klagelieder eingeordnet. Die meisten wurden der Überlieferung nach von David geschrieben.

Die Klagen zollen der Tatsache Tribut, dass das Leben hart, schwierig und manchmal sogar brutal sein kann. Diese Psalmen beklagen die scheinbare Abwesenheit Gottes. Sie rufen Gott um Trost und Fürsorge an.

Klagelieder ringen mit Gottes loyaler, treuer Liebe.

- „Tränen sind meine Speise bei Tag und Nacht" (Psalm 42,4).
- „Warum muss alles so dunkel um mich sein und ich unter der Gewalt meiner Feinde leiden?" (Psalm 43,2).
- „Habe ich seine Gnade für immer verloren? Gelten seine

Zusagen nicht mehr? Hat Gott vergessen, gütig zu sein?" (Psalm 77,9f.).

- „Du hast mich in die tiefste Grube geworfen, in die finsterste Tiefe. Schwer lastet dein Zorn auf mir, Welle um Welle bricht über mich herein" (Psalm 88,7f.).

Die Psalmen stellen die schwierige Frage: Wenn Gott doch gut und liebevoll ist, warum tut er nichts?

Den Schmerz beachten

In unserer Kultur wird der Schmerz beim Trauern oft verleugnet. Der vielleicht gängigste Weg, unsere Verluste und unseren Schmerz nicht zu beachten, ist die Selbstbetäubung durch eine Sucht. Die Menschen flüchten sich in Arbeit, Fernsehen, Drogen, Alkohol, Einkaufen oder Essen, sexuelle Eskapaden, ungesunde Beziehungen oder *sogar ununterbrochenen Dienst am Nächsten in der Gemeinde* – nur um den Schmerz des Lebens zu betäuben.

Jahr um Jahr leugnen und umgehen wir die Schwierigkeiten und Verluste des Lebens, die Zurückweisungen und das Scheitern. Menschen in unseren Gemeinden spielen ihre Misserfolge und Enttäuschungen herunter. Die Folge ist, dass heutzutage – zumindest im wohlhabenden Nordamerika – eine weitverbreitete Unfähigkeit existiert, sich dem Schmerz zu stellen. Das hat zu einem allgemeinen Gefühl der Oberflächlichkeit und einem Mangel an echtem Mitgefühl geführt.

Unsere Kultur bagatellisiert Tragödien und Verluste. Jeden Abend in den Nachrichten werden uns Bilder von Verbrechen, Kriegen, Hungersnöten und Naturkatastrophen gezeigt. Sie werden analysiert und es wird darüber berichtet, aber sie werden nicht beklagt.

Unserem Volk ist die Fähigkeit zur Trauer verloren gegangen. Wir sind zu beschäftigt damit, alles so aufrechtzuerhalten, wie es ist, und unseren Willen durchzusetzen. Wenn in unserem Leben ein Verlust eintritt, werden wir wütend über Gott und tun so, als sei etwas völlig Außergewöhnliches passiert. Ist es da verwunderlich, dass es in unserer Kultur so viele Depressionen gibt? Ist es da ein Wunder, dass die Verschreibung von Medikamenten gegen Depressionen und Ängste so explosionsartig angestiegen ist?

Der vielleicht gängigste Weg, unsere Verluste und unseren Schmerz nicht zu beachten, ist die Selbstbetäubung durch eine Sucht.

Das ist unbiblisch und eine Verleugnung unserer normalen Menschlichkeit. Die alten Hebräer brachten ihre Klagen ganz praktisch zum Ausdruck, indem sie ihre Kleider zerrissen und in Sack und Asche gingen. Jesus selbst hat mit lautem Schreien und unter Tränen seine Bitten vor Gott gebracht (Hebräer 5,7). Die Bibel weist darauf hin, dass Gott zu Noahs Zeiten über den Zustand der Menschheit trauerte (1. Mose 6). Jeremia schrieb sechs Bekenntnisse oder Klagelieder, in denen er sich bei Gott über seine Umstände beklagte. Nach dem Fall von Jerusalem schrieb er ein ganzes biblisches Buch mit dem Namen „Klagelieder".

„Alles hat seine Stunde. Für jedes Geschehen unter dem Himmel gibt es eine bestimmte Zeit". Dazu gehört auch „eine Zeit zum Weinen" (Prediger 3,1.4). Wenn wir Gottes Zeiten der Trauer und der Tränen nicht dann annehmen, wenn sie sich ereignen, bedeutet dies, dass wir nur halb leben. Besonders tragisch ist das deshalb, weil Jesus Christus ja gekommen ist, um uns freizumachen, damit wir das Leben ganz annehmen können, statt vor der Wirklichkeit zu flüchten.

Jesus in seiner Trauer nachfolgen

Stellen Sie sich einmal Jesus, den „Mann der Schmerzen" (Jesaja 53,3), in folgenden Situationen vor:

- Was wäre gewesen, wenn Jesus am Grab von Lazarus nicht geweint (Johannes 11,35), sondern gesagt hätte: „Ach, kommt schon! Hört mit dem ganzen Gejammer auf. Reißt euch zusammen. Ich kümmere mich darum."

- Was, wenn sein Gebet für Jerusalem (Matthäus 23,37-39) folgendermaßen geklungen hätte: „Ich wollte deine Kinder zusammenrufen wie eine Henne, die ihre Küken unter ihren Flügeln birgt, aber du hast deine Entscheidung getroffen. Zu schade. Ich mache ohne dich weiter."
- Oder als Jesus am Kreuz hing (Matthäus 27,45) – was wäre, wenn er statt zu schreien „Mein Gott, mein Gott, warum hast du mich verlassen?", über die Menschenmenge hinweggerufen hätte: „Gott ist groß! Er wird siegen! Preist den Herrn!"

In Hebräer 5,8 lesen wir: Er hat an dem, was er litt, Gehorsam gelernt. Und das tun wir auch.

In der Bibel ist die Reaktion auf Schmerz und Enttäuschung weder ein Sonntagsspaziergang noch eine Vertuschungsaktion. Wir sollen vorleben und lehren, ehrlich und im Gebet mit unseren (kleinen und großen) Verlusten und Enttäuschungen und den sie begleitenden verwirrenden Gefühlen umzugehen. Die Bibel gebietet uns, sie zu beachten. Trauer ist für ein umfassendes geistliches Leben unerlässlich.

David (der Psalmist) und Jeremia (der Autor der Klagelieder) haben begriffen, dass wir schwierige, schmerzhafte Realitäten nicht gern in unser Leben hineinlassen. Da sie aber wussten, wie unerlässlich Verluste für uns sind, damit wir uns verändern und wachsen, schrieben sie Klagelieder und -gedichte, damit wir sie von Generation zu Generation singen.

„Todesfälle" aus unserer Vergangenheit beachten

Jesus definierte den Wachstumsprozess mit den folgenden Worten: „Ein Weizenkorn muss in die Erde ausgesät werden. Wenn es dort nicht stirbt, wird es allein bleiben – ein einzelnes Samenkorn. Sein Tod aber wird viele neue Samenkörner hervorbringen" (Johannes 12,24). Jesus beschreibt das Leben eines Christen als ein sterbendes Leben, damit sich eine neue Tür zu einem grundlegend neuen Leben öffnen kann.

Zuerst jedoch muss der Tod kommen. Dieser Tod beginnt mit

dem manchmal qualvollen Prozess der Beachtung. Wenn wir jedoch aufmerksam sind, wird etwas Neues geboren.

Bianca zum Beispiel wurde seit ihrer frühen Kindheit von ihren Träumen geplagt. Sie erinnert sich an sexuelle Albträume, die sie im Alter von elf Jahren hatte. Sie warf sich im Bett herum und fühlte sich schmutzig. Noch war sie zu klein, um zu wissen, dass ihre Albträume die Folge von jahrelanger Belästigung und Vergewaltigung durch einen allseits beliebten Verwandten waren.

Sie wurde älter, ohne zu bemerken, dass sie ängstlich war und sich ihrer und der Sexualität anderer unsicher war. Über die Jahre hinweg erzählte Bianca drei Menschen, was passiert war. Keiner stellte Fragen. Einer bemerkte: „Na ja, vielleicht hat er nur herumexperimentiert."

Sie war sich des sexuellen Missbrauchs bewusst. Sie hatte ihn nicht begraben. Sie musste sich nicht erst daran erinnern, er war immer da.

1989 begann sie, beim Bildungsausschuss im größten Schulbezirk von New York City zu arbeiten, in einer Schule, in deren Einzugsgebiet 95 Prozent der Bevölkerung unter der Armutsgrenze lebten. Ihre Albträume kehrten mit voller Wucht zurück. Der Mangel an Schutz und Sicherheit im Leben einiger ihrer Schüler beschwor schreckliche Bilder aus ihrer eigenen Kindheit herauf. Ihre Träume waren wieder voll von Gewalt, Vergewaltigung und Angst. Schlaflosigkeit setzte ein.

Damals war sie schon zwölf Jahre Christ und nahm treu an Bibelstunden und Gebetstreffen teil. Nichtsdestoweniger wurde das Gefühl der Traurigkeit, das schon immer ihr Leben durchdrungen hatte, überwältigend.

Die Gemeinde war an ihrer Stärke und ihrem Dienst interessiert. Sie war auf so vielen Gebieten begabt. Aber sie konnte nicht darüber reden, dass sie innerlich allmählich starb. Keiner der Leiter hatte je Verletzlichkeit, Schwäche, Verwirrtheit oder Schmerz vorgelebt. Immer hieß es nur: „Preist den Herrn, denn er ist gut."

Sie diente einem Gott, dem sie nicht vertraute, einem Gott, den sie als distanziert empfand, der nur an ihren Stärken interessiert war. An vielen Sonntagen weinte sie lange und heftig, weil sie glaubte, dass sie einmal als Prostituierte enden würde. Sie bezweifelte, dass ein Leben, das so zerbrochen war, je wieder in Ordnung gebracht werden konnte. Insgeheim fragte sie sich, wie Gott auf all die Nächte des Missbrauchs hinabgesehen, aber nichts zu ihrem Schutz getan hatte.

Aus Verzweiflung ging Bianca an einen sicheren Ort, um über ihre Trauer zu sprechen. Durch eine Freundin hatte sie einen christlichen Therapeuten gefunden. Hier begann sie nachzuforschen und zu betrauern, dass ihre Unversehrtheit als kleines Mädchen vernichtet worden war. Sie trat in das Chaos und die Dunkelheit ihrer Kindheit ein. Jetzt waren die Schleusen offen. Alles schien nur noch schlimmer zu werden, als ihre Gefühle und der eingefrorene Zorn als Wut und Depressionen explodierten.

Als in ihrer Gemeinde Menschen, in deren Vergangenheit es sexuelle Verwundungen gab, nach vorn an den Altar gerufen wurden, ließ sie sich dazu einladen. Sie begann, mit einigen engen, vertrauten Freunden in der Gemeinde über den Abgrund in ihrer Seele zu reden. Sie hörte auf, sich Gottes Anerkennung so schwer zu erarbeiten, und begann, die Liebe und Gnade im Evangelium zu begreifen. Diese Aufarbeitung hat Jahre gedauert.

Bianca hat ein Loch in ihrer Seele, das nie verschwinden wird. Durch denjenigen, der sie missbrauchte, ist etwas für sie gestorben, das sie nicht zurückbekommen kann. Sie befindet sich jedoch auf dem Weg der Heilung. Das ist ein Prozess. Hin und wieder tauchen Probleme auf, die mit dem sexuellen Missbrauch zu tun haben, und manchmal kommt sie ein wenig ins Stocken. Ungerechtigkeiten Kindern gegenüber wecken in ihr manchmal schmerzliche Erinnerungen.

Aber Bianca lebt, liebt und dient Christus. Ihre Reise hat ihr ein tiefgründiges und klares Verständnis des Evangeliums geschenkt, das nur wenige andere haben. In ganz unterschiedlichen Bereichen engagiert sie sich bei *New Life*. Sie vermittelt theologische Inhalte – durch Tanz, Teilnahme an Kleingruppen und die Gabe der Weisheit und des Urteilsvermögens, damit „unsere Theologie sauber ist“, wie Bianca es beschreibt. „In meinem Leben kann ich jetzt manchmal einen kleinen Blick auf das Heilsein erhaschen“, sagt sie.

Phase zwei: im verwirrenden „Dazwischen" leben

Bei dem Vorbild, das Gott für uns in der Person von Jesus festgelegt hat, gibt es jedoch eine Zwischen-Zeit. Das ist die Zeit zwischen dem Kreuz von Karfreitag (das heißt, dem Tod von Jesus) und Pfingsten (das heißt, der Entfaltung des Neuen). Die Jünger waren verwirrt und fassungslos, selbst nach der Auferstehung. Ihr Verständnis von Gott, seinen Plänen und ihrer eigenen Zukunft unterzog sich einer grundlegenden Verwandlung. Das Alte in ihnen musste sterben, um Platz für das Neue zu machen.

Der Theologieprofessor und Autor Walter Brueggemann hat gesagt, dass die Psalmen in drei Gruppen aufgeteilt werden können: Orientierung, Desorientierung und Neuorientierung. Die erste Gruppe sind die Lieder der *Orientierung*, in denen wir Gott und seine Schöpfung und Segnungen genießen, uns an seiner Güte freuen und ein tiefes Gefühl des Wohlergehens und der Freude in ihm genießen. Die zweite Gruppe sind die Lieder der *Desorientierung*, Zeiten von Schmerz, Leid und Umbrüchen. Sie wurden verfasst, als alles zusammenbrach und man sich fragte, was eigentlich gerade geschah. Das ist das verwirrende „Dazwischen“, bei dem wir so oft Zweifel, Groll, Isolation und Verzweiflung verspüren. Und dann gibt es Psalmen der *Neuorientierung*, wenn Gott eingreift und etwas Neues tut. Da bricht Freude durch unsere Verzweiflung.[26]

Die Sätze dieser Sinfonie stehen nicht ein für alle Mal fest, sondern sie werden in unserem ganzen Leben unzählige Male wiederholt. Bianca singt alle drei davon, immer wieder.

Wie sieht das nun konkret aus?

Beinahe vier Jahre lang hatte *New Life Fellowship* gespart und gebetet, um das Gebäude zu kaufen, das wir seit acht Jahren ge-

26 Walter Brueggemann, *The Message of the Psalms: A Theological Commentary*. Minneapolis: Augsburg, 1984, Seite 9-11. Siehe auch seine *Psalms of Life and Faith*, hrsg. Patrick D. Miller, Minneapolis: Fortress, 1995.

mietet hatten. Es war ein etwa 5500 Quadratmeter großes Gebäude im Zentrum von Queens in New York City. Strategisch betrachtet schien es für unseren Auftrag perfekt zu sein. Die Gemeinde lag gut im Rennen. Doch im letzten Moment tauchte ein großer Bauunternehmer mit einem Angebot auf, mit dem wir nicht gleichziehen konnten. Plötzlich platzte unser Traum, New York City zu dienen und in den kommenden Jahren noch viele neue Gemeinden zu gründen. Innerhalb von nur sechs Monaten müssten wir eine neue Örtlichkeit finden. Der Schlag traf unsere Gemeinde wie mit einem Vorschlaghammer, besonders diejenigen aus der Gemeindeleitung, die viel Zeit und Energie in einen möglichen Kauf investiert hatten.

Viele waren durcheinander, wütend, verletzt und von Gott enttäuscht. Meine erste Reaktion war, die Situation zu vergeistigen und zu steuern. Ich wollte den Schmerz, den diese Störung mit sich brachte, „in Ordnung bringen". Wo war Gott? Warum antwortete er nicht auf unsere Gebete?

Die Psalmen können in drei Gruppen aufgeteilt werden: Orientierung, Desorientierung und Neuorientierung.

Die Gemeinde war desorientiert, wie in einer dunklen Nacht der Verwirrung. Ich erinnere mich an die Worte von Leighton Ford, einem meiner Mentoren, der sagte: „Pete, denk daran: Die wichtigste Zeit ist die *zwischen* den Träumen, nicht die Träume an sich."

Während dieser Zeit der Schwäche legte sich eine Hilflosigkeit, ein Gefühl des Versagens und der Niederlage auf mich. Unsere Gebete schienen nichts mehr auszurichten. Wir konnten nicht mehr sehen, was Gott tat, und es gab wenig sichtbare Frucht. Gegen unseren Willen waren wir gezwungen zu warten.

Ein anderes Gebäude – größer, günstiger und mit mehr Parkplätzen – wurde uns in dieser Zeit zum Kauf angeboten. Als Ältestenvorstand beteten wir darüber, kamen aber zu dem Schluss, dass uns das von unserer Berufung wegführen würde. Im Zentrum des schwierigen Viertels von Queens war unser Platz. Deshalb warteten wir.

Durch diese Erfahrung hat Gott etwas Tiefes in uns gewirkt. Er hat etwas mehr von unserem Eigenwillen und Starrsinn von uns abgespült und uns an einen Ort des wahren Friedens geführt, an dem wir in seinem Willen ruhen konnten. Schließlich scheiterte das Abkommen mit dem großen Bauunternehmer, und wir waren in der Lage, das Gebäude zwei Jahre später zu kaufen.

Wir dachten, dass das Warten eine Art Störung sei. Das stimmt aber nicht. Gott war am Wirken, wir konnten es nur nicht sehen.

Manchmal rebellieren wir während des verwirrenden „Dazwischen", statt die Wartezeit anzunehmen, in der wir uns befinden. Die Versuchung, vor Gott zu fliehen, aufzugeben oder in Verzweiflung zu verfallen, ist groß, wenn es so scheint, als wäre Gott abwesend. Die gute Nachricht ist, dass Gott uns selbst dann findet und begegnet.

Trauer und Jüngerschaft in der Gemeinde

Die erste und wichtigste Maßnahme, um dieses neue Modell der Trauer in Ihre Gemeindearbeit einzuflechten, ist, dass Sie *innehalten* und Ihren kleinen und großen Verlusten in der Gegenwart und der Vergangenheit *Beachtung schenken*. Wenn Ihnen das neu ist, empfehle ich Ihnen, dass Sie einen Tag lang mit Gott in Klausur gehen, um bedeutende Ereignisse aus Ihrer Vergangenheit, die Sie vielleicht nicht betrauert haben, aufzuschreiben und darüber zu beten. Geben Sie sich die Erlaubnis zu fühlen. Verringern Sie die Geschwindigkeit Ihres Lebens. Denken Sie daran: Ihre Verluste sind nichts, über das Sie „hinwegkommen" sollen, sondern etwas, das für Gott und Ihr geistliches Leben großen Wert hat.

Zweitens: Rüsten Sie andere – insbesondere diejenigen, die anderen helfen und dienen – dazu aus, die Verluste in ihrem Leben und im Leben von anderen zu erkennen und darüber nachzudenken. Die Gemeinde ist in der einzigartigen Position, Menschen an kritischen Kreuzungen ihres Lebens – Tod, Hochzeit (Verlust des Single-Seins und bisherigen Familienanschlusses), schwerer Krankheit, Geburt, Scheidung, Pensionierung und Umzügen – zu begleiten. Das sind Augenblicke im Jüngerschaftsprozess, in denen wir helfen können, aus der in unserer Kultur üblichen Betäubung des Schmerzes herauszutreten, damit Menschen sich gestatten, die Desorientierung in ihrem Leben zu empfinden. Leider haben viele, die in der Vergangenheit Missbrauch erlitten haben, nie die Erlaubnis erhalten, über ihren Schmerz zu trauern.

Drittens: Predigen Sie die Psalmen, damit Menschen eine biblische Basis und einen biblischen Rahmen für ihre Trauer bekommen. Ich hielt über vierzehn Wochen hinweg eine Predigtreihe über die verschiedenen Arten von Liedern in den Psalmen. Wir sangen und beschäftigten uns mit Anbetungspsalmen, Dankpsalmen, Klagepsalmen, Weisheitspsalmen, Psalmen des Vertrauens und Psalmen über die Armen und Unterdrückten. Dann forderte ich alle in der Gemeinde auf, ihren eigenen Psalm oder ihr eigenes Gedicht zu schreiben. Es überraschte nicht, dass wir eine sehr große Anzahl von Klagen an Gott erhielten.

Halten Sie inne und schenken Sie Ihren kleinen und großen Verlusten in der Gegenwart und der Vergangenheit Beachtung. Geben Sie sich die Erlaubnis zu fühlen.

Schließlich: Wenn Sie Menschen betreuen, einzeln oder in einer Kleingruppe, fertigen Sie mit ihnen einen einfachen Zeitstrahl von der Geburt bis zur Gegenwart an. Bitten Sie sie, bedeutende schwierige oder traurige Ereignisse in ihrem Leben zu bestimmen und zu beschreiben. So können Sie in einer Sitzung mehr über die Seele dieser Menschen und ihr Leben mit Gott erfahren, als Sie sonst in einem Jahr erfahren hätten.

Denken Sie an den Komposthaufen

Was mich nun befähigt, in beunruhigenden Zwischenzeiten treu zu bleiben, ist die eindrückliche Wahrheit, dass Gott alle Dinge zu unserem Nutzen, seiner Ehre und zum Besten anderer gebraucht.

John Milton vergleicht in *Das verlorene Paradies* das Schlechte in der Geschichte mit einem Komposthaufen – eine Mischung aus verrottenden Stoffen wie Obst- und Gemüseabfällen, Kartoffelschalen, Eierschalen, abgestorbenen Blättern und Essensresten. Wenn man ihn mit Erde zudeckt, riecht er nach einer Weile wunderbar. Aus der Erde ist ein prächtiger natürlicher Dünger geworden und eignet sich jetzt fantastisch, um Obst und Gemüse anzubauen – aber man muss bereit sein zu warten, in einigen Fällen jahrelang.

Miltons Kernaussage ist, dass die schlimmsten Ereignisse der Menschheitsgeschichte, die wir nicht verstehen können, sogar die Hölle selbst, in Gottes wunderbarem ewigem Plan nur Kompost sind. Aus dem größten Übel, dem Tod von Jesus, kam das allergrößte Gute. Gott verwandelt Böses in Gutes, ohne abzuschwächen, wie schrecklich das Böse ist.

Phase drei: aus dem Alten Neues entstehen lassen

Manche Menschen nehmen Trauer leichter an als andere. Ich trauere nicht gern. Genau genommen versuche ich sie zu umgehen. Aber weil ich weiß, wie wichtig Trauern ist, will ich den Mut aufbringen, die alten Wege der großen Heiligen längst vergangener Zeiten zu beschreiten.

Veränderung, die aus der Trauer entsteht

Verblüffende Verlagerungen und innere Veränderungen sind die Folge, wenn wir diesen seltsamen Weg in die Trauer einschlagen. Es wird sichtbar, warum Jesus lehrte: „Gott segnet die, die traurig sind, denn sie werden getröstet werden" (Matthäus 5,4). Innerliche Neugeburten oder Veränderungen, die aus der Trauer folgen, sind zum Beispiel:

- Es fällt uns leichter, auf Gott zu warten und uns seinem Willen auszuliefern.
- Wir werden barmherzig, wie unser Vater im Himmel barmherzig ist. Henri Nouwen sagt sehr richtig, dass Trauer der Weg zur Barmherzigkeit ist. „Es gibt keine Barmherzigkeit ohne viele Tränen ... Um wie der Vater zu werden, dessen einzige Macht die Barmherzigkeit ist, muss ich zahllose

Tränen vergießen und so mein Herz darauf vorbereiten, jeden anzunehmen, egal, wie seine Reise ihn geführt hat, und ihm von Herzen zu vergeben."[27] Wenn wir unseren eigenen Schmerz in uns aufnehmen, können wir auch den Schmerz anderer verstehen.

- Wir haben weniger Begehrlichkeiten und Götzen. Wir sind eher geneigt, uns von den unwichtigen Dingen im Leben zu befreien, nach denen andere sich so sehnen.
- Wir werden von dem Zwang befreit, andere beeindrucken zu müssen. Wir können Gottes Plan mit einer neuen Freiheit folgen, weil unsere Motivation nicht mehr vorrangig darin besteht, es anderen Menschen recht zu machen.
- Wir können ruhiger mit ungelösten Fragen leben. Wir fürchten uns nicht davor zu sagen: „Ich weiß nicht."
- Wir zeichnen uns durch größere Demut und Verletzlichkeit aus.
- Wir genießen eine neue, lebendige Wertschätzung der einfachen Dinge des Lebens – den Wechsel der Jahreszeiten, den Wind, das Fallen von Blättern, das vergangene Weihnachtsfest, Menschen, die nach Gottes Bild erschaffen sind.
- Wir haben weniger Ängste und eine größere Bereitschaft, Risiken einzugehen.
- Wir spüren die Wirklichkeit des Himmels ganz neu und verstehen besser, dass wir auf der Erde nur Fremde und Gäste sind.
- Wir sorgen uns mehr um die Armen, Witwen, Waisen, Ausgegrenzten und Verwundeten. Wir verstehen sie.
- Wir sind endlich bei uns und bei Gott zu Hause.

Wenn wir unsere Verluste betrauern, führt dies zu einem bemerkenswerten Wandel in uns, der den Prozess lohnenswert macht. Schalen unseres falschen Ichs fallen ab. Etwas Echtes – Christus in und durch uns – kommt zum Vorschein. Neue Möglichkeiten

27 Henri J. M. Nouwen, *Nimm sein Bild in dein Herz: geistliche Deutung eines Gemäldes von Rembrandt*. Freiburg im Breisgau; Basel; Wien: Herder, 1995.

bieten sich an – für uns und alle, die wir mit unserem Leben berühren.

Magda nimmt ihre Trauer und den Verlust an

Magda kommt von den Philippinen und ist über sechzig. Sie strahlt die Wärme von Christus in außergewöhnlicher Art und Weise aus. Ihr Weg dorthin allerdings war lang und beschwerlich.

Als Kind während des Zweiten Weltkriegs wurde sie auf den Philippinen Zeugin schrecklicher Gräuel, die ihrer kleinen Seele Wunden zufügten – Hunger, Folter, Bombenangriffe. Sie erinnert sich noch lebhaft daran, wie sie als Sechsjährige wochenlang vor den Japanern durch die Berge floh. Sie wurde zu einer Tante gebracht und erlitt unsägliche Verluste.

Im Alter von einundzwanzig Jahren heiratete sie und brachte neun Kinder zur Welt. Da sie sich wünschte, ihren Kindern in den Vereinigten Staaten ein besseres Leben zu bieten, ließ sie sie zu Hause, während sie in die USA umzog, um Krankenschwester zu werden. Sie hoffte, ihre Familie innerhalb eines Jahres nachzuholen. Zehn Jahre später kämpfte sie immer noch um die Genehmigung ihrer Einwanderungspapiere. Sie sah ihre Kinder, die zwischen sechs und vierzehn Jahren alt waren, durchschnittlich einmal alle zwei oder drei Jahre. Schließlich konnten sie alle auswandern.

Im Jahr 1987, während sie mit ihren Zwillingstöchtern und ihrem zukünftigen Schwiegersohn auf dem Ohio Turnpike Highway unterwegs war, schlief der Fahrer für einen Moment ein und verursachte einen Unfall. Ihre einundzwanzigjährige Tochter – die zu einem Jugendmissionseinsatz nach Übersee gehen wollte – starb sofort, wie auch der Verlobte ihrer anderen Tochter. Magda selbst befand sich wochenlang in einem kritischen Zustand. Sie bettelte den Arzt an, sie wenigstens ein Video der Totenwache und Beerdigung ihrer Tochter sehen zu lassen, aber er lehnte ab, weil sie zu schwach war.

Im Jahr 2001 starb einer ihrer Söhne im Alter von sechsunddreißig Jahren unerwartet bei einem Sporttraining in der Armee.

Er hinterließ eine Frau und drei Kinder. Siebzehn Jahre lang war er in der Marine der Vereinigten Staaten gewesen und hatte vor, nach seiner Zeit dort Pastor zu werden.

Magda schildert, wie sie diese katastrophalen Verluste überlebt hat: „Ich schaue auf Jesus am Kreuz, und er hat mehr gelitten als ich. Er hielt so viel Schmerz und Kummer aus, weil er die Menschheit liebte. Das kann ich auch. Ich möchte etwas zurückgeben. Gott hat mich sensibler für den Schmerz und das Leid anderer Menschen gemacht, die einen Todesfall erlebt haben, und ich kann seine liebevolle Hand sein. Ich bete: ‚Herr, hilf mir zu sagen, was du sagen willst, und lass mich dein Sprachrohr und deine Hände sein, damit die Menschen dich in ihrem Leid besser kennenlernen.'"

Heute leitet sie eine Trauergruppe und dient vielen anderen innerhalb und außerhalb der Gemeinde. Sie fühlt sich in ihren Schmerz ein und leitet sie an, wie sie richtig trauern und eine Verbindung nicht nur zu sich selbst, sondern – was am allerwichtigsten ist – zu Gott herstellen können.

Dem Weg folgen, der zu göttlicher Barmherzigkeit führt

Dieser Weg der biblischen Trauer ist ein großes Geschenk, das wir uns selbst und anderen machen können. Allerdings kann oft das Gefühl entstehen, als ob das Trauern alles nur noch schlimmer macht – als ob wir diesen Weg nicht einmal betreten sollten. Ich möchte Sie ermutigen, Gottes Weg zu gehen. Er führt Sie zum Leben.

George MacDonald erzählt in seinem Buch *Die Prinzessin und die Kobolde*[28] die Geschichte von einer kleinen, achtjährigen Prinzessin, die allein in einem kleinen Palast auf einem großen Berg lebt. Im Inneren des Berges gibt es Kobolde, die den König (ihren Vater) und seine Nachkommen (die Prinzessin) hassen. Sie schmieden einen Plan, sie zu entführen und zu zerstören.

---

28 George MacDonald, *Die Prinzessin und die Kobolde*. Innsbruck: Obelisk Verlag, 1974.

Ihre sehr alte Großmutter weiß jedoch, dass sie in Gefahr ist, und gibt ihr einen Ring mit einem Faden daran. Die Prinzessin kann den Faden nicht sehen, aber sie kann ihn spüren.

„Aber denk daran", belehrt ihre Großmutter sie, „es mag sehr wohl scheinen, als wäre es ein Umweg, aber du darfst nicht an dem Faden zweifeln."

Der Faden führt anders als erwartet immer wieder in die entgegengesetzte Richtung. Zunächst weist er ihr den Weg auf den Berg in ein Loch, in völlige Dunkelheit hinein. Während sie „weiter und weiter in die Dunkelheit des großen, hohlen Berges" krabbelt, fragt sie sich: „Werde ich hier je wieder herauskommen?"

Biblische Trauer kann das Gefühl hervorrufen, als ob sie alles nur noch schlimmer macht. Ich möchte Sie ermutigen: Sie führt zum Leben.

Schließlich wird sie zu einem riesigen Steinhaufen geführt. Sie weint. Sie jammert. Der Faden führt in die Steine, also fängt sie an, einen nach dem anderen wegzuräumen, als sie bemerkt, dass ihr guter Freund hinter ihr in der Falle sitzt. Als sie versuchen, den Weg aus dem Labyrinth im Berg zu finden, behauptet er, sie würde sie in eine Richtung führen, in der sie niemals der Dunkelheit entfliehen werden.

Die Prinzessin flüstert: „Das weiß ich, aber mein Faden geht in diese Richtung und ich muss ihm folgen." Obwohl es gegen ihre natürlichen Instinkte geht, gehorcht sie und folgt dem Faden. Sie hat keine Angst vor Gefahr, sondern ist zufrieden und ruhig. Warum? Sie weiß, dass ihre allwissende Großmutter sie durch den Faden führt. Schließlich kommen die Pläne des Kobolds ans Licht und werden vereitelt.

Wenn wir uns ganz auf Gott verlassen, besiegt er die Kobolde für uns und führt uns zu einer neuen Auferstehung.

Wenn wir als Gemeinde gelernt haben, den Schmerz aufzunehmen und dadurch zu wachsen, wird die köstliche Frucht göttlicher Barmherzigkeit für andere wachsen. Die Fähigkeit, unsere Verluste und Trauer anzunehmen, wird uns dazu ausrüsten, andere so zu lieben, wie Jesus es tat. Dann werden wir in unserem Leben wirkungsvoll und echt vorleben können, wie Jesus als Mensch war.

Das führt uns zum nächsten Kapitel – dem Höhepunkt des Buches und unserem sechsten Prinzip: wahrhaft lieben, indem wir vorleben, wie Jesus als Mensch war.

> **Gott versichert uns, dass er uns zu einer neuen Auferstehung führen wird.**

Kapitel 10

Prinzip 6: Jesus als Mensch – ein Vorbild für echte Liebe

In seelisch gesunden Gemeinden folgen die Menschen bewusst dem Vorbild von Jesus. Sie konzentrieren sich darauf, ihren Nächsten zu lieben, und erkennen, dass es bei geistlicher Reife nicht um Ansehen, Zahlen, geistliche Gaben und biblisches Fachwissen geht. Echtes geistliches Leben besteht aus der Liebe zu Gott, zu uns selbst und zu unserem Nächsten.

Sie lernen, den drei Triebkräften zu folgen, die sich im Leben von Jesus finden, damit sie andere Menschen lieben können: in die Welt eines anderen eintreten, sich selbst treu bleiben und zwischen zwei Welten hängen.

Jetzt ist die Zeit

Wir schreiben das Jahr 1963. Wir befinden uns in der Stadt Birmingham in Alabama. Schulen, Toiletten, Parks, Trinkbrunnen und Busse sind per Gesetz für die Rassen voneinander getrennt. Martin Luther King jr. ist in der Stadt eingetroffen, um eine friedliche, gewaltlose Demonstration gegen die Rassentrennung in der Stadt anzuführen. Der Sheriff der Stadt jedoch hat einen Gerichtsbeschluss erwirkt, der den Marsch als illegal erklärt.

Martin Luther King jr. weiß, was ihn die Demonstration kosten wird. Er tut es trotzdem und wird ins Gefängnis geworfen. Am 16. April 1963, einem Dienstag, gibt man ihm ein Exemplar der *Birmingham News*. Es enthält einen Brief von acht Pastoren und einem Rabbi, adressiert an ihn. Sie argumentieren, er hätte geduldiger sein sollen. Seine Antwort, die inzwischen ein berühmter Teil der amerikanischen Literatur ist, heißt „Brief aus dem Gefängnis von Birmingham“:

„Ich schätze, es ist leicht für diejenigen, die nie die stechenden Pfeile der Rassentrennung gespürt haben, zu sagen ‚warte'. Aber wenn Sie gesehen haben, wie ein wütender Mob Ihre Mütter und Väter nach Belieben lyncht und Ihre Schwestern und Brüder aus einer Laune heraus ertränkt; wenn Sie gesehen haben, wie hasserfüllte Polizisten Ihre schwarzen Brüder und Schwestern ungestraft verfluchen, treten, brutal behandeln und sogar töten; wenn Sie sehen, wie die große Mehrheit Ihrer 20 Millionen schwarzen Brüder inmitten einer reich begüterten Gesellschaft in einem luftdichten Käfig der Armut ersticken; wenn Sie plötzlich feststellen, dass Ihre Zunge Ihnen nicht gehorcht und Sie anfangen zu stottern, wenn Sie versuchen, Ihrer sechsjährigen Tochter zu erklären, warum sie nicht in den öffentlichen Vergnügungspark gehen kann, für den gerade im Fernsehen eine Werbung lief, und sehen, wie in ihren Augen Tränen aufsteigen, wenn man ihr sagt, dass *Funtown* farbigen Kindern nicht offensteht, und wenn Sie sehen, wie an ihrem kleinen geistigen Himmel die deprimierenden Wolken der Minderwertigkeitsgefühle aufsteigen, und wenn Sie sehen, wie sich ihre kleine Persönlichkeit verzerrt, indem sie unbewusst weißen Menschen gegenüber eine Verbitterung entwickelt … wenn Sie über Land fahren und feststellen, dass Sie Nacht für Nacht in den unbequemen Ecken Ihres Automobils schlafen müssen, weil kein Motel Sie aufnimmt; wenn Sie tagein, tagaus durch quälende Schilder gedemütigt werden, auf denen „weiße" Menschen und „farbige" steht; wenn Ihr Vorname „Nigger" und Ihr zweiter Vorname „Junge" wird (egal, wie alt Sie sind) … und wenn man Ihre Frau und Mutter nie respektvoll mit „Frau" anredet; wenn Sie von der Tatsache, dass Sie ein Schwarzer sind, bei Tag gehetzt und bei Nacht verfolgt werden und ständig auf den Zehenspitzen herumschleichen, weil Sie nicht wissen, was Sie als Nächstes erwartet, und Sie von inneren Ängsten und äußerem Groll geplagt werden; wenn Sie ewig gegen das erniedrigende Gefühl ankämpfen, dass Sie ein Niemand sind – dann werden

Jesus als Mensch – das ist für jeden eine schwierige Lektion.

Sie verstehen, warum es uns schwerfällt zu warten."[29]

Martin Luther Kings Ziel ist klar: Er versucht verzweifelt, die weißen christlichen Leiter dazu zu bekommen, in die Haut eines Afroamerikaners zu schlüpfen. Sie kennen vielleicht das indianische Sprichwort: „Um andere Menschen wirklich zu verstehen, müssen wir zuerst eine Meile in ihren Mokassins laufen." Dr. King weiß, dass andere zuerst ihre eigenen Mokassins ablegen müssen, bevor sie verstehen können, wie das Leben für einen Afroamerikaner im Jahr 1963 in den Vereinigten Staaten ist.

Er versucht, ihnen etwas über die tiefe Identifikation mit anderen Menschen beizubringen. Das ist für jeden eine schwierige Lektion.

Umzug nach New York City

Mit dem tiefen Wunsch, uns völlig mit anderen zu identifizieren, zogen Geri und ich vor fast 25 Jahren nach Queens und gründeten eine Familie. Wir sagten Lebewohl zu etwas, das ein bequemes Mittelklasseleben in einem Vorort hätte sein können, und zogen in die komplexe, multiethnische, überbevölkerte Welt von Queens.

In dem kleinen Block, in dem wir die letzten 13 Jahre gewohnt haben, hatten wir als Nachbarn Drogensüchtige, Prostituierte, Waisen, Witwen, alleinerziehende Mütter, einen 55-jährigen arbeitslosen Mann, der als Komparse in Filmen arbeitete, Afroamerikaner, Zyprioten, Koreaner, Chinesen, Hispanier, Singles, Ehepaare und Ruheständler. Den größten Teil ihres Lebens waren unsere Kinder in Gemeinde, Schule und Nachbarschaft eine ethnische Minderheit.

Wir haben an die Menschwerdung von Jesus Christus geglaubt, der ganz Gott und ganz Mensch war. Aber wir begriffen eigentlich nie, was es heißt, Mensch zu werden – bis vor eini-

---

29 Der ganze Brief findet sich in Ruth Miller (Hrsg.), *Black American Literature, Part 5:1970-Present*. Encino, Calif. Glencoe, 1971, Seite 648-649. Nachdruck nach Absprache mit der Nachlassverwaltung von Martin Luther King jr., c/o Writers House als Vertreter des Eigentümers, New York, NY. Copyright 1963 Dr. Martin Luther King jr., Copyright erneuert 1991 Coretta Scott King.

gen wenigen Jahren. Geri und ich begriffen nicht, wie wir das füreinander praktizieren konnten, geschweige denn für unsere Nachbarn oder in der Gemeinde.

Der Heilige Basilius, Bischof von Cäsarea im vierten Jahrhundert, schrieb einmal: „Verkündigungen sind häufig und Menschwerdungen sind selten." Mit anderen Worten: Große Proklamationen von dem, was Gott tut oder sagt, sind nichts Ungewöhnliches. Menschen, die dem demütigen Weg von Jesus folgen, sind viel schwerer zu finden.

Ich verstehe jetzt, warum. Es ist viel kostspieliger und völlig unüblich, selbst unter Mitchristen.

Die Liebe Jesu als Menschwerdung betrachten

Was es heißt, ein Jünger zu sein, kann man am besten anhand des unergründlichen Geheimnisses der Menschwerdung von Jesus verstehen. Gott nahm Menschengestalt an. Der unendliche Schöpfer und Erhalter des Universums beschränkte sich auf die Grenzen der Geschichte und eines menschlichen Körpers. „Er, der das Wort ist, wurde Mensch und lebte unter uns" (Johannes 1,14). Oder wie *The Message* es übersetzt: „Das Wort wurde Fleisch und Blut und zog in unsere Nachbarschaft. Wir sahen die Herrlichkeit mit eigenen Augen."

Gott kam auf unseren Planeten und veränderte ihn für immer. Gott wurde Mensch. Er nahm Menschengestalt an, und zwar auf schockierende, konkrete, verletzliche und leibhaftig berührbare Weise. Gott wusste, dass es keinen besseren Weg gab, sich den Menschen zu zeigen, als ganz in ihre Welt einzutreten – körperlich und emotional.

Gott schlüpfte in die Haut eines Menschen. Die folgende Geschichte erklärt dafür eindrücklich den Grund:

> „Ein vierjähriges Mädchen wachte eines Nachts verängstigt auf. Es war überzeugt davon, dass in der Dunkelheit alle möglichen Gespenster und Monster waren. Weil die Kleine allein war, rannte sie in das Schlafzimmer ihrer Eltern. Die Mutter beruhigte sie, nahm sie bei der Hand und führte sie

zurück in ihr eigenes Zimmer. Dort machte sie eine Lampe an und beruhigte das Kind mit folgenden Worten: „Du brauchst keine Angst zu haben, du bist hier nicht allein. Gott ist mit dir im Zimmer."

Das Kind erwiderte: „Ich weiß, dass Gott hier ist, aber ich brauche jemanden im Zimmer, der eine Haut hat!"

Gott weiß, dass wir seine Haut brauchten, nicht nur das Wissen, dass er überall ist. Die Menschen von heute sehnen sich nach „Haut" – danach, geliebt zu werden; nach jemandem, der in ihre Haut schlüpft. Deswegen zahlen sie einem Therapeuten 80 bis 120 Euro pro Stunde, damit er jemand ist, der sie liebt, in ihre Welt kommt und sich darum kümmert.

Gott hat heute immer noch „echte" Haut und man kann ihn sehen, berühren, hören und schmecken. Wie? Durch seinen Leib, die Gemeinde, in der er wohnt. Wir sind im Namen von Jesus und durch den Heiligen Geist, der in uns wohnt, dazu berufen, für die Menschen in unserer Umgebung „Haut" zu sein.

Leichter gesagt als getan

Während ich an diesem Manuskript arbeitete, kam eine Nachbarin vorbei, um mit mir zu reden. Sie war deprimiert und hatte Selbstmordgedanken. Sie war Mitte zwanzig und hatte keinen Schulabschluss, keinen Arbeitsplatz und keine sozialen Kontakte. Sie fragte sich, ob sie den Rest ihres Lebens allein bleiben würde. Alles langweilte sie schrecklich. Sie hatte eine körperliche Behinderung und ihr wurde allmählich klar, wie gefangen sie in ihrem ungesunden häuslichen Umfeld war. Sie saß eine Weile auf unserem Sofa und weinte.

Je mehr sie redete und ich zuhörte – und gelegentlich Fragen stellte –, desto mehr konnte ich die zerklüfteten, zerbrochenen Teile ihrer Welt sehen und spüren, wie tief ihre Angst war. Ich wusste nicht einmal, wo ich anfangen sollte, ihre Probleme zu lösen. Aber sie bat nicht um Rat. Sie sehnte sich danach, dass ich mich zu ihr gesellte und mir anschaute, wie schlimm die Welt aussah, wenn ich mich in ihre Lage versetzte. Diese Welt sah erdrückend und furchterregend aus. Sie sehnte sich danach, dass ich zuhörte und einfach nur da war.

Letztes Jahr hatte sie Christus in ihr Leben aufgenommen und besuchte jetzt regelmäßig den Bibelkreis und die Gemeinde. Ich bin mir sicher, dass ihre Kleingruppe dankbar für sie ist. Sie sind zweifellos, so wie ich, stolz darauf, dass sie Christ geworden ist.

Aber hat irgendjemand eine Ahnung, was in ihrem Leben vor sich geht – Schmerz, Angst, Einsamkeit? Kümmert das jemanden? Die wichtigere Frage ist: Kümmert es mich eigentlich? Ich wurde an die durchdringende Stimme erinnert, die einst so deutlich zu mir sagte: „Pete, solange dein Gott nicht Wärme und Berührung und Mitgefühl ist, werde ich, glaube ich, Agnostiker bleiben."

Der Widerspruch zwischen der modernen Gemeinde und dem Dienst als Mensch am Menschen

Als ich Christ wurde, lag mir mehr als alles andere am Herzen, dass meine Freunde und Familie Gottes Liebe in Christus kennenlernen sollten. Die Botschaft der freien Vergebung und Gottes bedingungsloser Liebe steckte mein Herz in Brand.

Es wurde schwierig, zwischen der Liebe zu Menschen um ihrer selbst willen und dem Benutzen von Menschen für den Auftrag zu unterscheiden.

Was so rein und unverfälscht begonnen hatte, wurde mit der Zeit verunreinigt. Ich wusste viel über Gebet, Bibelstudium, Evangelisation und Jüngerschaftsarbeit. Schließlich war ich Experte in Fragen der Leiterschaft, beim Predigen, im Pastorendienst und ich übernahm die Ausbildung anderer Leiter. So gut ich konnte, führte ich als Hirte Menschen zu Christus und versuchte, sie mit der Wahrheit über Gott vertraut zu machen.

Mein Schwerpunkt lag allerdings darauf, Menschen „zu Jüngern zu machen" und die Gemeinde aufzubauen. Ich brauchte Menschen, die dem Ruf folgten. Es war nicht unbedingt so, dass ich „Skalps" sammelte, aber ich brauchte Menschen, damit ich den Auftrag von Christus wirkungsvoll ausführen konnte. Da draußen gab es eine ganze Welt, die Jesus Christus brauchte – Gemeinden mussten gegründet, Menschen ausgebildet und Arme ernährt werden.

Es wurde schwierig, zu unterscheiden zwischen der *Liebe* zu den Menschen um ihrer selbst willen und der Versuchung, sie als Objekt meines Auftrags zu sehen. Wollte ich, dass diese Leute sich zu Christus bekehrten, damit ich die Gemeinde oder mein Programm erweitern konnte? Oder konnte ich mich einfach an ihnen freuen, weil sie Geschöpfe nach Gottes Bild waren? Ich steckte so tief in der Arbeit für Christus, dass ich diese Grenze unmöglich noch erkennen konnte. Es gab einfach zu viel zu tun!

Ich kann mich nicht daran erinnern, dass Jesus als Mensch uns jemals als entscheidendes Vorbild für das Christsein oder eine Leitungsaufgabe vor Augen gehalten wurde. Ich wusste nicht, wie ich es umsetzen sollte, was es bedeutete oder wie es praktisch aussehen könnte. Es stand am theologischen Seminar nicht auf dem Lehrplan. Der Schwerpunkt lag auf dem Dazulernen, damit ich andere lehren konnte. Daher waren „Lehren und Anleiten", nicht „Zuhören und Lernen" die Verhaltensweisen, die vorrangig von Leitern erwartet wurden. Ich sollte die Welt der anderen Menschen nur so weit betreten, dass ich sie verändern konnte, und nicht zwangsläufig, um sie zu lieben.

Der Unterschied ist fein und doch gewaltig. Vor seinem Tod sprach der katholische Priester Henri Nouwen deutlich von – so glaube ich – dem Kampf, den viele von uns ausfechten, die für Leitung und Dienst in Gottes Gemeinde verantwortlich sind. Eine Stimme sagt zu uns, dass wir Erfolg und Leistung bringen müssen. Das ist die Stimme, auf die Nouwen nach eigenen Angaben den größten Teil seines Lebens gehört hat. Er lehrte an Notre Dame, Harvard und Yale. Er schrieb durchschnittlich mehr als ein Buch pro Jahr. Sein Vortragsplan und sein Dienst drohten ständig sein geistliches Leben zu ersticken. Die andere Stimme war Gottes Stimme, die ihm sagte, dass er bedingungslos geliebt war. Er musste nichts beweisen. Diese Stimme sagte ihm, dass sein Einsatz dazu dienen sollte, die Stimme des Herrn, sein Gesicht und seine Berührung in jedem Menschen zu erkennen, den er trifft. Erst in den letzten zehn Jahren seines Lebens, sagt er, hörte er wirklich auf diese zweite Stimme. Nouwen veränderte sich, als er als Professor in Harvard zurücktrat und als Pastor eine Stelle in der Nähe von Toronto annahm, in einer Gemeinde geistig behinderter Menschen.

Bei den ständig steigenden Anforderungen an unser ausgefülltes Leben ist es sehr schwer, diese zweite Stimme zu hören.

Mehr als nur physisch in die Welt anderer eintreten

Drei Jahre lang war ich bei *InterVarsity Christian Fellowship* angestellt, einer christlichen Organisation, die unter Afroamerikanern und Hispaniern arbeitet. Dabei besuchte ich Gemeinden, in denen ich in der Minderheit war, und versuchte, ihre Welt zu verstehen.

Anfang der 1980er-Jahre verbrachte ich vier Monate auf den Philippinen und arbeitete unter Studenten. 1985 war ich ein Jahr lang in Costa Rica in Mittelamerika. Mein Verständnis von der Identifikation mit anderen Menschen bezog sich damals größtenteils auf interkulturelle Zusammenhänge.

Ich ging, tauchte völlig in die Kultur ein und wurde „eins" mit den Menschen. Als Geri und ich nach Costa Rica zogen, identifizierten wir uns wirklich mit den Costaricanern. Wir aßen ihr Essen – dreimal täglich Reis und Bohnen und einmal pro Woche Fleisch. Wir lernten ihre Sprache. Wir feierten ihre Gebräuche und lebten in einer armen Gegend, wie die „normalen" Leute. Unser Zimmer war klein und spartanisch eingerichtet. Wir lebten bei einer großen Familie und opferten unsere Privatsphäre. Das Zimmer lag über einer Tischlerwerkstatt und pünktlich um sechs Uhr morgens spritzten die Sägespäne durch die Löcher im Boden, von Montag bis Samstag.

Wir verließen körperlich und kulturell unsere Welt. Wir verließen, was bequem und vertraut war. Geri sagte oft: „Das ist schwer und dabei habe ich nur die Vereinigten Staaten verlassen. Jesus hat den Himmel verlassen, um auf die Erde zu kommen!"

Damals verstanden wir allerdings noch nicht die Prinzipien emotionaler Gesundheit, wie ich sie in diesem Buch umrissen habe. Das schränkte unsere Fähigkeit, in die Welt eines anderen einzutreten, erheblich ein.

- Wir wussten nicht, wie wir unter die Oberfläche unseres Lebens schauen sollten (Kapitel 5). Wie sollten wir Bereiche unserer Persönlichkeit mit anderen teilen, die wir selbst noch nie erforscht hatten?
- Wir konnten nicht unsere eigenen Geschichten von unserer Kindheit in Worte fassen und auch nicht, wie sie sich auf unsere Gegenwart auswirkten (Kapitel 6). Wie sollten wir den einzigartigen Weg und die entscheidenden Momente im Leben eines anderen Menschen untersuchen und erforschen, wenn wir noch nicht einmal ernsthaft über unsere eigenen nachgedacht hatten?
- Wir lebten nicht unsere Zerbrochenheit und Verletzlichkeit (Kapitel 7). Unsere Haltung war durch und durch abwehrend.
- Unser mangelndes Verständnis von Begrenzungen führte dazu, dass wir über das hinausgingen, was Gott von uns wollte. Das Ergebins war, dass wir von anderen enttäuscht waren (Kapitel 8).
- Wir wussten auch nicht, wie man mit Menschen in ihrem Schmerz und Verlust trauert. Wir hatten selbst nie getrauert (Kapitel 9).

Sich in die Welt eines anderen hineinzuversetzen ist das sechste Prinzip für seelisch gesunde Gemeinden, weil es voraussetzt, dass wir uns in den anderen fünf Prinzipien weiterentwickeln. In dem Maß, wie ich an den ersten fünf Prinzipien reife, werde ich mich auch in die Welt anderer Menschen hineinversetzen können.

Die drei Triebkräfte eines Lebens „in der Haut eines anderen"

Auf einer bestimmten Ebene fordert uns Jesus als Mensch auf, im wahrsten Sinne des Wortes unsere „Komfortzone" zu verlassen und den Menschen dort zu begegnen, wo sie sind. Aus diesem Grund bleibt unsere Gemeinde in einem dicht besiedelten Gebiet wie Elmhurst, Queens. 60 % der Einwohner haben keine

Krankenversicherung. Viele leben unterhalb der Armutsgrenze. Daher haben wir viel Zeit und Geld in den Aufbau einer Klinik, einer Suppenküche und anderer Einrichtungen gesteckt, um den Einwohnern zu dienen. Aus diesem Grund investieren wir unsere Mittel bewusst in Evangelisationsstrategien, die sich „auf der Straße" abspielen wie zum Beispiel Kinderstunden, Ferienbibelkurse und Gottesdienstveranstaltungen. So begegnen wir den Menschen, wo sie sind.

Das ist allerdings tatsächlich die leichtere Seite der Identifikation mit anderen Menschen. Das Leben von Jesus zeigt uns drei Triebkräfte, die uns vor Augen führen, wie man sich zutiefst mit einem anderen Menschen identifizieren kann, um ihn zu lieben: in die Welt des anderen eintreten, sich selbst treu bleiben und zwischen zwei Welten hängen.

Alle drei, wenn sie sich auch voneinander unterscheiden, wirken gleichzeitig. Damit also echte Identifikation stattfinden kann, egal, ob mit einem Nachbarn, Kollegen, Freund, einem Kirchenvorstandsmitglied, mit dem wir uneins sind, einem Ehepartner, Elternteil oder Kind, müssen alle drei Bestandteile vorhanden sein.

1. In die Welt eines anderen eintreten

Unsere eigene Erfahrung damit, wie man authentisch lebt und das Herz des anderen erreicht und sich mit ihm indentifiziert, kam ganz unerwartet.

Genauer gesagt, lernte ich es nach zehn Jahren Ehe. Geri und ich hatten eine einfache Zuhörtechnik erlernt: „reflektives Zuhören". (Ich hatte etwas Ähnliches bereits im College gelernt, aber nicht angewendet. Jetzt verstehe ich, warum: Es ist viel einfacher, diese Technik zu lehren, als sie zu verstehen und zu praktizieren.) Es geht darum, zwei Menschen den respektvollen Umgang zu ermöglichen, sodass sie ehrlich, frei und möglichst klar miteinander kommunizieren.

Reflektives Zuhören ist sehr einfach. Eine Person hat das Wort und sagt immer nur einige Sätze auf einmal. Man redet nicht immer weiter. Dann wiederholt der Zuhörer genau das, was eben gesagt wurde. Die zuhörende Person versucht, in die Welt der sprechenden Person einzutreten. Dabei lässt sie Fragen, Absichten und Verteidigungen beiseite und versucht einfach, das Erleben der anderen Person zu verstehen.

Als wir diese Technik erlernten, erschien sie uns in gewisser Hinsicht mechanisch und kindisch. Anfangs konnten wir sie nicht anwenden, ohne uns zu verteidigen oder wütend zu werden. Nach und nach erlernten wir sie und machten Fortschritte.

Ich kann mich noch an die Woche erinnern, in der Geri und ich uns tatsächlich in die Lage des jeweils anderen versetzen konnten. Wir schauten einander verblüfft an. Noch nie hatten wir uns voneinander so geliebt und wertgeschätzt gefühlt. Je mehr Fortschritte wir machten, desto klarer wurde uns, dass wir einen Vorgeschmack auf das Reich Gottes auf Erden, einen Vorgeschmack auf seine Liebe erlebten. Wie hatte ich so blind für *das* unerlässliche Element in der Liebe zu anderen Menschen sein können: das Zuhören?

Von britischen Forschern, die im 19. Jahrhundert auf der Suche nach dem Nordpol waren, wird erzählt, dass sie wohl wussten, dass die Reise zwei oder drei Jahre dauern würde; dennoch nahmen sie auf jedem Segelschiff nur einen Zwölf-Tage-Vorrat an Kohle mit. Statt mehr Kohle mitzunehmen, schaffte man auf jedem Schiff Platz für eine Bibliothek von 1 200 Bänden, einen Leierkasten mit fünfzig Melodien, Porzellangeschirr für die Offiziere und Seeleute, Weinkelche aus Kristallglas und Silberbesteck. Sie nahmen außer den Uniformen der königlichen Marine keine besondere Kleidung für die Arktis mit. Als die Eskimos auf ihre erfrorenen sterblichen Überreste stießen, waren alle Männer fein angezogen und das Beiboot voller Sterlingsilber und Schokolade.

Ich kam mir ebenso töricht vor. Ich hatte eine ausgezeichnete theologische und praktische Ausbildung absolviert. Ich hatte Erfahrung als Gemeindegründer und als Pastor einer wachsenden Gemeinde und ich hatte eine Reihe interkultureller Erfahrungen in Übersee gesammelt. Aber ich hatte keine Kohle! Ich wusste nicht, wie ich jemandem so zuhören sollte, dass ich fühlen konnte, was der andere fühlte. Ich hörte oft nur einen Teil von dem, was gesagt wurde, und formulierte dabei bereits meine Antwort, statt in die Welt des anderen einzutreten. Wie viele andere war auch ich oft zu beschäftigt damit, zu widersprechen, zu korrigieren, zu beurteilen oder zu widerlegen, um wirklich zu verstehen, was andere Menschen meinten oder empfanden – insbesondere, wenn ich in Eile war oder unter Stress stand.

Machen Sie einmal den folgenden kleinen Zuhör-Test. Kreisen Sie alle Antworten ein, die Sie bejahen können.

1. Ich gebe mir große Mühe, mich in die Lebenserfahrungen anderer einzufühlen.
2. Ich maße mir nicht an zu wissen, was ein anderer mir mitzuteilen versucht.
3. Meine engsten Freunde würden sagen, dass ich mehr zuhöre als spreche.
4. Wenn Leute auf mich wütend sind, kann ich ihnen zuhören, ohne ärgerlich zu werden.
5. Menschen reden freimütig mit mir, weil sie wissen, dass ich ein guter Zuhörer bin.
6. Ich höre nicht nur auf das, was Menschen sagen, sondern achte auch auf ihre nonverbalen Zeichen, ihre Körpersprache, Stimmlage und Ähnliches.
7. Ich widme Menschen meine ungeteilte Aufmerksamkeit, wenn sie mit mir reden.
8. Ich kann mich in die Gefühle einer anderen Person hineinversezten, sie wiedergeben und anerkennen.
9. Ich weiß, was meine hauptsächlichen Abwehrmechanismen unter Stress sind, zum Beispiel beschwichtigen, Schuld zuweisen, vorzeitig das Problem lösen wollen oder mich ablenken lassen.
10. Ich bin mir dessen bewusst, wie meine Herkunftsfamilie meine Art zuzuhören beeinflusst hat.
11. Ich bitte um Klarstellung, wenn mir etwas, das eine andere Person sagt, nicht klar ist, statt zu versuchen, die „Lücken zu füllen“.

12. Ich unterstelle nie etwas, besonders nichts Negatives, es sei denn, es wird vom Sprecher ausdrücklich gesagt.
13. Ich stelle Fragen, wenn ich zuhöre, statt „Gedanken zu lesen“ oder Mutmaßungen anzustellen.
14. Wenn jemand spricht, unterbreche ich ihn nicht und warte auch nicht auf eine Gelegenheit, meine Meinung dazu zu sagen.
15. Wenn ich jemandem zuhöre, bin ich mir meiner persönlichen „wunden Punkte“ bewusst, die dazu führen, dass ich wütend, ärgerlich, ängstlich oder nervös werde.

Wenn Sie 12 oder mehr Punkte erreicht haben, sind Sie ein überragender Zuhörer; 8-11 Punkte sind sehr gut, 5-7 gut, 4 oder weniger mangelhaft – „Sie stecken in Schwierigkeiten“. Wenn Sie wirklich mutig sein möchten, bitten Sie, nachdem Sie sich selbst bewertet haben, Ihren Ehepartner oder besten Freund, Sie als Zuhörer einzuschätzen. Sie könnten überrascht werden.

Gehört werden ist dem Geliebtwerden so ähnlich, dass es für den Durchschnittsmenschen kaum voneinander zu unterscheiden ist.

Lernen zuzuhören; lernen, präsent zu sein

Die Evangelien sind voller Berichte über Jesu Interaktion mit einzelnen Personen – Matthäus, Nathanael, einer Prostituierten, Nikodemus, einem blinden Mann, einer samaritanischen Frau und vielen anderen. Als der reiche junge Mann zu ihm kam, sah Jesus „ihn an und gewann ihn lieb“ (Markus 10,21). Er hörte zu. Er war präsent, nie in Eile oder abgelenkt. Er nahm sich Zeit, um ihren Geschichten nachzugehen.

Wann hat zum letzten Mal jemand zu Ihnen gesagt: „Ich will Ihnen mal was über diese Christen sagen – sie sind fantastische Zuhörer! Ich habe noch nie Menschen erlebt, die mehr Interesse an meiner Welt hatten, neugierig waren, Fragen gestellt haben – *mir* zugehört haben!“ Menschen, die in die Welt von anderen Menschen eintreten, sind bereit und präsent.

Einer meiner Lieblingsgedanken stammt von Henri Nouwen:

Sich um andere zu kümmern, bedeutet vor allem, für den anderen „da" zu sein. Sie kennen das bestimmt selbst, dass Menschen, die sich um Sie kümmern, für Sie „da" sind. Wenn sie zuhören, hören sie Ihnen auch wirklich zu. Wenn sie sprechen, dann sprechen sie auch wirklich mit Ihnen. Ihr Da-sein ist eine heilende Gegenwart, weil sie Ihnen Annahme entgegenbringen und Sie ermutigen, Ihr eigenes Leben ernst zu nehmen.[30]

Identifikation in der Gemeindearbeit

Die erste und bei Weitem wichtigste Veränderung, die wir bei *New Life* zu diesem Prinzip vornahmen, war, Menschen bewusst das Zuhören beizubringen.

Wie viele andere hatte auch ich viele Predigten über die Notwendigkeit, gut zuzuhören und nicht übereilt zu sprechen (Sprüche 17,27f.; Jakobus 1,19), gehört. Aber Zuhören liegt niemandem, den ich bisher kennengelernt habe, im Blut. Nur wenige von uns haben je erlebt, dass ihnen wirklich zugehört wurde.

Jesus hörte zu. Er war präsent, nie in Eile oder abgelenkt.

Als ich anfing, den Geschichten der Menschen zuzuhören – richtig zuzuhören –, weinten viele von ihnen. Sie fühlten sich wertgeschätzt, wertvoll und geliebt. Anfangs war es schwierig, ihnen keine Ratschläge zu erteilen oder zu reagieren, wenn ich mich unbehaglich fühlte. Nach und nach lernte ich jedoch, keine Ratschläge von mir zu geben, bevor ich mich nicht bis zu einem gewissen Grad in ihre Lage versetzt hatte.

Im Folgenden finden Sie drei grundlegende Zuhör- und Redeübungen, die wir in unseren Seminaren weitergeben und die inzwischen fester Bestandteil unserer Gemeindearbeit geworden sind.

30 Henri Nouwen: Out of Solitude. Three Meditations on the Christian Life, Seite 36.

Einfühlendes Zuhören

Wir beginnen mit dem reflektiven Zuhören. Diese Übung ist so etwas wie ein Basis-Training, denn es gibt klare Richtlinien, an die sich die Partner halten müssen.

Wie man anfängt

Entscheiden Sie, wer zuerst redet und wer zuerst zuhört.

Wenn Sie der Sprechende sind ...

1. Sprechen Sie über *Ihre eigenen* Gedanken, *Ihre eigenen* Gefühle, *Ihre eigenen* Wünsche. Senden Sie Ich-Botschaften.
2. Fassen Sie sich kurz.
3. Legen Sie eine Pause ein, damit Ihr Gegenüber in eigenen Worten formulieren kann, was Sie gesagt haben.
4. Bringen Sie auch Ihre Gefühle zum Ausdruck.
5. Seien Sie ehrlich, klar, direkt und respektvoll.

Wenn Sie der Zuhörer sind ...

1. Schenken Sie Ihrem Gegenüber Ihre volle Aufmerksamkeit.
2. Versetzen Sie sich in die Lage des Sprechenden. (Fühlen Sie, was Ihr Gegenüber fühlt)
3. Beurteilen und interpretieren Sie den anderen nicht.
4. Spiegeln Sie dem anderen, was bei Ihnen angekommen ist.
5. Fragen Sie, ob Ihr Gegenüber noch etwas hinzufügen will, wenn Sie den Eindruck haben, dass er fertig ist.
6. Fragen Sie den anderen am Schluss, was für ihn das Wichtigste war und was Sie sich auf jeden Fall merken sollen.

Setzen Sie demjenigen, der das Gespräch beginnt, ein Limit von sieben Minuten. Alternativ können Sie auch so lange reden, bis Ihr Partner sagt: „Das war's."

Validation

Als zweite Übung unterrichten wir ein strukturiertes Zuhören, das man *Validation* nennt. Validieren, also etwas für gültig erklären, heißt nicht unbedingt, mit dem übereinzustimmen, was der andere sagt, sondern man sagt so etwas wie:

- „Ich kann verstehen, warum *du* das so siehst (auch wenn ich nicht deiner Meinung bin)."
- „Aus deiner Perspektive ergibt das Sinn."
- „Ich kann das verstehen."
- „Das macht Sinn."

Wieder liegt der Schlüssel darin, wirklich in die Welt des anderen einzutreten.

Dazu braucht man viel Demut. Stellen Sie sich vor, dass eine Frau aus der Gemeinde, nennen wir sie Josephine, zu Ihnen kommt, nachdem sie mindestens drei Monate lang nicht bei Ihren Frauentreffen oder im Gottesdienst war. Völlig frustriert platzt sie heraus: „Ich habe mich so von dir abgelehnt gefühlt. Du hast mich vor oder nach den Treffen nie umarmt wie die anderen Frauen." Sie könnten jetzt sagen: „Das ist doch albern. Das ist mir nie in den Sinn gekommen", und das Problem an sie zurückgeben. Oder Sie könnten sagen: „Aus deiner Perspektive betrachtet kann ich verstehen, warum du so empfindest." Das erfordert Demut.

Nachforschen

Nachforschen bedeutet, einfach ausgedrückt, sich wie ein guter Journalist zu verhalten und Fragen zu stellen. „Sag mir mehr. Hilf mir zu verstehen. Wie bist du zu dieser Schlussfolgerung gelangt?" Sie sollten das Bedürfnis, sich zu verteidigen oder den anderen zu korrigieren, hintanstellen. Das ist eine große Herausforderung, wenn Sie sich angegriffen, verärgert, ängstlich oder wütend fühlen. Das Nachforschen stellt Ihre Fähigkeit, offen zu bleiben, auf die Probe. Auch hier sollen Sie nicht darüber nachdenken, was Sie als Nächstes sagen, sondern der Welt und der Realität des anderen Ihre Aufmerksamkeit schenken.

Stellen Sie sich zum Beispiel vor, dass jemand nach einem Kleingruppentreffen, das Sie geleitet haben, zu Ihnen kommt und sagt: „Mensch, Henry, von diesem Abend habe ich aber gar nichts mitgenommen!" Ihre erste Reaktion ist wahrscheinlich, dem anderen irgendwie den Kopf abzureißen, verbal oder physisch. Das Nachforschen verlangt von Ihnen, dass Sie ruhig nachfragen: „Das ist interessant. Sag mir mal, wodurch es für dich ein ergebnisloser Abend war."

Die meisten Christen, besonders die Leiter unter uns, reden mehr, als dass sie zuhören. Eine der oben genannten Techniken anzuwenden kann extrem schwierig sein. Deshalb stellen wir bei *New Life* oft einen Dritten zur Verfügung, der im Anfangsstadium, wenn Menschen diese Fähigkeiten erlernen, als „Trainer" fungiert.

Natürlich leben wir als Leiter die Identifikation mit anderen Menschen vor. Mithilfe der drei genannten Methoden des aktiven Zuhörens hat dieses Prinzip in unserer Gemeinde große Kreise gezogen.

2. Sich selbst treu bleiben

Die große Herausforderung bei der Identifikation mit anderen Menschen besteht für die meisten von uns darin, an sich selbst festzuhalten und sich nicht zu verlieren, wenn wir die Welt eines anderen betreten. Wenn wir so handeln, handeln wir wie Jesus. Der Apostel Johannes berichtet, dass Jesus, bevor er seinen Jüngern die Füße wusch, „wusste, dass der Vater ihm uneingeschränkte Macht über alles gegeben hatte und dass er von Gott gekommen war und zu Gott zurückgehen würde" (Johannes 13,3). Jesus hörte nie auf, Gott zu sein, als er menschliche Gestalt annahm und einer von uns wurde.

Bei *New Life* haben wir Menschen aus über 55 verschiedenen Ländern. Fast ein Drittel davon sind Afroamerikaner und von den Westindischen Inseln. Ein weiteres Drittel sind Asiaten (Chinesen, Koreaner, Indonesier, Filipinos). Der Rest sind Hispanier, Juden, Osteuropäer und Angloamerikaner. Ich bin in der zweiten Generation Italoamerikaner. Meine kulturellen Wurzeln reichen tief bis nach Neapel zurück. Obwohl ich dazu berufen bin, mich in die Welt anderer Menschen zu begeben, muss ich meine Kultur, Gefühle, Glaubensgrundsätze, Geschichte und Überzeugungen bejahen, wertschätzen und auf sie achten.

Um ein emotional und geistlich reifer Jünger von Jesus zu sein, ist diese Triebkraft in der Umsetzung vielleicht das schwierigste und herausforderndste Prinzip. Ohne diese Fähigkeit enden Sie als Chamäleon:

Woody Allen zeichnet in seinem Film *Zelig* das Leben eines menschlichen Chamäleons namens Leonard Zelig nach. Er wird in den 1920er-Jahren ein Star. Der Grund dafür ist seine einzigartige Stärke und Fähigkeit, so auszusehen und sich so zu verhalten wie die Menschen in seiner Umgebung – Schwarze, Inder, Übergewichtige, Chinesen, Schotten – egal, was man ihm vorgibt, Zelig wird es. Dieses menschliche Chamäleon hat keine eigene Identität oder ein „Ich". Er wird derjenige, mit dem er zusammen ist. Er reißt Witze mit dem Preisboxer Jack Dempsey. Er steht mit Hitler in Nürnberg auf der Rednertribüne.

Ohne die Fähigkeit, sich selbst treu zu bleiben, ist es nicht möglich, Menschen zu neuen Orten zu führen.

In der Umgebung von Rabbis wachsen ihm auf wundersame Weise Schläfenlocken und ein Bart. Bei Psychiatern benutzt er ihren Jargon und streicht sich übers Kinn, als wäre er ein weiser Mann. Im Vatikan gehört er zu den klerikalen Bediensteten von Papst Pius XI. Als Chamäleon verändert er seine Farbe, seinen Akzent und seine Gestalt im gleichen Maß, wie die Welt um ihn herum sich verändert. Überall passt er sich einfach an. Er möchte bloß sicher sein, hineinzupassen, akzeptiert zu werden, gemocht zu werden. Er ist dafür berühmt, dass er niemand ist, eine Nicht-Person. Manchmal passen wir uns zu sehr an. Aus Angst geben wir unseren eigenen Standpunkt auf und verlieren uns dabei. Denken Sie daran: unser Vorbild ist Jesus. Er wurde ganz Mensch, aber blieb auch ganz Gott.

Im Folgenden finden Sie einige Beispiele, die Ihnen helfen sollen zu verstehen, wie es in der Praxis aussehen kann, wenn man sich selbst treu bleibt.

Donna und Allison

Zwei befreundete Frauen in unserer Gemeinde erkannten, dass es in ihrer Beziehung Spannungen gab. Donna war ärgerlich über Allison. Immer, wenn sie Allison um etwas bat, „schien" diese ihr einen Korb zu geben. Aber wenn Allison eine Unternehmung vorschlug, war Donna immer bereit und stand zur Verfügung. Schließlich stellte Donna Allison ungehalten, frustriert und wütend zur Rede.

Allison hatte jedoch inzwischen gelernt, „sich selbst treu zu bleiben". In der Vergangenheit war sie immer aus Schuldgefühlen mit Donna ausgegangen. Sie hätte sich wie ein „schlechter" Mensch gefühlt, wenn sie „Nein" gesagt hätte. Jetzt aber respektierte sie sich selbst genug, um zu erkennen, dass sie die Wahl hatte, Ja oder Nein zu sagen. Sie erkannte an, dass sie introvertiert war und nicht so viel Umgang mit anderen brauchte wie Donna, die äußerst extrovertiert war.

Was machte sie dann? Zuerst hörte sie sich einfühlsam Donnas Enttäuschung, Traurigkeit und Wut an, ohne zu reagieren oder sich zu verteidigen. Nachdem Donna das Gefühl hatte, gehört worden zu sein, honorierte Allison – während sie sich selbst treu blieb – ihre Gefühle und Wünsche und sagte: „Donna, ich schätze dich sehr als Freundin. Ich verbringe gern Zeit mit dir. Ich brauche nur die Freiheit, ‚Nein' zu sagen."

Sagen wir mal, Donna reagierte nicht wohlwollend. Wenn Allison sich jetzt verliert und anfängt, ständig mit Donna auszugehen, wird sie wahrscheinlich mit der Zeit einen Groll entwickeln und die Freundschaft könnte enden. Wenn sie sich selbst und Donna wahrhaftig lieben will, muss sie die schwere Arbeit auf sich nehmen, sich selbst treu zu bleiben.

Wilson und Jack

Wilson war ein Kleingruppenleiter, dem man nicht so leicht widersprechen konnte. Bei ihm hieß es in der Regel „friss oder stirb" (auch wenn ihm das nicht bewusst war). Jack hatte das vergangene Jahr über Wilsons Kleingruppe besucht, aber er war reif für eine Veränderung. Er wollte gern in den Chor des Lobpreisteams in der Gemeinde und einige neue Beziehungen knüpfen. Eines Donnerstags nach dem Gruppentreffen sprach er mit Wilson über seine Pläne. Wilsons Antwort war deutlich. „Wenn du diese Kleingruppe verlässt, tust du nicht mehr Gottes Willen." Wilson sah das als ein biblisches Problem an, nämlich, dass Jack nicht in der Lage war, enge Beziehungen innerhalb des Leibes Christi aufrechtzuerhalten.

Selbstredend war dies eine schwierige Situation für Jack. Was hieß es, an dieser Stelle Jesus zu folgen und sich hier ganz praktisch in Wilson hineinzuversetzen? Unter ähnlichen Umständen in einer anderen Situation würde er entweder aus der Kleingruppe oder der Gemeinde verschwinden, um den Schwierigkeiten aus dem Weg zu gehen.

Glücklicherweise hatte Jack etwas über die Identifikation mit anderen Menschen gelernt. Also hörte er zunächst zu, was Wilson auf dem Herzen lag – dass er sich Sorgen um Jacks geistliches Wachstum machte. Das war schwierig, denn Jack war bei einigen von Wilsons Einschätzungen anderer Meinung. Er hörte zu, versuchte nachzuforschen, was in Wilson vorging, und hielt sich respektvoll mit seiner Reaktion zurück. Zweitens blieb er sich selbst treu und respektierte seine eigenen berechtigten Interessen und Wünsche. Er dankte Wilson für alles, was er in der Gruppe gelernt hatte und für ihre Beziehung. Er dachte ernsthaft über alles nach, was Wilson gesagt hatte. Dann sagte er, dass er hoffte, die Gruppe gelegentlich wieder zu besuchen. Er fragte, ob man irgendwie einen guten Abschluss mit der Gruppe finden könne. Wiederum war Wilson nicht glücklich, aber er beschloss, Jack und seine Entscheidung zu respektieren.

Sollte es bei uns nicht auch ein Gebetstreffen geben wie bei ...

„Herr Pastor", begann sie unerbittlich, „wir brauchen ein starkes Dienstagabend-Gebetstreffen. Gott wirkt durch Antworten auf Gebete. Neulich habe ich eine Gemeinde besucht, die ihren ganzen Dienst aus diesem Gebetstreffen aufgebaut hat. Sie sollten sich zuerst um den Gebetsdienst kümmern und dann um die Kleingruppen."

Ich fühlte mich augenblicklich in die Enge getrieben. Ihr Ton war mehr fordernd als bittend. Ich hatte mich bisher immer schuldig, in die Defensive gedrängt und wütend gefühlt, wenn Leute mit Ideen zu mir kamen, die in einer anderen Gemeinde so gut funktionierten.

Was konnte ich schon darauf sagen? Wer glaubt nicht an die Notwendigkeit des Gebets?

In Wirklichkeit jedoch hatte mir Gott von Anfang an, als wir *New Life* gründeten, die Vision für ein starkes, dezentralisiertes Kleingruppensystem überall in New York City gegeben. Wir hatten ein zentrales Gebetstreffen mit vielleicht vierzig bis sechzig Teilnehmern, aber nicht mit der ganzen Gemeinde. Es gab noch andere, kleinere Gebetstreffen in einem nicht so beachtlichen Rahmen.

Wie sollte ich mir selbst treu bleiben, wenn diese Frau mich derart in die Ecke drängte?

Ich trat einen Schritt zurück und fragte mich: „Gott, was möchtest du von mir als Leiter? Wie soll diese Gemeinde geleitet werden? Wie empfinde ich bei diesem Gespräch? Was könntest du, Herr, mir damit sagen wollen? Wie kann ich sie darin bestätigen, dass wir mehr Gebet brauchen, und ihr gleichzeitig entgegentreten, weil sie ihren Vorschlag so fordernd vorgebracht hat?"

3. Zwischen zwei Welten hängen

Am wirkungsvollsten zeigt sich, dass ich Jesus wirklich nachfolge, wenn ich für einen anderen Menschen da bin, indem ich mich ganz mit ihm identifiziere. Jesus hat das getan. Ich glaube, das sollten auch alle seine Nachfolger tun.

Jesus war während seines Menschseins auf der Erde ganz Gott und stand in vollkommener Gemeinschaft mit seinem Vater. Er war auch ganz Mensch und lernte Leid und Tod kennen. Er hing zwischen zwei Welten: Himmel und Erde. Für Jesus wäre das Leben viel einfacher gewesen, wenn er im Himmel beim Vater geblieben wäre. Diese Welt war für Jesus nicht sicher. Aber indem er in unsere Welt eintrat, ließ er Kummer und Leid in sein Leben ein. Er wurde missverstanden und nicht wertgeschätzt. Er starb nackt und einsam am Kreuz und hing buchstäblich zwischen Himmel und Erde.

Mit einem Wort, es war unschön.

Jesus sagte: „Ein Schüler steht nicht über seinem Lehrer. Ein Diener steht nicht über seinem Herrn" (Matthäus 10,24). Sie und ich sterben vielleicht nicht im wörtlichen Sinn an einem Kreuz wie Jesus, aber wir sterben auf andere Art und Weise, wenn wir in die Haut von anderen Menschen schlüpfen. Das kostet Zeit, Energie, manchmal Geld und fast immer einen Zerbruch unserer risikofreien Welt.

Wenn wir beschließen, uns ganz mit einem anderen zu identifizieren, hängen wir zwischen unserer eigenen Welt und der Welt eines anderen Menschen.

Wenn wir beschließen, uns ganz mit einem anderen zu identifizieren, hängen wir zwischen unserer eigenen Welt und der Welt eines anderen Menschen. Wir sind dazu berufen, dem treu zu bleiben, der wir sind, nicht unser Wesen zu verlieren und gleichzeitig in die Welt eines anderen einzutreten. Wir können uns jedoch sicher sein, dass, so wie Jesu Menschwerdung und Tod Leben hervorbrachten, auch unsere Entscheidung dafür zu Auferstehungsleben und viel Frucht bei uns und anderen führen wird.

Dead Man Walking

Erlauben Sie mir, dieses Prinzip anhand des Films *Dead Man Walking* aus dem Jahr 1995 zu veranschaulichen. Helen Prejean ist eine Nonne, die im St.-Thomas-Wohnprojekt in New Orleans lebt und arbeitet, als sie eine Einladung erhält, mit jemandem im Todestrakt in Briefkontakt zu treten. Es stellt sich heraus, dass der verurteilte Mann, Matthew Poncelet, zusammen mit seinem Freund nach einer Schulsportveranstaltung am Freitagabend auf einem einsamen Feldweg in einem Zuckerrohrfeld auf zwei hübsche Teenager traf – Loretta und David. Loretta wurde vergewaltigt. David und Loretta wurden beide mit einem Schuss in den Hinterkopf im Feld zurückgelassen.

Schwester Helen fragt sich anfangs, ob seine Behauptung, er sei unschuldig, vielleicht wahr ist. Matthew behauptet, dass in Wirklichkeit sein Partner die Vergewaltigung und die Morde verübt hat. Zunächst sucht er keine geistliche Hilfe bei Schwester Helen, aber er möchte, dass sie sich dafür einsetzt, ihn aus dem Todestrakt herauszubekommen.

Schwester Helen betritt seine Welt und stellt fest, dass dies keine schöne ist. Matthew hat keinen liebenswerten Charakter. Er ist ein Rassist, bezeichnet Schwarze als „Nigger“ und spricht davon, dass die Nazis Wertvolles geleistet hätten. Er bezeichnet Frauen als „Schlampen“ und redet davon, wie er ein Regierungsgebäude in die Luft sprengen wollte. Er hält Schwester Helen vor, dass sie – unverheiratet und ohne Sex – etwas verpasst habe. Er ist kein Sympathieträger.

Nichtsdestotrotz hält Schwester Helen an sich und ihren Überzeugungen fest. Sie lädt ihn wiederholt ein, mit Gott ins Reine zu kommen, indem er seine Sünde bekennt. Sie versucht, ihn dazu zu bewegen, Verantwortung für das zu übernehmen, was er getan hat. Es gibt nur sehr, sehr langsam Fortschritte.

Gleichzeitig stellt Schwester Helen eine Beziehung zu den trauernden Familien her. Sie betritt deren Welt des unergründlichen Verlusts und Schmerzes. Die Eltern der toten Teenager sind aufgebracht und für Schwester Helen steigt der Druck, ihr Engagement für Matthew aufzugeben. Die Familien ziehen eine Grenze. „Sie können sich nicht mit diesem Mörder anfreunden und dann erwarten, dass Sie auch unsere Freundin sind“, sagt der Vater des einen Teenagers, als er Schwester Helen bittet, sein Haus zu verlassen. „Wenn Ihnen diese Familie wirklich wichtig ist, dann werden Sie wollen, dass der Gerechtigkeit Genüge getan wird.“

Die Zeitungen greifen Matthews rassistische, nazifreundliche Ansichten auf und erwähnen dann Schwester Helen. Ihre Mitschwestern beschweren sich ebenfalls, sie vernachlässige ihre Aufgaben im St.-Thomas-Wohnprojekt. „Er ist dir wichtiger als deine Kurse“, sagt eine Mitschwester.

Sie hängt zwischen Himmel und Erde, mitten in der derben, brutalen Arbeit der Identifikation. Sie hängt zwischen ihrer

Welt, der Welt des verurteilten Mörders, der Welt der Eltern der ermordeten Teenager und der Welt ihrer Mitschwestern.

Als der Vater des männlichen Opfers Schwester Helen fragt, woher sie den Glauben nimmt zu tun, was sie tut, erwidert sie: „Das ist kein Glaube, das ist Arbeit."

Sie gibt nicht auf. Mit der Zeit lässt Matthew seine Deckung sinken und zeigt Verletzlichkeit. Schließlich, um 23.38 Uhr, nur Minuten vor seiner Hinrichtung um Mitternacht, fragt sie ihn: „Übernehmen Sie die Verantwortung für den Tod der beiden?"

Weinend gesteht er zum ersten Mal seine Schuld ein. Einige Minuten später sagt er: „Danke, dass Sie mich geliebt haben. Es gab noch nie jemanden in meinem Leben, der mich wirklich geliebt hat."

Schwester Helen erinnert sich an ihren gemeinsamen Gang zu seiner Hinrichtung: „Auf diesem Gang berührte ich ihn zum ersten Mal. Ich schaute nach unten und sah, wie seine Ketten über den glänzenden Fliesenboden schleiften. Sein Kopf war rasiert und er hatte ein sauberes, weißes T-Shirt an. Als sie ihn in den Hinrichtungsraum brachten, lehnte ich mich vor und küsste ihn auf den Rücken. ‚Matthew, beten Sie für mich.' – ‚Das werde ich, Schwester Helen.'"

Als er auf die Liege geschnallt wird, um die tödlichen Injektionen zu erhalten, sagt sie ihm, er solle ihr Gesicht anschauen. „Auf diese Weise wird das Letzte, das Sie sehen, das Gesicht von jemandem sein, der Sie liebt." Er tut es und stirbt in Liebe statt in Verbitterung.

Was bringt es, sich mit anderen zu identifizieren?

Von den großen Theologen der Kirchengeschichte lernen wir, dass die Menschwerdung Jesu ein Geheimnis ist. Wir erfassen nur den allerkleinsten Hinweis auf ihre Unermesslichkeit und Bedeutung.

Ich sitze hier, schließe die Augen und denke über die Frage nach: „Wie ist es, du zu sein? In deiner Haut zu stecken?" Dabei ist mir klar, dass wir, wenn wir aus uns herausgehen und für kurze Zeit in der Welt eines anderen Menschen leben, nie als die gleichen Menschen in unser altes Leben zurückkehren. Gott verändert uns durch diesen Vorgang in das Bild seines Sohnes hinein. Wir lernen, die hässlichen Teile unseres Selbst sterben zu lassen. So bleiben wir fest auf dem Boden.

Heilung und Veränderung finden im Leben von Menschen auf eine Weise statt (siehe Markus 4,26-29), die wir nicht verstehen. Gott bringt Frucht hervor – dreißig-, sechzig-, hundertfach –, sowohl in uns als auch in unseren Gemeinden. Wie Jesus versprochen hat, werden wir viel mehr ernten, als wir wissen.

Die Liebe hat Prioriät

Wenn wir uns mit anderen identifizieren, verändern sich die Prioritäten der Gemeinde und die Definition dessen, was Erfolg ist. Es geht nicht darum, die Welt zu verändern und Menschen zurechtzubringen, sondern darum, sie zu lieben.

Jonathan Edwards (1703–1758), einer der bekanntesten Theologen und Prediger Amerikas, hielt einmal eine Reihe sehr eindrücklicher Predigten über das „Liebeskapitel" der Bibel (1. Korinther 13). Am Anfang erinnert er uns daran, dass es nach Paulus möglich ist, in der Kraft des Heiligen Geistes Wunder zu tun und geistliche Gaben einzusetzen und doch kein Christ zu sein (1. Korinther 13,1-3). Er sagt, dass man ein Werk für Gott aufbauen kann – durch großen Glauben Wunder tun, alles opfern, was man hat, und Geistesgaben ausleben – und dabei dennoch überhaupt kein echter Nachfolger von Jesus Christus ist. Er erinnert uns daran, dass Paulus das alles „nichts" nennt (1. Korinther 13,2f.). Denken Sie an Judas, Bileam, Saul und die Worte von Jesus in der Bergpredigt in Matthäus 7,21-23.

Zudem hat das Maß an Kraft und Begabung im Leben eines Christen wenig mit geistlicher Reife zu tun. Paulus sagt weiterhin deutlich, dass man seine geistlichen Gaben einsetzen und dennoch ein ziemlicher geistlicher Säugling sein kann. Das wird besonders in 1. Korinther 3 klar. Das Zeichen dafür, dass der Heilige Geist wirkt, ist übernatürliche Liebe, nicht großartige Erfolge. *Diese Liebe erfordert ein übernatürliches Wirken der Gnade im Herzen jedes Einzelnen.*

Im Himmel, sagt Edwards in seiner letzten Predigt über 1. Korinther 13, ist die Liebe die eine Konstante, die ewig bleibt. Im Himmel werden wir alle einander vollkommen, absolut und ohne Grenzen lieben. Wenn wir in dieser radikalen Liebe leben (die in 1. Korinther 13,4-7 definiert ist), leben wir im echten Reich Gottes. Das kann weder vom Teufel noch durch unsere menschlichen Bemühungen „gefälscht“ werden. Es ist wahrhaft himmlisch. Edwards findet für den Himmel wundervolle Worte:

Das Zeichen dafür, dass der Heilige Geist wirkt, ist übernatürliche Liebe, nicht großartige Erfolge.

> Der Himmel [ist] eine Welt der Liebe; denn Gott ist die Quelle der Liebe, so wie die Sonne die Quelle des Lichts ist. Und deshalb füllt die herrliche Gegenwart Gottes den Himmel mit Liebe, so wie die Sonne, die an einem wolkenlosen Tag in die Mitte des sichtbaren Himmels gesetzt ist, die Welt mit Licht erfüllt. Der Apostel sagt uns, dass Gott die Liebe ist; und deshalb, da er unendlich ist, folgt daraus, dass er ein unendlicher Liebesquell ist. ... Die Gottheit wird sozusagen eine unendliche und unveränderliche Emotion der Liebe, die sowohl vom Vater als auch vom Sohn ausgeht. ... Und da springt dieser herrliche Quell für immer in Strömen hervor, ja in Flüssen der Liebe und Freude, und diese Ströme schwellen an, gewissermaßen zu einem Ozean der Liebe, in dem die Seelen der Erlösten mit dem süßesten Vergnügen baden können und ihre Herzen gleichsam von Liebe überflutet werden![31]

Ich möchte nicht bis zum Himmel warten, um eine solche Gemeinde zu sehen. Gott wünscht sich, glaube ich, dass wir im 21. Jahrhundert überall auf der Welt eine kopernikanische Wende in unserer Jüngerschaft anstoßen. Es ist eine Verpflichtung, nicht nur zahlenmäßiges Wachstum zu verzeichnen, sondern – was

31 Siehe www.reformedsermonarchives.com/edwardstitle.thm, Predigt 12.

noch wichtiger ist – eine qualitative Veränderung an uns zu sehen und an der Art und Weise, wie wir anderen dienen.

Das ist der Weg, um mehr Himmel auf Erden zu erleben. Die Reise beginnt genau jetzt und zieht nach und nach ihre Kreise in Ihnen und dann in Ihrer Gemeinde und in der Welt voller Schmerzen, in der wir leben. Aber dazu wird es erforderlich sein, das Tempo zu drosseln und mit Integrität zu führen, dem letzten Prinzip für seelisch gesunde Gemeinden.

Kapitel 11

Prinzip 7: Das Tempo drosseln und mit Integrität führen

Am Ende unserer Tagungen über emotional gesunde Gemeinden fordern Geri und ich häufig die Pastoren und Leiter auf, doch bitte den folgenden Satz zu vervollständigen: „Mir ist bewusst geworden ...“ Hier sind einige der gängigen Antworten:

- Wenn mein Leben nicht von Wahrheit geprägt ist, dann sollte ich auch nicht über die Wahrheit predigen.
- Ich habe mein inneres Leben vernachlässigt.
- Ich habe mich so sehr darauf konzentriert, die Gemeinde zu leiten, dass mein täglicher Austausch mit Jesus zu kurz gekommen ist, und meine Ehe hat auch darunter gelitten.
- Mein stoischer Gleichmut war in Wirklichkeit ein Mittel zum Selbstschutz, und das verneint meine von Gott geschaffene Menschlichkeit.
- Ich muss mir meiner selbst mehr bewusst sein.
- Ich darf nicht immer einfach aus dem Bauch heraus handeln; emotionale Gesundheit erfordert Disziplin und viel harte Arbeit.
- Ich muss der Zeit mit Gott mehr Priorität einräumen und alles andere in seiner Hand lassen.
- Wenn wir als Gemeinde im Glauben wachsen wollen, müssen wir Gewohnheiten entwickeln, die unsere seelische und geistliche Gesundheit fördern.
- Ich bin innerlich leer und sitze geistlich auf dem Trockenen. Ich muss wieder langsamer machen und mir eine Auszeit nehmen.
- Ich bin leicht zu verunsichern und gehe Konflikten am liebsten aus dem Weg, auch wenn ich das nicht gern zugebe.

- Ich darf nicht in meiner Vergangenheit stecken bleiben, wenn ich aus ihr lernen will.
- Ich nehme viele Dinge zu persönlich, selbst wenn ich gar nicht für sie verantwortlich bin.
- Die Welt wird auch ohne mich weitergehen, aber ich kann nicht ohne Christus weitergehen.

Mit welchen dieser Aussagen identifizieren Sie sich? Wie viele treffen auf Ihr derzeitiges Leben zu? Das führt uns zu dem letzten Grundprinzip für emotionale Gesundheit, nämlich das Tempo zu drosseln und mit Integrität zu führen.

Vier Bekehrungen

Meine erste Bekehrung ereignete sich, als ich mit 19 Jahren Christ wurde. Es war der Höhepunkt einer zweijährigen Phase, in der ich mit mir rang und mich fragte: „Ist das alles, was das Leben zu bieten hat?" Meine Suche nach Spaß und Vergnügen erzeugte in mir aber nur ein Gefühl der Leere, bis ich mich schließlich nach innen wandte und eine Reise in die Tiefe meiner Seele unternahm. Gott gebrauchte diese Zeit, um mich darauf vorzubereiten, Jesus als meinen Herrn zu erkennen und mir bewusst zu werden, dass sich das Leben um ihn dreht. Das war der Anfang einer geistlichen Reise, die darin mündete, dass ich Pastor wurde.

17 Jahre später fand meine zweite Bekehrung statt, und zwar infolge des Schmerzes, der Depressionen und des Verrats, der mit der in Kapitel 1 beschriebenen Spaltung der spanischen Gemeinde einherging. Dem gingen zwei Jahre voraus, in denen ich mir eingestehen musste, dass es nichts nützt, die ganze Welt zu gewinnen, wenn man dabei seine eigene Seele verliert (siehe Markus 8,36). Ich lernte, dass man geistliche Reife nicht von seelischer Gesundheit trennen kann, dass es bei Reife um Liebe und Charakter geht, nicht um Gaben und Wissen. Und schließlich erkannte ich auch, welche zentrale Rolle die Ehe für mein geistliches Wachstum spielt.

Das brachte mich auf einen neuen Weg seelischer Gesundheit.

Ich bin aufgeblüht, seelisch, emotional und in meinen Beziehungen. Geri und ich fingen an, Vorträge über die Prinzipien emotionaler Gesundheit zu halten, und wir durften miterleben, wie Gott unzählige Personen und Ehen verwandelt hat. Sieben Jahre lang haben wir nach diesen Prinzipien gelebt, ich habe sie schriftlich festgehalten und als Buch herausgebracht.

Ich lernte, dass man geistliche Reife nicht von seelischer Gesundheit trennen kann, dass es bei Reife um Liebe und Charakter geht, nicht um Gaben und Wissen.

Meine dritte Bekehrung ereignete sich zwischen 2003 und 2004. Mir wurde bewusst, dass irgendetwas immer noch fehlte. Trotz unserer Schritte zur seelischen Gesundheit blieb das Leben von vielen Menschen in unserer Gemeinde überbelastet und zu gestresst. Viele ließen sich von der Spiritualität anderer durchfüttern, während sie selbst innerlich zerstreut, zersplittert und ungefestigt blieben. Mein Hauptwunsch war, dass Menschen Leidenschaft für Jesus entwickeln, in der Gemeinschaft mit ihm leben und aus dieser Beziehung heraus dann auch andere Menschen lieben.

1996 begann ich damit, mich etwa sieben Jahre lang mit kontemplativer Spiritualität und dem Mönchtum zu beschäftigen. Das führte dazu, dass Geri und ich uns eine viermonatige Auszeit nahmen und in einem Rhythmus von Stille, Abgeschiedenheit und Sabbat lebten. Damals haben wir verschiedene Ordensgemeinschaften kennengelernt: protestantische, römisch-katholische und orthodoxe Traditionen.

Gott ist uns dort auf neue, tiefgründige Weise begegnet. Ich merkte, dass ich immer noch zu aktiv war und meine Hauptaufgabe nicht darin bestand, Pastor oder Leiter zu sein, sondern ihn über alles andere zu suchen (vgl. Psalm 27,4). Das Verhältnis zwischen Aktivität und Besinnlichkeit in meinem Leben wurde von einer richtungsweisenden Umwälzung aufgerüttelt. Ich lernte, wie wichtig Stille und Alleinsein für mich sind, und dass ich mein Tempo noch viel mehr drosseln musste, um mit Gott zusammen zu sein. Auch wurde mir ganz neu bewusst, wie eigensinnig mein eigenes Herz war, das meinen Willen dem Willen Gottes vorzog, besonders was die *New Life Fellowship* betraf. Ich musste einsehen, dass ein Großteil unseres strategischen Planens auf einer falschen Grundlage basierte. Ich hörte auf, in erster Linie die Stille zu Gott zu suchen, um Gemeindewachstum zu erreichen, und fing an, ihn um seiner selbst willen zu suchen.

Ich hörte auf, in erster Linie die Stille zu Gott zu suchen, um Gemeindewachstum zu erreichen, und fing an, ihn um seiner selbst willen zu suchen.

Meine vierte Bekehrung ereignete sich 2007. Im Laufe der Jahre haben mich Pastoren großer Gemeinden immer wieder gefragt: „Wie wendet man emotionale Gesundheit auf die Führung einer komplexen Organisation an, wo man Mitarbeiter anstellen und entlassen muss, wo es Vorstandstreffen gibt und Menschen zu managen sind?“ Ich erwiderte: „Keine Ahnung. So weit bin ich noch nicht. Vermutlich bin ich nicht dazu berufen, das herauszubekommen!“

Fast 20 Jahre lang habe ich zusammen mit dem Vorstand unserer Gemeinde nach Wegen gesucht, die Gemeinde so zu führen, dass mir auch weiterhin Freiräume blieben, um als Visionär und Gemeindeleiter zu agieren. Unsere Gemeinde war groß geworden, aber wir stießen wiederholt an unsere Grenzen. Unser Bemühen, seelische Gesundheit und kontemplative geistliche Übungen in den Gemeindebetrieb zu integrieren, war in seiner Effektivität begrenzt.

Da ich zu viel zu tun hatte (Predigten, Vorstandstreffen, Verwaltung, Krisenmanagement und dergleichen), erledigte ich bestimmte Aufgaben zu hastig. Teilweise ging ich Treffen aus dem Weg, von denen ich wusste, dass sie schwierig sein würden. Wahrheiten, die mir unangenehm waren, berührte ich nur flüchtig. Ich mied es, die mangelhafte Leistung einiger Mitarbeiter anzusprechen. Ich zog es vor, keine schwierigen Fragen zu stellen oder mich zu Wort zu melden, wenn etwas eindeutig nicht richtig war. Ich nahm mir vor Leitungstreffen nicht die nötige

Zeit, um mir über Ziele und Absichten im Klaren zu sein und das Treffen wohlüberlegt und andächtig anzugehen.

Ich räumte mir nicht genügend Zeit ein, emotional gefestigt zu bleiben und die Verpflichtungen, die ich einging, auch zu erfüllen. Ich nahm mir nicht die Zeit, schmerzliche Fakten zu bedenken, die darauf deuteten, dass nicht alles so gut lief, wie ich dachte.

Schließlich kamen eine Reihe von Ereignisse zusammen, um mich auf meine vierte Bekehrung vorzubereiten, bei der es um meine Integrität als Leiter und Mensch ging. Endlich gestand ich mir ein: Was unsere Gemeinde am meisten daran hinderte, so zu werden, wie Gott es sich vorstellte, war ich selbst. Die Probleme, mit denen wir zu kämpfen hatten, hatten mit meiner Person zu tun und nicht mit den Mitarbeitern oder der Gemeinde. Das hat mich dazu gebracht, einen weiteren unangenehmen Blick auf die unentdeckten Teile meines Eisbergs zu werfen.

Was unsere Gemeinde am meisten daran hinderte, so zu werden, wie Gott es sich vorstellte, war ich selbst.

Die Tatsache, dass ich mir nicht die Zeit nahm, im Voraus zu planen oder geplante Projekte auch wirklich durchzuführen, hatte mit meinem Charakter zu tun, nicht mit meinem Können. Ein Leiter zu sein, der zu differenzieren wusste, war nicht schwer zu lernen. Die Schwierigkeit war eher, meine Ängste zu überwinden. Ich musste lernen: Schlimmer als missverstanden zu werden, ein paar Freunde aufgeben oder Mitglieder verabschieden zu müssen wäre es, wenn ich meine Integrität verlöre. Ich habe damals erkannt, dass es um die Wahrheit geht und ich sie suchen muss, egal wohin sie mich führt. Das Ergebnis war eine Gemeinde, eine Leiterschaft und ein Peter Scazzero, die so frei waren, wie das für mich noch wenige Jahre zuvor völlig unvorstellbar gewesen wäre.

Der göttliche Archäologe

Je mehr wir im Leben als Christ vorankommen, umso mehr merken wir, dass es ein nicht endender Prozess ist. Wir gehen zurück und brechen mit irgendeiner destruktiven Kraft aus der Vergangenheit. Später dann, auf einer tieferen Ebene, muss Gott noch einmal auf dasselbe Problem zurückkommen. Ich vermute, dass auch in den kommenden Jahren noch weitere Bekehrungen auf mich warten.

Thomas Keating hat Gottes Werk in uns mit einer „archäologischen Fundstelle im Mittleren Osten" verglichen. Man fand Überreste einer Zivilisation und stellte fest, dass sich genau darunter weitere Fundstücke einer noch älteren Schicht befinden. Die Archäologen graben sich nun Stück für Stück, Kultur für Kultur, durch die Geschichte. Der Heilige Geist ist wie ein göttlicher Archäologe, der sich durch die Schichten unseres Lebens gräbt.

Der Heilige Geist möchte unsere gesamte Lebensgeschichte untersuchen, Schicht für Schicht, und dabei den Unrat entsorgen und das Wertvolle, das in jeder Phase unserer menschlichen Entwicklung richtig war, erhalten. Irgendwann gräbt der Geist dann in das Fundament unseres frühesten Seelenlebens. Während er sich unserem Kern nähert, in dem Gott auf uns wartet, überkommen uns immer mehr Gefühle von Schlechtigkeit. Wir sollten gewarnt sein. Diese seelische Reise ist keine Erfolgsgeschichte und auch kein Karriereschritt, sondern eine Demütigung und Entlarvung unseres falschen Selbstbildes.

Gott benutzt verwirrende Ereignisse und Erfahrungen, um ein tiefes Werk in unserem Innern zu tun.

Jede geistliche Reise führt uns zu den schwersten Realitäten in unserem Leben, zu den Ungeheuern, die in uns lauern, zu unseren Schattenseiten und irrigen Gedankengebäuden, zu unserer störrischen Natur, zu unseren inneren Dämonen. Es ist ganz wichtig, dass wir diese Feinde in unserem Innern verstehen, ansonsten projizieren wir sie zwangsläufig nach außen auf andere Menschen.

Integrität entwickeln

Integrität mit Gott

Die meisten von uns haben es häufig eilig. Wir kämpfen darum, aus jeder freien Minute möglichst viel herauszuschlagen. Am Ende des Tages sind wir von den endlosen Bedürfnissen unserer Gemeinde total geschafft. Und auch in unserer „Freizeit" werden wir mit Anforderungen konfrontiert, die unser ohnehin schon angespanntes Leben zusätzlich belasten. Wir lesen von der Notwendigkeit, Pausen einzulegen und uns zu erholen – aber wir können einfach nicht aufhören zu arbeiten.

Genau wie Mose, Elia, Johannes der Täufer und Jesus muss jeder von uns lernen, irgendwie eine „Wüste" inmitten unseres vielbeschäftigten Lebens zu schaffen, um unsere persönliche Beziehung zu Jesus zu pflegen.

Es ist wie eine Sucht, nur dass wir nicht nach Drogen oder Alkohol süchtig sind, sondern nach Aktivität und Arbeit. Physiologisch scheint unser Körper nicht in der Lage zu sein, den Adrenalinspiegel zu senken und langsamer zu machen. Wir befürchten, dass die Dinge in die Binsen gehen. Also machen wir einfach fleißig weiter.

Genau wie Mose, Elia, Johannes der Täufer und Jesus muss jeder von uns lernen, irgendwie eine „Wüste" inmitten unseres vielbeschäftigten Lebens zu schaffen, um unsere persönliche Beziehung zu Jesus zu pflegen. Es ist eine Illusion, zu denken, wir könnten Menschen auf eine geistliche Reise führen, die wir selbst nicht unternommen haben. Wenn wir in unserer Beziehung zu Gott nur die Oberfläche berühren, dann kann kein Programm die Oberflächlichkeit und die Eigenwilligkeit wettmachen, die daraus zwangsläufig resultieren.

Wer ganz entschieden mit Jesus leben will, der sollte sich bewusst Zeit nehmen und sich auf die wichtigen Dinge konzentrieren – Stille, Gebet, Bibellese und Nachsinnen über Gottes Wort.

Wir sind von endlosen Ablenkungen und Stimmen umgeben, die uns davon wegrufen, Jesus zu Füßen zu sitzen, doch das ist unsere einzige Hoffnung: Nur in der Stille wird es uns gelingen, die Heuchelei und die Illusionen dieser Welt zu durchschauen und den Menschen, die uns anvertraut sind, Orientierung zu bieten.

In der Kirchengeschichte wurde eine der sieben Todsünden als „Faulheit" bezeichnet, als eine Trägheit des Herzens. Gemeint war damit nicht einfach nur Faulheit, sondern auch, mit den falschen Dingen beschäftigt zu sein. Wir sind zu aktiv, weil wir nicht die Mühe auf uns nehmen wollen, die ein Leben der Rückbesinnung und des Alleinseins mit Gott erfordern würde. Aus diesem Grund duldeten die Wüstenväter, die ersten Mönche, die im vierten und fünften Jahrhundert in Wüstengebieten des Mittleren Ostens lebten, keine Aktivitäten, selbst keine frommen Aktivitäten, solange sie nicht von einem reichen Seelenleben mit Gott genährt waren. Wiederholt warnten sie davor, für Gott aktiv zu werden, bevor die Zeit reif war. Sie bieten uns eine zeitgemäße Warnung.

Bernhard von Clairvaux (1090–1153), Abt eines Zisterzienserklosters in Frankreich, war vielleicht der einflussreichste christliche Leiter und Schreiber seiner Zeit. Als sein geistlicher Sohn, Eugen III, im 12. Jahrhundert Papst wurde, war Bernhard tief besorgt, dass das Seelenleben des Papstes der Verantwortung nicht gewachsen war, die er nun zu tragen hatte. Bernhard bekümmerten die Anforderungen, die nun an Eugen gestellt wurden. Er riet ihm: „Halte genügend Abstand von den Aufgaben, damit du nicht abgelenkt wirst und dein Herz sich nicht verhärtet. Wenn du keine Furcht davor hast, ist es bereits deins. ... Du wurdest mit einem Preis erkauft. Werde kein Knecht von Menschen."

Wenn unser Leben mit Gott nicht ausreicht, um unsere Arbeit für Gott zu tragen, werden wir Mühe haben, unsere Integrität aufrechtzuerhalten. Mir wurde antrainiert, Menschen für Christus zu erreichen, Wachstum in der Gemeinde zu fördern, in der Weltmission tätig zu sein und meine Gaben voll auszuschöpfen. Ich lernte zwar auch etwas über Stille Zeit und Tage, die man allein mit Gott verbringt, doch die Betonung war nach außen gerichtet, auf äußerliches Wachstum, nicht nach innen, auf Wachstum tief in meiner Seele.

Doch Arbeit für Gott, die nicht von einem tiefen Innenleben mit Gott genährt wird, verdirbt mit der Zeit. Die Grundlage für unser erlebtes Selbstwertgefühl verschiebt sich nach und nach von Gottes Liebe zu uns in Christus, hin zu Arbeit und Leistung. Langsam, ja fast unmerklich, verschwindet unsere Freude am Leben mit Jesus.

Um mir meine Integrität zu bewahren, fing ich an, einen monastischen Lebensrhythmus in meinen Alltag zu integrieren. So praktiziere ich zum Beispiel die Tageszeitenliturgie, um meinem Tagesablauf Struktur zu verleihen. Ich plane meinen Tag um drei oder vier kleine Zeitblöcke herum, bei denen ich innehalte, mich innerlich neu ausrichte, einen Bibelabschnitt lese und still bin.

Arbeit für Gott, die nicht von einem tiefen Innenleben mit Gott genährt wird, verdirbt mit der Zeit.

Die Tageszeitenliturgie, auch als Stundengebet bekannt, unterscheidet sich von dem, was wir heute als Stille Zeit oder Andacht bezeichnen. Beim Stundengebet geht es nicht so sehr darum, sich an Gott zu wenden, um etwas zu bekommen, sondern sich Zeit zu nehmen, um mit jemandem zusammen zu sein. Es geht darum, einen Lebensrhythmus zu finden, der es einem ermöglicht, jeden Tag mit Gott zu verbringen.

König David, der Prophet Daniel, fromme Juden zu Jesu Zeiten und die Jünger in der Apostelgeschichte hielten alle drei- oder viermal am Tag bestimmte Gebetszeiten ein. Wahrscheinlich hat auch Jesus selbst sich an den jüdischen Brauch gehalten, zu bestimmten Tageszeiten zu beten.

Alle diese Leiter wussten: Von den Tagesanforderungen vorübergehend zurückzutreten, um sich Zeit für Gott zu nehmen, ist der Schlüssel, um den Rest des Tages eine beständige und unbeschwerte Vertrautheit mit Gottes Gegenwart zu schaffen. Es ist der Rhythmus des Innehaltens, der es ermöglicht, die Gegenwart Gottes ganz konkret zu praktizieren.

Wenn ich mir morgens, mittags und abends kurz Zeit für das

Gebet nehme, erhalte ich dadurch Kraft, die meinen anderen Tagesaktivitäten ein tiefes Gefühl der heiligen Gegenwart Gottes verleihen. Ihm gehört alle Zeit. Die Tageszeitenliturgie, wenn sie konsequent praktiziert wird, reißt die Trennung zwischen Heiligem und Weltlichem in unserem Leben nieder.

Meine eigene Integrität

Wer in der Gemeinde eine Leitungsposition ausübt, kann dadurch der eigenen Seele Gewalt antun. Die endlosen Nöte, mit denen wir routinemäßig bombardiert werden, können uns auslaugen und irritieren. Wer hat da noch Zeit, Jesus zu genießen – oder unseren Ehepartner, unsere Kinder, ja das Leben selbst? Wir denken uns, dass wir schon irgendwann den ganzen Schlaf, der uns geraubt wird, nachholen. Der Raum, den wir brauchen, um unsere Seele wieder aufzutanken und uns zu entspannen, kommt später irgendwann. Wenige unter uns haben Zeit für Spaß und Hobbys.

Wer in der Gemeinde eine Leitungsposition ausübt, kann dadurch der eigenen Seele Gewalt antun.

Um verantwortlich mit uns selbst umzugehen, müssen wir unseren Mitmenschen auch manchmal ein unumstößliches Nein sagen. Jahrelang habe ich mir erst dann Ruhe und Stille gegönnt, wenn ich mich um meine Mitmenschen gekümmert hatte. Ob meine eigene Seele ausgetrocknet und mein Geist aufgebraucht waren, spielte dabei keine Rolle. Ich war der Pastor und musste stark sein.

Aber das war unmenschlich. Unweigerlich wurde ich mit der Zeit verbittert. Jesu Joch fühlte sich hart und schwer für mich an, nicht sanft und leicht, wie er es doch versprochen hatte (siehe Matthäus 11,30).

Jesus hat uns einen verantwortungsvollen Umgang mit uns selbst vorgelebt. Obwohl die Last der Welt auf seiner Schulter lag, sehen wir, wie er sich eine Auszeit nahm und sich an dem freute, was andere ihm gaben, bevor er sich auf den Weg zum Kreuz machte (siehe Johannes 12,1-8). Wer von uns würde es zulassen, dass jemand anders ein ganzes Jahreseinkommen für uns ausgibt? Wir sehen uns selbst nicht als derart wertvoll an.

In seinem großen Werk „Über die Gottesliebe" beschreibt Bernhard von Clairvaux vier Grade der Liebe:

1. Uns uns selbst zuliebe lieben
2. Gott für seine Gaben und Segnungen lieben
3. Gott seiner selbst zuliebe lieben
4. Uns selbst Gott zuliebe lieben

Für Bernhard war der höchste Grad der Liebe einfach, uns selbst so zu lieben, wie Gott liebt – im selben Maße, auf dieselbe Weise, mit genau der gleichen Liebe. Wir lieben das Ich, das Gott liebt, das wesentliche Ebenbild Gottes, das in uns liegt, von der Sünde jedoch verzerrt worden ist. Bernhard erkannte, dass reife Liebe nicht ohne eine Grundlage der Selbstliebe existieren kann. Nur im Licht der Liebe Gottes können wir uns selbst richtig lieben. Und wenn wir nicht wissen, was es bedeutet, uns angemessen um uns selbst zu kümmern, können wir auch andere nicht angemessen lieben.

Das ist ein wunderbares Wort für uns Leiter heutzutage, da so viele von uns Verbitterung mit sich herumtragen, weil sie mehr gegeben haben, als Gott von ihnen verlangt hat. Unnachgiebiges Pflichtgefühl kann unsere Beziehung zu Jesus, der einzigen Quelle immerwährenden Lebens und anhaltender Freude, zunichtemachen.

Als christliche Leiter sind wir herausgefordert, gut mit uns selbst umzugehen. Wie kann ich Anteil an anderen Menschen nehmen, wenn ich noch nicht einmal Anteil an mir selbst nehme? Wie kann ich in gesunder Beziehung zu anderen stehen, wenn ich keine gesunde Beziehung zu mir selbst habe? Wie kann ich mit dem anderen vertraut sein, wenn ich nicht mit mir selbst vertraut bin?

Ich bin fest davon überzeugt: Ein Schlüssel für unsere Freiheit besteht darin, die Sabbatruhe wieder neu für unser geistliches Wohlergehen zu entdecken. Beim Sabbat geht es darum, Gottes Einladung anzunehmen, jede Woche 24 Stunden lang die Arbeit ruhen zu lassen, an ihm Freude zu haben und über ihn nachzudenken. Unsere Kultur kennt das nicht, sich einen ganzen Tag (24 Stunden) Zeit zu nehmen, um auszuruhen und sich an Gott zu erfreuen. Wie viele andere habe ich darin immer ein zusätzliches Angebot gesehen, nicht etwas, das wirklich grundlegend ist, wenn man ein Jünger Jesu sein will.

Jesus erinnert uns daran, dass wir nicht für den Sabbat gemacht worden sind; der Sabbat ist ein Geschenk Gottes an uns (siehe Markus 2,27). Ich liebe den Sabbat. Je mehr man ihn von innen her schmeckt, umso mehr weiß man dieses Geschenk zu schätzen. Geri und ich unterhalten uns oft darüber, wie jeder von uns es angestellt hat, eine Führungsrolle in der Gemeinde zu übernehmen, ohne regelmäßig einen Ruhetag einzulegen: „Kein Wunder, dass wir seelisch auf dem Zahnfleisch gingen!"

Für mich bedeutet das, dass ich von Freitagabend um 19 Uhr bis Samstagabend um 19 Uhr eine Pause einlege – selbst wenn ich meine Predigt für Sonntag noch nicht fertig vorbereitet habe. (Ist man damit je fertig?) Ich meide den PC, lese keine Mails und lasse die Arbeit liegen, die mit der Gemeinde zu tun hat. Den Großteil des Freitags nutze ich für andere Arbeiten wie Hausarbeit, Autoreparaturen, Wäsche und Bankgeschäfte. Sind diese Dinge erst einmal aus dem Weg, kann ich den Sabbat so richtig genießen.

Der Sabbat ruft uns dazu auf, das Nichtstun jede Woche in unseren Terminkalender einzubauen. Dabei wird nichts Messbares erreicht, aber ich nähre meine Seele. Ich tue, was mir Leben spendet. Ich schalte das ganze „Ich muss" und „Ich soll" ab. Anhand weltlicher Maßstäbe mag es ineffizient, unproduktiv und nutzlos sein. Doch der Sabbat ist eines der wichtigsten Geschenke, die Gott uns gegeben hat, um verantwortungsvoll mit uns selbst umzugehen.

Letztlich ist es Gottes Absicht, dass unsere sechs Arbeitstage und unsere Aktivitäten von den Eigenschaften des biblischen Sabbats durchtränkt werden: innehalten, ruhen, sich erfreuen und über ihn nachsinnen. Aus diesem Zustand der Ruhe heraus soll dann unsere Arbeit fließen.

Integrität in der Ehe

Wenige sind dazu bereit, sich den traurigen Zustand vieler Pastoren- und Hauptamtlichenehen einzugestehen. Das würde ja die Entwicklung einiger schnell wachsender Gemeinden stören, zumindest vorübergehend.

Weder die besten Leiterschaftskonferenzen und christlichen Konferenzen noch unsere theologischen Ausbildungsstätten und Seminare vermitteln uns, wie eine Ehe zu führen ist, die uns ja einen Vorgeschmack auf den Himmel geben soll und somit ein Wegweiser zu ihm ist. Wir missachten den starken Druck und die Gefahren, die mit vollzeitlichem Gemeindedienst einhergehen, und gehen fälschlicherweise davon aus, dass sich eine Ehe von allein großartig entwickelt, wenn man für Gott tätig ist.

> **Wie schnell vergessen wir das biblische Prinzip: So wie es um die Ehe des Leiters bestellt ist, ist es auch um die Gemeinde bestellt.**

Der Apostel Paulus verstand, dass wir unsere Gemeindearbeit aus dem heraus tun, wer wir sind. Er machte die Qualität unserer Ehe zu einer unentbehrlichen Voraussetzung für eine Leitungsposition in der Gemeinde, als er sagte: „Er soll ein guter Familienvater sein und seine Kinder zu Gehorsam und allem Anstand erziehen. Wer seinem eigenen Hauswesen nicht vorstehen kann, wie soll der für die Kirche Gottes sorgen?" (1. Timotheus 3,4-5). Er wusste: Kaum etwas ist so schwierig, wie das Wort Gottes in unserer eigenen Ehe umzusetzen.

Wie schnell vergessen wir das biblische Prinzip: So wie es um die Ehe des Leiters bestellt ist, ist es auch um die Gemeinde bestellt. Wenn wir zu beschäftigt sind, um in unsere Familien zu investieren, sind wir auch nicht in der Lage, eine gesunde Gemeindefamilie zu leiten. Wer verheiratet ist, für den ist der Ehepartner die Hauptaufgabe. Danach kommen die Kinder, wenn Gott sie einem schenkt. Dieses Bündnis hat Vorrang vor unserer Arbeit und den Menschen in der Gemeinde. Das ist das einzige Gelübde, das Sie auf der Erde ablegen werden. Mike Mason hat es gut auf den Punkt gebracht:

Die meisten Ehen geraten deswegen in eine Krise, weil beide

> Partner viel zu viel in der Welt erreichen wollen und dabei, wie Marta in Lukas 10,42, das eine missachten, was notwendig ist. Neben der Liebe Gottes ist das „eine“ das bei Weitem Wichtigste im Leben aller verheirateten Paare, nämlich ihre Ehe. ... Ehe ist nicht mehr und nicht weniger, als sein Leben lang nur einen einzigen anderen Menschen zu lieben – ganz gleich, was man sonst tut. Es geht darum, ganze Arbeit zu leisten und einen einzigen Menschen zu lieben.[32]

Geri und ich haben uns vor 14 Jahren entschlossen, dass abgesehen von Christus unsere höchste Priorität darin besteht, in unsere Ehe zu investieren. Unser Kalender spiegelte diese Veränderung wider. Jeden Tag, jede Woche erkämpften wir uns Zeit nur für uns, die von nichts unterbrochen wurde, um ganz mit dem anderen zusammen zu sein. Und wir machten es uns zur Gewohnheit, regelmäßig in einem nahe gelegenen Gästehaus ein paar schöne gemeinsame Stunden zu verbringen und dort zu übernachten.

Paulus deutet die Einheit zwischen Mann und Frau als ein Bild der Einheit Christi mit seiner Braut, der Gemeinde (siehe Epheser 5,31-32). Unsere Ehen sollen unsere Einheit mit Christus verdeutlichen und widerspiegeln. In der Einheit der Ehe sehen und erleben wir die Liebe Gottes.

Das hat enorme Auswirkungen darauf, wie wir den Willen Gottes erkennen, wo wir unsere Prioritäten setzen und wo wir uns Grenzen setzen. Wenn ich beispielsweise wieder ein Buch schreiben will, tauschen Geri und ich uns immer erst darüber aus, weil sich ein solches Projekt unweigerlich auch auf sie auswirkt. Wenn sie dann sagt: „Gerade jetzt ist der Zeitpunkt äußerst ungünstig“, dann verschiebe ich die Arbeit an dem Buch auf später. Ich liebe *New Life Fellowship* und fühle mich von Gott zu dieser Gemeinde berufen. Ich bin nun schon seit über 22 Jahren hier. Doch wenn Geri das Gefühl hat, dass der Zeitpunkt gekommen ist, aus New York wegzuziehen, dann würde ich das als Teil von Gottes Willen für mich annehmen. In ein paar Monaten

32 Mike Mason, *The Mystery of Marriage*, Portland, OR: Multnomah, 1999.

wollen wir am Sonntagabend noch einen zusätzlichen dritten Gottesdienst anbieten, aber ich komme und predige dort nur einmal im Monat. Das ist möglich, weil wir als Gemeinde ein Predigtteam gebildet haben. Wir haben erkannt: Ohne dieses Team würde unsere Ehe und unsere Familie unter der Belastung leiden, mehr als Gott es möchte.

Die Versuchung, unsere Familie aufs Spiel zu setzen, bleibt natürlich bestehen. Doch mit den Jahren hat sich die Sicht in uns verfestigt, dass die Ehe eine Berufung ist – eine besondere Mission von Gott –, und je stärker diese Sicht geworden ist, umso schwächer ist die Versuchung geworden.

Integrität als Leiter

Schon seit Jahren fragt mich unser Gemeindevorstand einmal im Jahr, ob mir meine Position als Hauptpastor Freude macht.

„Predigen, lehren, Visionen entwickeln, Menschen in der Nachfolge Jesu zurüsten, das alles tue ich liebend gern", erwidere ich dann gewöhnlich. „Aber Gott hat mir einfach nicht die Gabe der Verwaltung geschenkt. Eine Organisation managen, das liegt mir nicht, und das ist frustrierend."

Ich habe es weiterhin vermieden, Entscheidungen hinsichtlich des Personals zu treffen, Mitarbeitern und engagierten Ehrenamtlichen zu Schlüsselpositionen zu verhelfen, Aufgabenbeschreibungen zu verfassen, Treffen ausreichend zu planen oder zu überprüfen, ob ein Projekt im Detail richtig umgesetzt wird. Ich sah zwar klar, was getan werden musste, wollte aber, dass jemand anders es tat. „Das ist nicht mein Ding", sagte ich mir.

Zwanzig Jahre lang war diese Situation festgefahren, bis schließlich eine Reihe von Ereignissen zusammenkamen.

Zunächst setzte bei mir eine gewisse Frustration ein. Der Arbeitsalltag unserer Mitarbeiter spiegelte nicht die Botschaft wider, die ich predigte. Ich konnte nicht länger einen Lebensstil predigen, den unsere Gemeindeleitung selbst nicht praktizierte.

Etwa zur gleichen Zeit meldete sich auch Geri zu Wort: „Pete, ich glaube, es fehlt an Mut – dir fehlt es an Mut. Und ich kann das gut verstehen. Es ist schwierig, die nötigen Veränderungen anzugehen. Aber ich weiß, dass du in der Position bist, Veränderungen einzuleiten, es aber nicht tust. Du bist nicht konsequent genug, was die seelische Gesundheit unter den Mitarbeitern betrifft. Du bist verärgert und verbittert. Wir haben zwar eine super Gemeinde, aber ..."

Sie zögerte kurz, und dann ließ sie die Bombe platzen.

„Ich glaube, es geht hier um dich. Vielleicht hast du einfach nicht das nötige Zeug dazu. Vielleicht ist es an der Zeit, dass du dich in die zweite Reihe zurückziehst und einem anderen die Führung überlässt."

Ich fühlte mich wie entblößt. Ihre Worte trafen mich zwar schwer, aber ich wusste, dass sie recht hatte. Wenn ich ehrlich war, dann musste ich zugeben, dass ich Angst davor hatte, missverstanden zu werden, wenn ich die nötigen Veränderungen auf den Weg brachte. Ich hatte Angst, dass ich Freunde verlieren könnte und Mitglieder aus der Gemeinde austreten und wir an Schwung verlieren würden. Den nächsten Tag verbrachte ich allein mit Gott und meinem Tagebuch.

Ja, ich wollte, dass jemand die Ärmel hochkrempelte und für Ordnung sorgte. Derjenige würde sich die Hände schmutzig machen müssen, neues Personal einstellen und schwierige Mitarbeiter entlassen, um mit der Gemeinde in eine neue Richtung zu gehen und schmerzliche Veränderungen vorzunehmen. Meine Schuld war mir immer vor Augen. Ich sah, was getan werden musste. Veränderungen in unserem Leiterschaftsteam waren nötig. Einige Schlüsselpersonen passten nicht richtig. Andere füllten ihre Rollen nicht gut aus.

Ich zog es vor, die leichten Dinge zu tun: predigen und lehren. Doch bei diesem Prozess stand meine Integrität auf dem Spiel. Die Auswirkungen auf die Gemeinde zeigten sich zunehmend. Es war Zeit, nicht mehr aus der Ferne leiten zu wollen, nicht mehr nur einfach die großen Visionen aufzuzeigen, sondern das, was ich predigte, auf jeder Ebene unserer Gemeinde umzusetzen. Endlich hatte Gott meine Aufmerksamkeit erlangt.

Innerhalb von zwei Wochen ergänzte ich meine Arbeitsplatzbeschreibung offiziell um die Aufgaben eines „geschäftsführenden" Pastors und war fest entschlossen, diese Rolle zu lernen.

Ich sagte meine Vortragstermine außerhalb von *New Life* ab, sagte Nein zu einem potenziellen Buchvertrag und meldete mich für eine Runde hervorragender Beratungsgespräche an, um meine persönlichen Blockaden, die als Eisberg unter der Wasseroberfläche waren, anzugehen. Ich predigte seltener, und wir bauten bewusster ein Predigerteam auf.

Im Laufe des darauffolgenden Jahres entdeckte ich, dass es gar nicht so schwer ist, die Managementaufgaben der Gemeinde zu erlernen. Die eigentliche Schwierigkeit war, mir die nötige Zeit zu nehmen, mir „vor dem Herrn" genügend Gedanken zu machen, den Mut aufzubringen, schwierige Gespräche zu führen und dabei konsequent zu sein. Ich wagte Schritte in Richtung der Wahrheit, die mich und *New Life* freimachen würde, so unschön und schmerzlich sie auch teilweise war.

Ich merkte schnell, dass es mir nicht gefiel, von einem Treffen zum nächsten zu gehen, ohne mir der Gegenwart Gottes bewusst zu sein. Ich brauchte einige Minuten zwischen den Treffen, um mich wieder neu auszurichten, und ich fing an, mir die Zeit dafür zu nehmen. Ich hatte zwar auch schon vorher oft gesagt, dass sich mein ganzes Leben um Gott drehte, doch in Wirklichkeit teilte ich meine Leitungsrolle oft in einen geistlichen und einen weltlichen Bereich auf. Ich behauptete zwar, das ganze Leben sei ein Gottesdienst, betrachtete aber die Management- und Planungsaufgaben des pastoralen Leitens als weniger bedeutsam und heilig als Gebet und Predigt.

Nun nahm ich keine neuen Verpflichtungen an, solange ich mich nicht angemessen um meine bisherigen Aufgaben gekümmert hatte. Und immer öfter nahm ich mir vor einer Sitzung zwei bis fünf Minuten der Stille, um vor Gott zu treten. Ich hatte es nötig!

Zur Integrität des Amts als Hauptpastor gehörte auch, eine Kultur der Leiterschaft einzuführen und umzusetzen, was wir predigten. Also entwickelte ich für unser Pastorenteam eine „Lebensregel". Das Wort „Regel" kommt von dem griechischen Wort für „Rankgerüst". Der Sinn der Lebensregel für unser Pastorenteam bestand darin, eine auf uns zugeschnittene Zusammensetzung geistlicher Übungen zu artikulieren, die uns die nötige Struktur und Ausrichtung geben würden, Gott in allem zu berücksichtigen. Sie finden die Lebensregel im Anhang, und ich würde Sie ermutigen, sie zu lesen und zu überlegen, inwieweit sie für Sie von Belang sein könnte.

Unsere Lebensregel machten wir unseren Gemeindemitgliedern gegenüber öffentlich bekannt, damit sie im Bilde waren, welchen Lebensstil wir anstrebten. Unsere Ältesten arbeiteten daraufhin ihre eigene Lebensregel aus. Später brachten wir alle Gemeindemitglieder dazu, ebenfalls bewusst eine Lebensregel für sich anzunehmen.

Machen Sie sich auf den Weg

Vielleicht denken Sie jetzt: „Pete, das würde ja meine ganze Gemeindearbeit auf den Kopf stellen. Wer hat schon so viel Zeit, alles langsamer anzugehen? Da bekomme ich ja nichts mehr fertig!"

Es gibt einige Kernfragen, die erst beantwortet werden müssen, bevor Sie weitere Schritte unternehmen.

Erstens müssen Sie alles vertrauensvoll in Gottes Hand legen, statt aus Furcht heraus die Dinge in die eigene Hand zu nehmen. Unsere menschlichen Neigungen und unsere Kultur nähren dieses krampfhafte, von Furcht getriebene Streben. Adam und Eva arbeiteten zwar im Garten und freuten sich an dem, was sie erreicht hatten. Aber beim Baum der Erkenntnis von Gut und Böse sollten sie einen Schlussstrich ziehen. Sie sollten auf Gottes Güte und Liebe vertrauen. Genau wie wir. Mangelndes Gottvertrauen ist der Kern der Sünde. Sie und ich, wir können uns verändern. Denken Sie an die Worte Jesu: „Für Menschen ist das unmöglich, für Gott aber ist alles möglich" (Matthäus 19,26).

Zweitens liegt der Schwerpunkt nicht darauf, dass Sie Ihre Gemeinde ändern, sondern dass Sie Christus gestatten, Sie zu verändern. Die Verwandlung Ihres inneren Lebens wird auch Ihre äußere Welt verändern. Integrität bedeutet, in Wahrheit zu leben. Beginnen Sie da bei sich selbst, Ihrem Innersten. Solche Ehrlichkeit erfordert großen Mut. Christus hat sein Leben für uns gegeben und dadurch ein sicheres Umfeld der Liebe geschaffen, damit wir eine ehrliche, authentische Beziehung zu ihm haben können.

Zuletzt müssen Sie noch Ihre Begrenztheit anerkennen und bejahen. Sie ist eine Gabe. Sie sind nicht Gott und ich bin es auch nicht. Nicht wir halten die Welt am Laufen, sondern das tut er. Gott lädt uns ein, uns zu entspannen und es zu genießen, dass wir nicht für diese Welt verantwortlich sind, die sich auch dann weiterdreht, wenn wir einmal nicht mehr da sind.

Zum Schluss möchte ich Sie auf einen spannenden Weg zu den sieben Prinzipien einer seelisch gesunden Gemeinde einladen. Diese Prinzipien sind:

1. Schauen Sie unter die Oberfläche.
2. Durchbrechen Sie die Macht der Vergangenheit.
3. Leben Sie in Zerbrochenheit und Verletzlichkeit.
4. Nehmen Sie die Gabe der Begrenztheit an.
5. Nehmen Sie Trauer und Verlust an.
6. Nehmen Sie sich den Menschen Jesus als Vorbild für echte Liebe.
7. Drosseln Sie das Tempo und führen Sie mit Integrität.

Das ist der Weg, um in unserer Arbeit als Pastoren und Leiter mehr vom Himmel auf der Erde zu erleben. Die Reise beginnt heute. Nach und nach wird sie mächtige Wellen schlagen, zuerst in Ihnen, dann in Ihrer Gemeinde und in der notleidenden Welt, in der Sie leben.

Teil 4

WIE ES WEITERGEHT

Kapitel 12

Nächste Schritte ins Neuland der Jüngerschaft

In gewisser Hinsicht sind wir alle wie der Hummer. Um zu wachsen, muss ein Hummer seinen alten, harten Schutzpanzer loswerden und einen neuen, größeren ausbilden. Diesen Vorgang nennt man Häuten. In den ersten fünf Jahren seines Lebens häutet sich ein Hummer etwa 25-mal und einmal jährlich als ausgewachsenes Tier.

Das ist ein hässlicher, unschöner Prozess. Unter dem Druck reißt der alte, harte Schutzpanzer. Dann legt sich der Hummer auf die Seite, lässt die Muskeln spielen und zieht sich aus dem gerissenen Panzer heraus. Für kurze Zeit – nachdem er den alten Panzer verlassen hat und bevor der neue Panzer aushärtet – ist der Hummer nackt und fühlt sich hilflos den Elementen ausgesetzt.

Wenn wir Christus ähnlicher werden wollen, müssen wir unseren alten, harten Schutzpanzer loswerden und Gott gestatten, dass er uns an einen neuen Ort führt.

Wenn wir Christus ähnlicher werden wollen, müssen wir ganz genauso unseren alten, harten Schutzpanzer loswerden und Gott gestatten, dass er uns an einen neuen Ort führt. Natürlich garantiert die Lektüre eines Buches wie dieses nicht, dass ein Mensch oder eine Gemeinde das auch tut. Dazu ist der feste Wille zu harter Arbeit nötig – jeden Tag neu.

Wir sehnen uns danach, dass jeder in unserer Gemeinde zur Reife in Christus heranwächst, und dazu gehört auch seelische Gesundheit. Aber nicht jeder bei *New Life Fellowship* hat sich dazu entschieden, so tief unter die Oberfläche zu gehen. Es ist riskant und macht uns Angst. Unsere Lehre schafft einen Rahmen und eine Umgebung der Sicherheit und Gnade, die es den Menschen ermöglicht, den nächsten Schritt zu tun, aber das reicht nicht.

Wenn Sie an sich selbst arbeiten können, wird sich durch Ihren Kontakt mit anderen die Gemeinde verändern. Kurz gesagt, wenn Sie Gott erlauben, Sie zu verändern, wird sich das ganze System verändern.

Wir empfehlen folgende Vorgehensweise:

Die Reise für Pastoren und Leiter

Seelisch gesunde Spiritualität

Lebenszyklus für Pastoren und Leiter

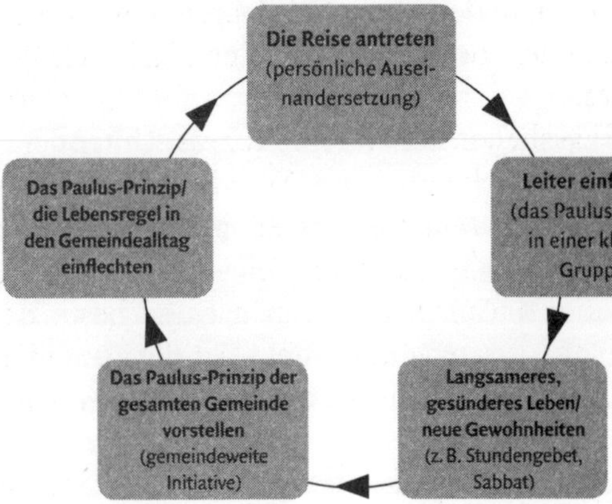

1. Die Reise antreten

Es kommt darauf an, dass wir die biblische Botschaft in unser Leben integrieren und die inhaltsreichen biblischen Themen, mit denen wir uns in diesem Buch befasst haben, auf unser eigenes Leben anwenden. Sie haben den ersten Schritt unternommen. Glückwunsch! Empfehlenswert wäre auch, in Ihrer persönlichen Zeit mit Gott das Kleingruppenheft zu „Das Paulus-Prinzip“ durchzugehen. Wenn Sie Englisch können, können Sie auch www.emotionallyhealthy.org besuchen. Außerdem können Sie *Glaubensriesen – Seelenzwerge?: Geistliches Wachstum und emotionale Reife* (Brunnen 2013) lesen, ein Folgeband, der kontemplative Spiritualität mit seelischer Gesundheit verbindet und sie zu einem unentbehrlichen Teil aufrichtiger Veränderung in Christus macht. Denken Sie daran, wir führen andere aus unserem eigenen Wesen heraus.

2. Leiter einführen (das Paulus-Prinzip in einer kleinen Gruppe)

Lesen Sie mit einer kleinen Gruppe der Verantwortlichen in Ihrer Gemeinde das Buch *Glaubensriesen – Seelenzwerge?* und schaffen Sie Erfahrungen für Ihre Leiter, die es ihnen ermöglichen, in ihrem geistlichen Leben unter die Oberfläche des „Eisbergs" zu tauchen. Das hat zweierlei zum Ziel. Erstens gibt Ihnen das Zeit und Raum, das Material zu vertiefen. Zweitens ermöglicht es Ihnen, eine Kerngruppe in diese neuen biblischen Themen einzuführen, bevor Sie sie der gesamten Gemeinde vorstellen.

3. Langsameres, gesünderes Leben/neue Gewohnheiten

Zu seelisch gesunder Spiritualität gehört es, ungesunde Verhaltensmuster abzulegen, um anderen ein Vorbild zu sein, gesund zu leben und zu genießen. Sie werden sich neue Gewohnheiten zulegen und als Leiter Dinge anders handhaben wollen. Drosseln Sie das Tempo und nehmen Sie sich mehr Zeit, sich auszuruhen, mit Gott zusammen zu sein und Zeit mit Ihrem Ehepartner zu verbringen. Probieren Sie die Sabbatruhe und das Tageszeitengebet so lange aus, bis Sie einen Rhythmus in Ihrem Leben finden, der es Ihnen ermöglicht, kontinuierlich in Christus zu bleiben.

4. Das Paulus-Prinzip der gesamten Gemeinde vorstellen (gemeindeweite Initiative)

Dieses Neun-Wochen-Programm für die ganze Gemeinde führt jeden Leiter, jede Kleingruppe und jeden Anbetungsgottesdienst in die weitreichenden Konzepte von seelischer Gesundheit ein. In den USA können Sie auf der Internetseite von Willow Creek entsprechendes Material für das Programm bestellen. Dazu gehören diverse Schulungsunterlagen, eine DVD, eine Kleingruppen-DVD, ein Kleingruppenkurs mit acht Lektionen für Kleingruppen (in Deutschland erhältlich, ISBN: 978-3-86827-536-0) sowie ein Andachtsbuch, das acht Wochen lang das Tageszeitengebet fördert und Ihren Gemeindemitgliedern helfen wird, ganz bewusst ihre eigene persönliche Beziehung zu Jesus zu pflegen.

5. Das Paulus-Prinzip/die Lebensregel in den Gemeindealltag einflechten

Während Sie sich daran machen, Ihre Gemeinde mit auf diese Reise zu nehmen, denken Sie daran, dass das ein langsamer Prozess ist, kein kurzer Sprint. Jesus widmete sich rund um die Uhr zwölf Menschen, und nur elf schafften es. Und selbst diese elf brauchten eine Infusion himmlischer Kraft, um das auszuleben!

Stellen Sie für Ihr Leitungsteam, Ihren Vorstand oder Ihre Gemeinde Lebensregeln zusammen. Eventuell können Sie auch eine themenbezogene Predigtreihe halten, die auf diese Themen aufbaut. Wenn Sie Englisch können, können Sie Ihrer Gemeinde weitere Materialien anbieten. Eine vollständige Liste von Vorschlägen finden Sie unter www.emotionallyhealthy.org/resources.nextsteps.asp.

Nun liegt es an Ihnen. Jesus hat den Gelähmten in Johannes 5,6 gefragt: „Willst du gesund werden?" Er stellt jedem von uns dieselbe Frage. Das Konzept von seelisch gesunder Spiritualität in unseren Gemeinden bekannt zu machen, verändert unser Leben nachhaltig. Bitten Sie Gott, Ihnen den richtigen Weg zu zeigen und Ihnen den nötigen Mut zu schenken, damit Sie die Schritte gehen, die vor Ihnen liegen. Die Auswirkungen auf die Menschen in Ihrer Umgebung werden tiefgreifend, befreiend und verändernd sein.

Doch vergessen Sie nicht, Veränderung fängt bei Ihnen selbst an.

Anhang

Lebensregel für das Pastorenteam der New Life Fellowship

Richtlinien für unser gemeinsames Leben

Unser Dienst erwächst aus der Berufung Gottes, uns von der Welt abzusondern und uns dem Gebet zu widmen. Es ist diese Gemeinschaft mit Jesus, aus der heraus wir andere mit Barmherzigkeit führen, in Erfüllung unseres Auftrags vor Ort. Wie David möchten wir als Hirten für die Gemeinde „mit lauterem Herzen" sorgen und sie „mit klugen Händen" führen (Psalm 78,72).

Doch wir erkennen auch an, dass unsere Möglichkeiten als Leiter sowohl das Beste als auch das Schlechteste in uns zum Vorschein bringen. In vielerlei Hinsicht macht uns der Schmelztiegel des pastoralen Dienstes erst so richtig mit uns selbst vertraut. Wir bekennen uns dazu, dass „ein Leiter jemand ist, in dessen Macht es steht, entweder Schatten oder Licht auf einen Teil der Welt und auf dle Menschen, die dort leben, zu werfen. ... Ein guter Leiter achtet sehr auf das Zusammenspiel von dem inneren Schatten und innerem Licht, damit seine Leitung nicht mehr schadet als nützt."

In einer solchen Rolle verpflichten wir uns, die folgende „Regel" zu befolgen, um ausgerichtet zu sein auf den Herrn Jesus und seine Berufung für unser Leben. Unser Ziel ist es, dass unser „Verhalten anders ist als das der Welt; die Liebe Christi muss Vorrang vor allem haben" (Regel des Benedikt 4,20-21).

Unser Wesen (Charakter)

Wir sind vor allem dazu berufen, Gott über alles zu suchen (siehe Psalm 27,4). Aus der Stille vor Gott führen wir unseren aktiven Dienst aus. Gleichzeitig erkennen wir an, dass Gott uns dazu berufen hat, unserer Stadt und der Welt Jesus Christus nahezubringen. Diese Aufgabe nehmen wir als Teil des Pastorenteams der *New Life Fellowship* wahr.

Von seiner Gnade getragen wollen wir uns an den Charaktereigenschaften eines Leiters orientieren, die der Apostel Paulus in 1. Timotheus 3 dargelegt hat: ein tadelloses Leben führen, selbstbeherrscht und besonnen sein, fähig, andere zu lehren, ein offenes Haus haben, mit sanfter Hand führen, Streit vermeiden, nicht am Geld hängen und unsere Familien gut managen („Wer seinem eigenen Hauswesen nicht vorstehen kann, wie soll der für die Kirche Gottes sorgen?" 1. Timotheus 3,5). Ob wir nun alleinstehend oder verheiratet sind, unser Dienst ist in unserem Stand verankert; wenn wir verheiratet sind, hat unser Ehebund Vorrang vor der Gemeindearbeit.

Wir fungieren als „lehrende Älteste", während die Mitglieder unseres Ältestenvorstands als „leitende Älteste" dienen. Folglich wollen wir der Herde Gottes Hirten nach dem Vorbild Christi sein: „Achtet darauf, die Herde Gottes ... zu hüten und zu betreuen, über die der Heilige Geist euch als Älteste eingesetzt hat" (Apostelgeschichte 20,28; NLB).

Wir erachten die Pastorenarbeit als eine hohe Berufung, die Gott uns anvertraut hat. „Die Verantwortung des Pastorenamts ist wahrlich groß, und niemand sollte es antreten, ohne seine eigenen Motive und Fähigkeiten genau untersucht zu haben, ohne angesichts der göttlichen Anforderungen an das Amt und der Schwachheit bloßer Menschlichkeit mit der Berufung gerungen zu haben." (nach Gregor von Nazianz um 370 n. Chr.)

Unser Ziel als Pastorenteam besteht darin, ein lebendiger Organismus mit einem stillen Geist zu sein. Obwohl wir in der Welt leben und unaufhörlich von Nöten umgeben sind, streben wir an, Gott mit einem „freudigen, unbesorgten Geist" zu dienen, immer darauf bedacht, mit andern in Frieden und Harmonie zusammenzuarbeiten – nicht aufgebracht, hektisch oder wirr. Wir erheben nicht den Anspruch, perfekt zu sein; wir geben zu, dass es teilweise schwierig ist, uns immer an unsere „Lebensregel“ zu halten, doch wir fühlen uns der Ehrlichkeit und Offenheit verpflichtet. Wenn nötig, nehmen wir fremde Hilfe in Anspruch, und wir leben in Zerbrochenheit und Verletzlichkeit (siehe Psalm 51,19).

Gleichzeitig wollen wir verstehen, wer wir sind und wer wir nicht sind, und unsere Begrenzungen und unser Potenzial erkennen. Zur pastoralen Berufung gehört, in unserer Leitungsfunktion alle Ressourcen zu verwenden, die Gott uns gegeben hat. Wir wünschen uns, dass alle Mitarbeiter ihre Aufgabe authentisch und in Einklang mit den Bedürfnissen ihrer Familien ausfüllen.

Als Hirten, Leiter und Diener dieser spezifischen Herde müssen wir uns regelmäßig fragen: Welche Begrenzungen und Einschränkungen sind Teil meiner von Gott gegebenen Natur, die ich als Gabe annehmen sollte? Gibt es Einschränkungen, die ich durchbrechen muss, weil sie aus Charakterschwäche beziehungsweise einem „falschen Ich“ entspringen?

Unsere Begrenzungen und unser Potenzial sind die Mittel, durch die Gott zu uns spricht, um uns die einzigartige Rolle aufzuzeigen, die wir im Dienst für ihn einnehmen können. Der Heilige Geist wirkt in uns Einsicht, so glauben wir, durch den Rat anderer, durch Selbstkonfrontation und durch die, die über uns gestellt sind.

Unser Tun (Aktivität)

Mit ihren gottgegebenen Talenten engagieren sich unsere Mitglieder freiwillig, aus Leidenschaft und weil sie davon überzeugt sind, dass sie eine Mission zu erfüllen haben. Auch wir Leiter engagieren uns aus Leidenschaft und weil wir davon überzeugt sind, dass wir eine Mission zu erfüllen haben; zusätzlich stehen wir jedoch als „Angestellte“ mit dem Vorstand der Gemeinde und der Gemeinde in einer Doppelbeziehung. In der Gemeinschaft von *New Life Fellowship* nehmen wir mindestens drei Rollen ein: Wir sind Familienmitglieder, Leiter in dieser Gemeindefamilie und Angestellte. Das ist herausfordernd: für den Umgang miteinander und mit der Gemeinde.

Jedes Jahr werden wir von dem Ältestenvorstand dazu berufen, dem Leib Christi in der *New Life Fellowship* auf besondere Weise zu dienen. Ob in Voll- oder Teilzeit, wir beziehen ein Gehalt, um diese besondere Berufung ausfüllen zu können, ohne durch eine andere Erwerbstätigkeit eingeschränkt zu sein. Die ganze Gemeinde unterstützt uns finanziell, damit wir uns dem Dienst widmen können. Sie unterstützt uns durch Gebet, durch Seelsorge und die Zurüstung der Gläubigen für ihren Dienst (siehe Epheser 4,11-12). Das ist unser Privileg und unsere Freude.

Alle, die sich bei New Life engagieren und angestellt sind, werden als ein Geschenk Gottes geschätzt. Wir wünschen uns zutiefst, dass jeder Mitarbeiter in seiner Rolle wächst und gedeiht.

Angesichts der großen Veränderungen in unserem Umfeld ist der Ältestenvorstand auch für einen angemessenen Umgang mit den Ressourcen der Gemeinde verantwortlich. Unsere göttliche Berufung, als Pastor Leitungsfunktion zu übernehmen, mag unser ganzes Leben lang gelten, unabhängig von unserer Anstellung bei *New Life*. Doch wir erkennen auch an, dass unsere Stellung als Angestellte davon abhängig ist, wie Gott die Gemeinde führt, von den Mitteln, die ihr zur Verfügung stehen, und von unserer Effektivität als Leiter. Darüber hinaus wird jeder regelmäßig hinsichtlich seiner Dienstbeschreibung, seines Status' und seines Vertrags beurteilt.

Konkrete Lebensregel

Die folgende „Lebensregel" soll dazu dienen, dass in allem, was wir tun, Gott im Mittelpunkt steht. Es ist seine Liebe, die wir vor allem suchen. In einer Kultur, die Gottes Rhythmus für das Leben nicht achtet, wollen wir ein ausgeglichenes Leben führen, in dem sich Gebet, Ruhe, Arbeit und Gemeinschaft die Waage halten.

Diese „Regel" bietet Richtlinien für unsere Weise der Leiterschaft sowie eine Grundlage für die beziehungsorientierte Kultur, an der wir bauen und in der wir leben wollen.

Gebet.

1. **Die Schrift.** Unser Leben basiert auf dem Wort Gottes. Es ist unsere Nahrung und das wichtigste Sprachrohr seiner Offenbarung. Wir nehmen uns jeden Tag Zeit, die Bibel zu lesen, Gottes Angesicht zu suchen, in seiner Gegenwart zu sein und Inhalte aus der Bibel im Gebet zu bewegen.
2. **Stille und Alleinsein.** Zusätzlich zu der Zeit der Stille und des Alleinseins, die wir in unseren Tagesablauf einbauen, verbringen wir mindestens einen ganzen Tag im Monat in der Stille vor Gott.
3. **Tageszeitenliturgie.** Nichts ist dem Werk Gottes vorzuziehen (siehe Regel des Benedikt). Wir halten drei- oder viermal am Tag inne, um an ihn zu denken und mit ihm Gemeinschaft zu haben, vorzugsweise durch Bibellese, Stille, Besinnung und Gebet.
4. **Weiterbildung.** Wir wachsen kontinuierlich und unternehmen Schritte, um immer mehr über Jesus zu erkennen. Genauso versuchen wir im persönlichen Leben, unsere Werte (emotionale Gesundheit, kontemplative Spiritualität, Versöhnung) und unsere spezielle Berufung in Christus weiterzuentwickeln.

Ruhe

5. **Sabbat.** Jede Woche nehmen wir uns 24 Stunden an einem Stück Zeit, um einen auf den Herrn ausgerichteten Sabbat zu halten, wobei wir unsere Zeit anhand der vier Eigenschaften des biblischen Sabbats gestalten: mit der Arbeit aufhören, ausruhen, sich freuen und sich besinnen. Zudem nehmen wir uns mindestens einen weiteren halben Tag pro Woche Zeit, in der wir unsere Arbeit bei *New Life* hintanstellen und uns um praktische Aufgaben in unserem Privatleben kümmern. Wir vertrauen darauf, dass Gott es ist, der seine Gemeinde baut, und wir achten den Sabbat als grundlegende Einübung, die zur Erbauung unseres Lebens notwendig ist.
6. **Einfachheit.** Wir leben es anderen vor, einen bestimmten Prozentsatz unseres Einkommens (mindestens 10% des

Einkommens) für die Arbeit Gottes in der Gemeinde zu spenden. Wir gehen mit unseren materiellen Gütern auf eine Weise um, die Gott alle Ehre gibt. Den Verlockungen der westlichen Kultur (überhöhte Schulden, Glücksspiel etc.) gehen wir aus dem Weg und orientieren uns an den Grundprinzipien, die wir in unserem Kurs über einen ausgewogenen Lebensstil (spenden, sparen, haushalten, über Ausgaben Buch führen und planen) lehren.

7. **Spiel und Freizeit.** Um ausgeglichen und gesund zu bleiben, haben wir auch ein Leben außerhalb der *New Life Fellowship*. Wir berücksichtigen die Phasen und den Rhythmus der Belastung durch unser Amt als Leiter in der Gemeinde und planen entsprechende Pausen ein, die für Ausgleich sorgen. Wir integrieren in unser Leben als Jünger Jesu gesunden „Spaß" und nehmen uns jedes Jahr Urlaub, damit wir neue Kraft schöpfen und uns von Gott frischen Nährstoff für unser Leben schenken lassen. Während der kurzen Auszeiten handeln wir nach den vier Sabbatprinzipien (mit der Arbeit aufhören, ausruhen, sich freuen und sich besinnen).

Arbeit

8. **Dienst und Mission.** Ein weiterer wichtiger Faktor für einen angemessenen Dienst sind klare, realistische Erwartungen. Es ist wichtig, dass wir offen über unsere Erwartungen reden und anpassungsfähig bleiben, damit wir auf die Herausforderungen unseres sich rapide ändernden Umfelds entsprechend reagieren können. Zusammen mit unseren Vorgesetzten und dem Ältestenvorstand aktualisieren wir regelmäßig unsere Aufgabenbeschreibung und Ziele, um diesen Herausforderungen gerecht zu werden. Das ermöglicht uns, in allem, was wir als pastorale Leiter tun, andere immer wieder auf Christus hinzuweisen. Dadurch „wird der ganze Leib zusammengefügt und jedes einzelne Körperteil gefestigt. Jedes trägt die Last mit der Kraft, die ihm zugemessen ist. So wächst der Leib und wird in Liebe aufgebaut" (Epheser 4,16).

9. **Verantwortungsvoller Umgang mit dem eigenen Körper.** Wir verstehen, dass wir Vorbildfunktion haben und dass zu unserer Jüngerschaft auch ein verantwortungsvoller Umgang mit unserem Körper gehört. Wir wollen uns um unseren Leib, der ein Tempel des Heiligen Geistes ist, kümmern, indem wir gesunde Essgewohnheiten entwickeln, für genügend Bewegung sorgen und ausreichend schlafen, wobei wir die uns von Gott gesteckten Grenzen respektieren.

Beziehungen

10. **Seelische Gesundheit.** Wir bejahen, dass unsere geistliche Entwicklung den ganzen Menschen betrifft und auch Einfluss auf unsere Seele hat. Wir sind uns bewusst, dass wir als Ebenbild Gottes geschaffen sind. Wir fördern Fähigkeiten und Verhaltensweisen, die unserer Theologie der Liebe Füße verleihen (siehe 1. Korinther 13). In all unseren Beziehungen bemühen wir uns um klare, direkte, respektvolle und ehrliche Kommunikation. Unser Ziel ist es, diese positiven Eigenschaften so zu verkörpern, wie Christus sie verkörpert, und gute Zuhörer zu sein. Wir vermeiden es, Mutmaßungen anzustellen, ohne uns von ihrer Richtigkeit zu überzeugen. Wir bringen die Dinge auf den Tisch, wenn wir unterschiedlicher Meinung sind, und versuchen, Einigung zu erzielen, und in all unseren Beziehungen formulieren wir klar unsere Erwartungen. Nach dem Vorbild Jesu wollen wir uns selbst und anderen unsere volle Aufmerksamkeit schenken, besonders wo es Schwierigkeiten und Probleme gibt, seien es unsere eigenen oder die anderer.
11. **Familie.** Wir glauben, dass Gottes Berufung zum Singlesein oder zur Ehe den gleichen Stellenwert haben. Wir stimmen mit der Bibel überein, dass der Zölibat für Leiter eine Gabe sein kann (siehe 1. Korinther 7,25-40). Jesus und Paulus waren beide unverheiratet. Gleichzeitig erkennen wir sowohl die Grenzen als auch das große Potenzial des Ehebundes für unsere Arbeit und unsere persönlichen Entscheidungen an. Wir streben intakte Ehen an, die unseren

Dienst an anderen ermöglichen. Wenn wir verheiratet sind, dann trifft unser Ehepartner eigene Entscheidungen und hat eigene Bedürfnisse und Wünsche, die sich von unseren unterscheiden. Wir bejahen das. Es wird erwartet, dass wir gegenüber Vorgesetzten hinsichtlich unserer Ehe und unseres Familienlebens ehrlich und transparent sind.

12. **Gemeinschaft.** Unsere Rollen als Familienmitglieder, Leiter unserer Gemeindefamilie und Angestellte fordern uns heraus. Eine derart komplexe Beziehung erfordert Gnade, Reife, Weisheit und Feingefühl. Wir ermutigen alle Mitarbeiter, Beziehungen zu reifen Menschen außerhalb der Gemeinde zu pflegen. Je nach den persönlichen Bedürfnissen und der geistlichen Lebensphase, in der der Betroffene gerade ist, kann das ein anderer geistlicher Leiter sein, ein Mentor, ein Seelsorger oder ein reifer Freund.

Während wir uns auf diese Reise begeben, wollen wir uns an die wunderbare Einleitung zu der Regel des heiligen Benedikt erinnern (Prolog 49): „Lass dich nicht sofort von Angst verwirren und fliehe nicht vom Weg des Heils; er kann am Anfang nicht anders sein als eng. Wer aber in dieser Lebensweise und im Glauben fortschreitet, dem wird das Herz weit, und er läuft in unsagbarem Glück der Liebe den Weg der Gebote Gottes.“

Das Workbook zum Buch

Das Paulus-Prinzip.
Der Kleingruppenkurs
Warum Schwäche ein Gewinn sein kann
ISBN 978-3-86827-536-0
96 Seiten, Paperback

Emotionale Gesundheit und geistliche Reife gehören zusammen. Das ist die Grundlage für Peter Scazzeros preisgekröntes Buch „Das Paulus-Prinzip".

Dieses Begleitbuch bietet Ihnen acht Gesprächseinheiten, die Sie dabei unterstützen, ein Klima emotionaler Gesundheit in Ihrer Gemeinde zu schaffen. Dabei werden Sie durch die Fragen und Gesprächsimpulse dazu ermutigt, Gott einen Einblick in Ihr Leben zu gewähren, damit er Sie verändern kann und Sie ein geistlich reifer Mitarbeiter für Ihre Gemeinde werden. Ergänzende Bibelstellen vertiefen die Thesen des Autors.

Hilfreiche Tipps für das Gruppengespräch, konkrete Schritte zur Umsetzung und Hinweise für Gruppenleiter machen dieses Begleitbuch zu einem wertvollen Instrument für die moderne Gemeindearbeit.